天道鈎沉

宋光宇著

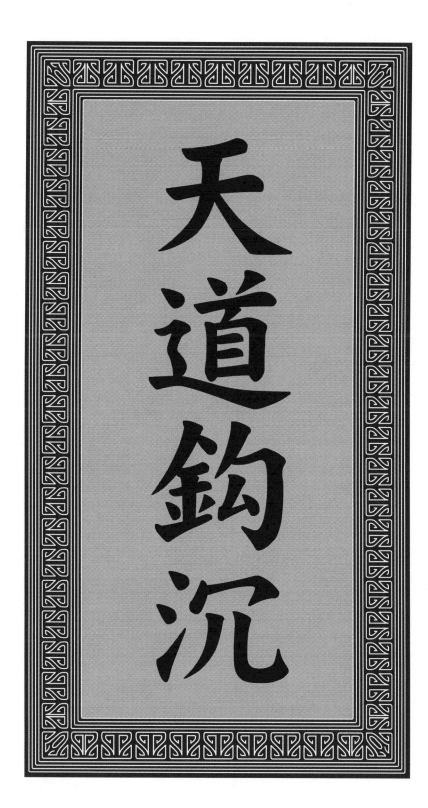

天道鈎沉重新再版序

還原事實的學術良心

人人都喜歡大家說他好。如果他本身做得好，而大家都說他好，這叫做實至名歸。如果他本身做得不好，還強迫大家說他好，這就叫做欺世盜名。如果他本身做得好，而大家硬要說他不好，這可說是詆譭污衊了。一個社會是否健康成熟，可以看看是實至名歸的多，或是欺世盜名、詆譭污衊的多。

一貫道在六十年前專制威權的政治環境中，臺灣海峽兩岸政府都將一貫道視爲對方的同路人而加以嚴厲禁制打壓，在當時的政治氛圍裡是無法進行有效的溝通，而且留在當時政府的檔案資料中，或是爲政府喉舌的文宣媒體中的一貫道，可以說是罪惡的淵藪。只要翻閱當時的資料，不明究裡者會深受這些檔案資料的蠱惑，因爲有些人會採信政府的檔案，相信政府不會說謊。其實，人的認知是有限的，政府也是人組成的。因此，政府對事務的認知也是有限的。人會犯錯，政府同樣也會犯錯。大陸方面暫時不提，光是在臺灣，如果我們回過頭去再查閱三、四十年前甚至五十年前台灣的報紙，每一則有關一貫道的新聞報導都是負面的，都是不讓一貫道有容身之地。雖然各位老前人輩想盡辦法與有關方面溝通，遇到的仍然是鐵板一塊。令人動容的是，老前人輩及臺灣全體道親仍然無怨無悔、盡其在我的傳道、濟世、修道、立德。

直到民國七十年，蔣經國總統召見臺灣宗教十大領袖，因當時張培成老前人代理中華民國道教會理事長一職，方才得以道教會代理理事長之名義到總統府，晉見蔣經國總統。當時蔣經國總統明白的召示：「任何宗教，只要它不違背善良風俗，奉行基本國策，有益於社會人心，都應給予同樣的尊重。」張老前人與蔣經國總統及各宗教領袖會面之後，特別拜託總統府秘書長馬紀壯將一貫道申請合法事宜建議書交給總統。也許蔣經國總統詳閱了這份建議書，以及多方意見的諮詢，決定委託學術界深入調查一貫道，因此才有宋光宇教授這本巨著「天道鈎沉」，其實也就是一本有關一貫道實際狀況的調查報告。這一本書一出版，即震撼了朝野各界。終於有人經兩年深入調查，將一個受盡非議的一貫道，讓其清正的本來面目得以還原事實。雖然客觀公正的調查報告出爐了，政府也並未即時給予合法傳道，仍須再經過五年的溝通，多方面的努力，一九八七年才獲准解禁。並於一九八八年合法成立「中華民國一貫道總會」。

我們相信「天理不可常昧，良心不可常泯。」一貫道在中國大陸受到嚴厲禁制已逾六十年，而今大陸學術界也開始起了深刻的反省。誠如中國社會科學院世界宗教所發行的二〇〇九年宗教藍皮書第十六頁及第二二八頁所述：「中國具有多元的宗教文化資源，應當將其培養成一支有志於弘揚中華文化，並能夠與國際接軌的新生文化生力軍，從而爲維護國家文化安全、提高國家文化軟實力作出應有的貢獻。有的海外華人中的傳統中國宗教信仰團體，如『一貫道』、『德教』等，由於複雜的政治歷史原因，在新中國成立初期曾被定爲『反動會道門』，但經過數十年的變遷，如今這些宗教團體不但在國外享有信仰自由，而且成爲聯繫海內外華人的橋樑、招商引資的渠道、文化交流的平台。仍然堅持將它們視爲『反動會道門』，既不利於團結廣大海外華人，不利於增加海外華人對中華文化的向心力，也不利於樹立中國的宗教信仰自由形象。」這雖只是中國學者的建言，但這也是植基於中華文化的良心智慧，更是中國要成爲世界偉大的國家所不可或缺的宏大胸襟。

《天道鈎沉：一貫道調查報告》是宋光宇教授三十年前的力作。當時宋教授年輕有擔當，本著學術良心，沒有成見，沒有壓力，親自深入道場調查，還原一貫道眞相。原來一貫道是純正的、是好的傳道團體，但是長期遭受曲解詆毀，他只是把眞相還原出來而已，並不是一貫道由不好的變成好的。誠如民國八十五年中國國民黨吳伯雄秘書長頒獎給張培成老前人等前輩時表示：「一貫道過去遭誤解壓制，卻從不懷恨；反而以開闊的心胸全力投入社會公益、淨化人心；他爲一貫道所受的委屈，公開表示遺憾與歉意。」也如馬英九總統在民國九十七年十二月二十七日高雄六龜一貫道寶光建德神威天台山道場落成啓用典禮致詞時表示：「一貫道在臺灣已傳道六十餘年，早年長期受到各種委屈，常處低潮時期，仍不見其減少傳道的責任與熱誠，始終如一以人爲本，以人道爲主。一貫道最成功的特色之一，就是徹底的將中華文化儒家思想生活化。一貫道不只是一種信仰，更是一種道德、一種品行、一種生活哲學。在這裡特別要爲一貫道在臺灣早期長時間受到政府的禁制、受盡了委屈，藉此機會向一貫道說一句抱歉。」其實，我們並不希望莫名的受委屈而換得人家的道歉，我們也知道一個國家或社會，如果還沒有發展到一定的水準的時候，這些事情還是發生，即使多管道的溝通，也不見得有效，因爲連孔子、耶穌也要備受如是苦礙。因而一貫道早已把這些禁制轉化成爲考驗，所以不生怨懟，而且確實效法孔子「斯文在茲」的自覺肯定，「天不喪斯文，桓魋其如予何！」的無畏精神傳道濟世。臺灣一貫道雖已合法二十餘年，一貫道仍是本著歷久彌新的傳道宗旨，穩健地承傳大道於人世間，紮實地弘揚中華文化於世界各國，目前已傳道於全球五大洲近八十國，並已成立一貫道世界總會，也已在十二個國家成立一貫道總會。

當然本書對於一貫道的道統觀有不同的意見，不過經歷了近三十年的學術精煉，宋教授的智慧當是更圓熟，更能善解一貫道的道統觀，以及體察一貫道善繼善述的傳道精神。事實上，一貫道既是以中華文化的傳承者發揚者與創新者自許，祂自會融攝自伏羲以降至孟子的儒道慧命傳承、與自佛陀以降至惠能的佛禪慧命傳承、以及儒道佛三大教融合的慧命傳承，所謂「道本一體，理無二致。」也誠如南北朝梁武帝時期的傅翕大士（四九七～五六九）所說：「道冠儒履佛袈裟，會成三家作一家。」因而一貫道以再振中華文化之正宗爲本，並身體力行，道傳全球，以期「挽世界爲清平，化人心爲良善，冀世界爲大同。」這正是中華文化的本懷與願景，也正是一貫道念茲在茲的傳道精神與理想。

我們很歡喜能夠重溫還原事實的學術良心，我們更歡喜天理良心能夠普受世人尊行。今值宋教授欲將《天道鈎沉》重新再版之時，我們很歡喜爲大家推介。

中華民國一貫道總會理事長

李玉柱 敬書

寫在前面，代作序言

一個早該研究的問題

三十多年來，一貫道屢屢遭到各方的非議，就好比是一個長年生病的病人，需要醫生來爲他作周詳的診察和治療。

對於從事社會科學研究工作的人來說，反常的社會現象就好比是病人，對反常的社會現象從事全盤性的調查、分析與研究，就好比是醫生爲病患做詳細的全身檢查，看看是什麼地方在發炎，什麼器官的功能不正常。同時也留意一下旁人對此病患所提供的意見，看看是否正確，或是耽誤了病情。

一貫道在台灣病了三十多年，早就應該做一次詳細的病理檢查。只是以前一貫道本身和社會大眾雙方面都犯了諱言忌醫的毛病，一直在拖延檢查病況以便對症下藥的機會。到最近幾年，這種現象方才有了轉機。

這種轉機包括內外兩方面。

就外在的政治與社會環境來說。近幾年來，政治與社會風氣要比以前開放得多，許多以前視爲禁忌的問題，現在都可以拿來詳細討論。而且，一貫道正邪問題，在本質上，並不是一個具有敏感性的政治問題，只是一個較爲單純的政治與宗教關係問題和教派與教派之間的競爭問題。因此，在目前這種開放的社會環境下，不但是要，而且是應該把這個問題拿到檯面上來，仔細的加以研究分析。

政治與宗教關係相當微妙而且複雜，古今中外情況不一。有的時候是以政教合一姿態出現，如中古時期的歐洲以基督教統治國家，現今的阿拉伯世界以回教爲治國的依據。有的時候又以政教分離的原則來處理宗教問題，像今日歐美國家允許各種宗教自由活動。可是，儘管號稱「政教分離、宗教自由」，如美國者，還是對宗教活動多少有一些干涉。早先有摩門教不能見容於美國社會，後來摩門教逐漸修正自己的立場，放棄像「多妻」之類不合乎美國民俗要求的主張，方始爲美國社會所接納。後來又有偏激的「人民廟堂」，在美國社會立不了足，流竄到南美蓋亞那叢林，終有集體自殺的悲劇發生。可見能合乎一國風俗民情需要的教派，方始能立足於該社會，否則就會遭到淘汰。

在中國，政教關係一直相當緊張，而且歷史悠久，說來話長。一般地說，在中國的歷史上，政治力量一直箝制著所有的宗教活動，或者是左袒某個教派而壓迫其他的教派。前者的例證有「三武毀佛」、「乾隆年間採遠離佛道及一切教派政策」等，後者的例證是宋徽宗的崇奉道教，貶抑佛教，清世宗崇信喇嘛教而放逐天主教等等。

中國歷史上對宗教活動的壓抑，最主要是表現在兩宋與明清時對各種新興教派的禁制。兩宋時，佛教僧侶常假手官府以除去新興的改革派，並斥之爲「妖妄」，如「白雲菜」、「白蓮菜」等。到了明朝，明太祖朱元璋因元末一場宗教革命運動而登上九五之尊，深知宗教「可以載舟，亦可覆舟」的潛在危險性，就立下法律，嚴格的限制宗教活動與禁止新興教派。只允許民間個人式的禮拜神明，不許結合成教派，更不許有「拜師傳徒，自成組織」的形式出現。而這一些條件卻是新興教派的基本條件。因而，新興教派在明清律令中都成爲「邪教」。這時期政治壓力對邪教的處置是「爲首者絞，爲從者杖一百，流三千里」。

民國肇造以後，明清律令廢止，代之以西洋法律爲藍本的新法律。民國三十六年公布實行的中華民國憲法中就明白的規定「人民有宗教信仰的自由」。

可是，明清律令箝制宗教活動的陰影卻仍然存在。執政當局對於具有聚眾性質的宗教活動總是不敢掉以輕心，企圖能夠有效的掌握住這種團體活動。當早期在台灣活動的一貫道信徒以「辦上天的大事，不受俗世的法律管轄」爲藉口，逃避政治力量干涉的時候，往昔箝制宗教的情形遂再度浮現，因而有全面取締的決定和措施。把這一方面的政教關係推向緊張的邊緣。更由於一貫道的活動力大，積極吸收信徒，其他教派，特別是佛教所受到的威脅也就與日俱增。爲了自己教派的生存和利益，就顧不得出家人要慈悲爲懷，爲一貫道羅織罪名，向有關單位密告，大玩兩宋時假手官府清除異己的老把戲。

直到最近幾年，舉國上下對於民主法治和開放社會有更深入的體認之後，才有機會重新考慮與估量以往的措施是否妥當。這是外在環境的轉機。

就內在情勢的轉機來說。一貫道的各支線經過三十多年漫長歲月的歷鍊，有一些支線辦不開，甚至完全消失，也有一些支線在領導「前人」的一股宗教熱忱和堅強信念的支持之下，突破各種逆阻，慢慢的建立起具有相當規模的道場，吸引了十幾二十萬的信徒。面對這種力求發展的情勢，許多壇主、講師和點傳師們經常感覺到：當別人一聽是要他信奉「邪教」時，往往就嚇得退避三舍，形成了傳道工作上的障礙。同時，三十多年的惡名使得一般信徒不敢在他人面前挺身承認自己是一貫道信徒。像我到雲林虎尾的三寶堂去拜訪，陪陪我去的是當地的朱點傳師。該堂的李壇主的太太一看有外人造訪，急得一方面連聲否認與一貫道有關，一方面警告她的先生不得胡言。朱點傳師笑著說：「你看，連一個目不識丁的鄉下老太太都已學會如何周密的保護自己，儘量設法不在陌生人面前露出一絲痕跡。這都是三十年來惡名所造成的後果。」這話雖在談笑中說出，可是給我的印象卻是相當的鮮明深刻。兩年來所接觸到的道親大都是彬彬有禮，行為方正之士，從來沒有看到衣服凌亂，口嚼檳榔，滿嘴粗話的人混跡其間。他們共同感到苦惱的，就是三十多年來流傳在社會上那種繪聲繪影的惡名，壓得他們喘不過氣來。因此，「正名」工作就成了當務之急。

再往深的一層去探討，就涉及一貫道未來發展方向問題。那就是：究竟會以目前這種半明半暗的尷尬狀態為滿足呢？還是要大展鴻圖，建立一個類似基督教、回教那樣規模龐大的全國性或國際性宗教呢？如果答案選擇前者，只是安於現狀的話，那就大可把外界的物議擱在一旁，任由他人毀謗，好道我自修之，正名工作也就不是件重要的事了。如果答案選擇後者，要想更上一層樓，成為全國性甚至世界性的合法宗教團體，可以正式的從事佈道活動，那麼「正名」工作就成了必要的條件。

舉個例子來說。

禪宗到了五祖弘忍之後，分裂成「漸修」和「頓悟」兩大派。主張漸修的神秀和尚在唐高宗、武后朝時，一直受到非常崇高的禮遇，身居國師顯位，他的主張也就隨之闡揚於全國，成為禪門的正統。相對的，主張頓悟的慧能和尚當時祗在廣東韶關一帶活動，他的學說也未受時人的重視，在社會上還流傳著許多不利的謠言。直到慧能的再傳弟子荷澤神會和尚於安史之亂時，在長安、洛陽兩京大建無遮法會，宣揚頓法，並且大量發賣度牒，為政府籌措龐大軍費以平亂事。南方的慧能頓悟禪方才取代北方的神秀漸修禪，而成為禪宗的正統。神會和尚的工作就是在爲南禪做正名工作。正名成功之後，頓悟禪方始成爲全國性的大宗派。

以目前一貫道幾個主要支線的發展趨向來說，不但要想成爲合法的全國性教派，而且向海外傳佈，有成爲國際性教派的可能。它當前的處境正類似一千多年前南禪受外界物議的處境。若是不能採取適當的正名措施，則無法突破當前所面臨的瓶頸，惡名也就要永遠背負下去。

基於這樣的內在與外在條件，一貫道接受社會科學從業人員的詳細診察，是必要的。而且，目前正是時候。近幾十年來，社會科學研究的對象是以當今社會爲主，著重在探討某個社會在同一時間層面上是如何有效的運作，不太注重有關的歷史因素。然而，中國是一個歷史悠久的民族，任何一項現行的社會制度或現象，都有它悠久的歷史淵源。因此，要想解釋中國的某個社會制度或現象時，勢必要注意到它的歷史背景，方能有從頭細說，娓娓道來的韻味。再加上我任職於中央研究院歷史語言研究所。身在執中國歷史研究牛耳的學術陣營中，更不容我不去注意一貫道的歷史淵源。職此緣故，我對一貫道的研究分析工作很自然的偏重到歷史因素的解釋和探討。

一個新教派的興起往往是針對舊有的教派的某些部份有所興革損益而來。所以，只要能掌握住興革損益的關鍵，不難理出一個發展脈絡來。我與幾位關心中國近代新興教派問題的朋友，如台北市文獻會的林萬傳兄、台大哲學系的楊惠南兄等。再三討論一貫道的來源。共同認爲：一貫道是台灣先天派齋教的另一支脈。先天派是清康熙年間江西人黃德輝所創。而先天派又是屬於明朝中葉新興的「無生老母」（或「無生父母」）信仰的後起支脈。無生老母信仰的最早教派，是龍華派。也就是台灣的齋教龍華派。

無生老母信仰的產生，主要是揉合了遼金元時流傳於華北的「全眞教」所揭櫫的教義；兩宋時流行於華中、華南一帶的幾個佛教改革派，如白雲菜、白蓮菜等，在儀式行爲上的簡化作風；摩尼教（明教）的持齋與齋堂組織；南禪支派臨濟宗的棒喝、偈語、明師指點等要素而成。同時還夾雜著中國古老的讖緯圖說和扶鸞借竅等道術。

面對這樣龐雜的來源，學術界對於這方面宗教發展趨勢的研究顯得相當貧乏。若是能把這些前後因果淵源關係整理清楚，也就可能重新改寫有關中國民間宗教信仰的發展史。我個人才識淺薄，因緣際會而有機會從事這方面的研究工作。基於學業上的訓練，我尊重每一個教派，無論是傳統宗教或是新興宗教，都給予相同的地位，相同的尊重。並且，我認爲單單注意一個教派，並不能得到太多的啓示，唯有藉著比較研究，才能找出彼此的異同，進而確定彼此的關係。這樣的比較研究工作累積到相當程度後，就可以顯示出中國民間宗教在近代數百年中是如何的發展。因此，我對一貫道的調查研究只能算是朝著這個目標所步出的第一步。

在我這本書問世之前，蘇鳴東法官對白蓮教的研究可能已經出版，而台北市文獻會林萬傳先生對先天道的研究也已近完稿階段。這兩本著作都將對研究中國近代宗教活動有重大的貢獻。

一貫道本身是具有相當悠久而且複雜的歷史背景的教派，它所面臨的難題也是具有歷史背景的難題。當我們抽絲剝繭的弄清楚這段歷史公案後，應當有助於化解政府與一貫道之間的緊張狀態。這也就是人類學的學術研究工作對當前社會的一項貢獻。

宋光宇 民國七十二年春節序於南港
中央研究院歷史語言研究所

再版序

《天道鈎沉》是在一九八三年出版的。印了三刷之後，就停擺了。事隔二十五年之後，由於各方面的需要，才有再版之議。這一次再版，由萬卷樓圖書公司出版，不僅打字重排，完全採用現在的印刷技術，更增加了一些內容。

促成這次重新改版的主要動力是近年來由於大陸和東南亞各國的政府開始注重他們國內的宗教問題。由於時代的需要和人心、人性上的呼喚，在中國大陸，乃至於世界各國，人們普遍的追求宗教上的啓迪與安慰，於是新興的教派如雨後春筍一般的出現，而且來勢洶洶，已經不是用五、六十年前那一套強力制止的辦法所能應付，各國的主政者都想找求範例，做爲改變施政方針的參考。於是一貫道在臺灣從被禁到解禁的合法化過程就成了絕佳的範例。

各國實際負責「宗教」事務的官員很想知道，在臺灣的一貫道如何從遭到全面禁制的處境，經過一番努力，終而使政府在宗教政策上，出現一百八十度的轉變，得到正式的開放與認可，允許合法的登記，成爲正式的宗教。這種轉變究竟是如何做到的？每一次有國賓來道場訪問，一貫道總會的秘書長蕭家振點傳師就會問我：「還有沒有《天道鈎沉》？」他要送給各國來訪的貴賓，可是我手邊就是沒有現成的書可資供應。與中華民國一貫道總會的李玉柱理事長、蕭家振秘書長、寶光崇正的翁嵩慶領導點傳師商量之後，方才決定重新排版印行，以因應各方的需求。

原書最有異議的章節是在於有關儀式的部分。許多道親私下對我說，書上所記的獻供、燒香儀式有錯。一貫道在這六十年中，各組線在儀式的內容上，已經出現一些差異，各組都不相同。因此，一貫道總會在民國八十年元月二十四日曾經發過一個文件，要求統一已經散亂掉的儀式。因此，這一次改版，在有關儀式的部分，記載了最早的《暫訂佛規》和一貫道總會所頒布的「統一禮節」。其他各組線自行發展出來的禮儀部分，就略而不論。道親們可以把本書所記載的禮儀和自己道場所採行的禮儀兩相對照，就可以知道差異之所在。最大的歧異是在向自己組線過世的前人行禮，有些組線已經傳承了四、五代，有的組線第一代前人還健在，於是行禮叩首的對象就多寡有別。

由於各國、各界、各方人士都對一貫道在臺灣的合法化過程有興趣，於是就收錄了陳水逢先生的口述歷史。陳先生是當年中國國民黨的副秘書長，由於他在黨中央的仗義直言，方才眞正促成這麼重大的轉變。陳先生仙逝多年，現在重讀這篇訪問記，多有感懷，陳先生在講述這段歷史飛揚的神采，歷歷在目，彷彿就是昨天的事。如果沒有陳先生的助力，一貫道的合法化可能還會拖上一段時日。

由於原版是二十五年前出版的。經過這二十五年的發展，一貫道已非昔日的吳下阿蒙，而是鴻展九洲，遍布世界八十餘國的大教派，因此，就增列一章，來記述一貫道現在的規模。

民國九十八年三月，大陸相關單位在國台辦的組織下，組成了一個訪問團，到泰國、馬來西亞、新加坡和菲律賓四國實地參訪一貫道的道場。同年八月二十二日至三十一日，國台辦又邀集了幾所大學相關科系的教授、社會科學院世界宗教研究所的副所長與研究人員，以及公安部、宗教事務局的主管，一起到臺灣，實地參訪一貫道的道場。成果豐碩。居中協調，促成這兩次大事者是前立法委員沈智慧女士。她頻頻往來於台北、北京之間，居間折衝，功勞甚偉。所需的經費是由興毅總壇的葉成章點傳師提供。

八月份的參訪活動，是由大陸國臺辦和中國社會科學院世界宗教研究所的運作下，組織了一個訪問團，來臺灣實地考察一貫道。成員包括了社科學院世界宗教所、北京大學社會系、北京師範大學、人民大學、山東大學、上海師範大學等校研究民間宗教、民俗等方面的教授十人，以及公安部主管民間宗教事務的負責人、國家宗教局主管民間宗教和民俗活動的司長。三十日在台北世貿大樓的孝親活動大會上，前內政部長、中國國民黨主席吳伯雄先生向與會的大陸學者和主管官員，以及四千多位道親，報告當年解禁的始末。由於吳先生一向健談，把一個嚴肅的話題，用很感性的言詞表達出來，讓大家聽了，都會動容。葉成章點傳師事先曾親自去敦請吳先生，同時也捐了新台幣一百萬元給吳伯雄先生的公子吳志揚，作爲參選桃園縣長之用。葉點傳師爲了讓道場在中國大陸可以合法傳道，任何機會都不輕易放過，出錢出力，用心良苦，天必佑之。

二十五年過去了，一貫道也已經發展成一個世界性的宗教團體。在茲念茲的課題之一就是如何把來自大陸的大道，再傳回大陸。可是，這是一件大工程。要達成這個目標必須要好好的回顧在臺灣的合法化歷程，從中認識到關鍵之所在。方才可以有全球性的策略。

在臺灣合法化過程中，最主要的關鍵有二，一是在關鍵時刻大力幫忙中國國民黨，讓國民黨在歷次地方選舉中得到實質的幫助。另一個更重要的關鍵是「朝中有人可以代爲說話」。這個人就是中國國民黨副秘書長陳水逢先生。不僅僅是「副秘書長」這個職務，更關鍵的一點是陳先生所屬的黨小組成員包括行政院長俞國華、警備總司令陳守山。陳先生先在黨小組中運作，取得共識之後，再命令警備總部把所有相關的資料匯報過來，證明確實沒有不良事蹟之後，方才往上呈報給蔣經國主席。經國先生批准之後，方才由內政部長吳伯雄來宣布正式解禁。

現今在中國大陸，政府對待像一貫道這樣的民間宗教組織所採取的態度也一直在改變，從先前的「邪教」逐漸轉變成「民間信仰」，近來再轉變成「民間宗教」，再過一兩年，大概改用「新興宗教」一詞。這種轉變是非常的巨大。大陸上要改變一項政策，不會說改就改，需要有一段時間慢慢的轉變。就像一條大船要轉彎，必須慢慢的轉，急不得，急也沒用。就是需要時間。而且，要開放新興宗教，必然是全面的政策開放，不會只針對一貫道做出開放的決定。

在這個轉變的期間一貫道所要做的事，就是在廣結善緣於大陸各階層，讓社會大眾對一貫道有美好的印象。如何才可以達到這個地步？有幾項可能的途徑：

1.醫療傳道。這是基督教、天主教最常用的宣教手法。針對缺醫少藥的地區，常年派駐具有醫術的傳教士，藉由醫療本宣揚上主（帝）的福音。一貫道也要效法這種方式，鳩集一批仁心仁術的中醫，以輪替的方式，常駐大陸或世界各國缺醫少藥的地方，一方面行醫，一方面傳道。當成了當地人們心目中「我的醫生」時，傳道事業就成功了。這種模式在菲律賓的宿務已經有了成功的實例。

2.宣揚傳統儒家文化。特別是心性之學，周代的「學爲君」的理想，與現代世界大企業注重「定靜安慮得」

的發展趨勢，完全相結合。中國大陸正欣欣向榮的發展，亟需足夠的「領袖人才」。一貫道又向來標榜儒家的傳承，只要稍作修正，設計一套實用的課程，就可以擔負起這個大任。

3.推展社會福利事業。參考各大宗教在這方面的做法，在世界各地，包括中國大陸，配合當地的需要，推展社會福利事業。

要做以上三項，就不是現在各組線道場所能單獨擔當，一方面是大家合作，一方面是要有訓練人才的機構。這也就是一貫道設立崇華、崇德、白陽等三所研修學院的時代背景。

二〇〇九年十二月二十三日至二十六日大陸海協會和臺灣的海基會第四次工作會議在台中舉行。鑒於第二次江陳會談時，在台北發生群眾包圍晶華酒店，困擾宴請陳雲林的場合。對於兩岸的關係發展有不良的影響。這一次如果再發生同樣的情形，或是一面倒的報導反對江陳會的新聞，對於未來兩岸關係有更嚴重的影響。搞不好大陸方面會放棄現在對臺友好的態度，採取全面封殺臺灣生存空間的策略。如果眞的走到這一步，對臺灣往後的發展非常不利。有鑒於此，寶光崇正、發一崇德、寶光玉山等組線，在前人和執行長、前立委沈智慧的領導下，發動道親，出來歡迎陳雲林一行。在從日月潭到水里的公路旁，排出長達一公里的歡迎人陣。

二〇一〇年元月，海協會邀請這三個組線的道親百名到北京作客。海協會以非常高的規格來接待道親。陳雲林更向全體與會的道親九十度彎腰，深深一鞠躬。感謝大家對江陳會的支持。海協會預定將在六月初邀請總會及百名道親暢遊上海世界博覽會。又將與山東教育局定期合辦兒童讀經與孝親活動，在中央廣播電台開闢相關節目。

在此面臨重大轉變的時刻，重印這本《天道鈎沉》，向世人說明一貫道由暗轉明的過程。以祈一貫道以後可以順利發展，成爲眞正世界級的教派。

宋光宇　寫於大成堂，台北・南港
民國九十九年春節

謝啓

在這兩年中，承蒙有關單位與一貫道各位道親的熱心指導與協助，使調查工作得以順利進行，在此向他們致十二萬分的謝意。尤其要感謝中央黨部社會工作會副主任鄭森棨先生的多方指導，和李亦園老師多年栽培和親自帶領訪問調查，以及張文運、韓雨霖兩位老前人，祁裕脩、梁華春、陳鴻珍、張培成、何宗浩、張德福、王壽等諸位前人的種種幫助與提供資料。朱厚璽、李健仁、黃致行、李山口、李山景、蘇鳴東、林奇隱、楊惠南、胡遜、何穎怡等諸位先生或陪我拜訪各地，或切磋討論，也是衷心感謝的。最後，要特別謝謝國大代表王蘭女士，她老人家視我有如親子，多方面訓勉提攜，又以七十歲的高齡帶引我南北奔走，往來於各組及前人之間，使我能一窺堂奧，深入調查，更負擔了幾乎全部的經費，她的精神毅力讓我永誌難忘。

宋光宇 謹啓

目錄

第一章 對矛盾現象的探索

在當前台灣地區，「一貫道」可說是歷年來遭受各方非議和攻訐最多的一個教派。三十多年來，我們經常會在報章雜誌上看到有關控訴或取締一貫道的報導。一貫道並沒有因這些負面的報導和取締而消聲匿跡，反而是日漸茁壯，至今已經成爲當前台灣地區規模最大、信徒人數最多的一個教派。

一、信徒人數的矛盾

有關一貫道信徒人數的估計，出入甚大。從四百萬人到三十萬人，都有人提出。道中幾位領導「前人」大致同意的估計人數是五十萬人左右。

一貫道擁有四百萬信徒的說法，是佛教和尚廣定在民國六十五年所提出的，這個數字實在很難令人相信。試想整個台灣地區的人口總數，在民國六十五年時，不過是一千六百多萬。一貫道信徒就佔總人口數的四分之一。那麼，一貫道早就該成爲領導群倫的「正教」了，那裡還會連連遭受非議呢？顯然這個估計數字有浮誇的嫌疑。造成浮誇的原因，可能是「佛教」弄不清楚什麼是眞正的一貫道，把看起來像一貫道的各種「民間信仰」教派都算了進去。在本報告的第三章將會做進一步的說明與分析。

基督教董芳苑牧師的說法比較保守，他估計一貫道約有三十萬至三十五萬信徒，這個數字就已經要比天主教（有廿七萬人）和長老教會（十七萬人）來得大。而天主教和長老教會已經算是當前台灣地區人數最多的兩個教派。

無論是四百萬人或是三十萬人，一貫道都可算是目前台灣地區最大的一個教派。如是一個龐大的教派多少年來一直處於身份不明的「地下宗教」地位，誠然是件不可思議的事。我們不禁要問：「爲什麼會有這麼多的人去信奉這樣一個名聲不佳的宗教？難道他們都如外界傳言所說，是由於愚昧無知嗎？」

以當前台灣地區的國民教育水準而言，文盲所佔的比例爲百分之十三。全民的教育程度，隨著九年國民義務教育的實施而普遍提高，能被人誆騙愚弄的可能性也就相對的降低。而且，宗教邪說即使能騙人於一時，終不能騙人於長久；能騙得了少數人，但騙不了大多數人。一貫道能愈傳愈盛，其中必然有其可取之處，甚至是迎合某些時勢潮流所致。從這個角度去思索問題，我們當可領悟到一貫道遭人非議一事，內情並不單純，反而可能是個錯綜複雜的社會問題。

二、以違反道德為藉口

在各種傳言中，常說一貫道信徒集會時荒淫不堪、男女雜處、裸體禮拜，有傷風敗俗之嫌。但是流傳在市面上，批評一貫道最力的小冊子，施文塗著《我怎樣脫離一貫道》，卻鄭重的否認這種說法。作者施文塗曾經加入一貫道五、六年，以他親身所見所聞，在批判一貫道的自白中，仍能鄭重的否認有這種情事，其言當非虛假。由此證明傳言是不確實的。當我們再注意到當年取締統一教時，所宣稱的理由之一，也是說他們男女雜處，荒淫不堪。那麼我們不難領悟到所謂「荒淫不堪，裸體禮拜」的說法，可能是社會上不欲接納某種宗教時的藉口。因爲宗教與道德是不可分割的，唯有指控某個教派在道德上有了問題，才有可能成功的阻遏這個教派的發展。基於這樣的考慮，我們不禁想到；這樣的指控究竟是怎樣形成的？是誰在傳佈？

三、蘇鳴東法官的仗義執言

民國六十九年，高雄地方法院推事蘇鳴東公開爲一貫道辯護，發表公開信，承認自己是忠實的一貫道信徒，他所信奉的一貫道絕不像外界傳言那樣的糟糕（見附錄一）。他的行動引起治安單位的注意，日夜派員監視。高雄地方法院也迫他辭職。後來經過國大代表王蘭女士向各單位疏通和協商，撤銷了對蘇鳴東的監視。高雄地方法院在蘇鳴東的力爭抗辯下，將他調職，了結了一段風波。從這次事件中，我們看到了一個問題：「到底是當一貫道的信徒原發性就犯了罪？還是社會大眾『假設』或『認定』他有罪？」蘇鳴東是位風評相當不錯的法官，他應當深知現行法律，不太可能故意違抗法令。如果蘇鳴東所說的是正確無誤，則社會上對一貫道的傳言一定有了差錯。兩者之間，必須做個鑑定。經過兩年的實施調查，再加上十年來對一貫道的調查經驗，我愈來愈相信是社會大眾「假設」一貫道有罪。那麼，假設一貫道有罪的依據和根源是什麼？這種依據在當前的社會文化價值體系中是否還合用？

鑒於以上所說的種種矛盾現象和所顯示的各種問題，我們認為應該對各種矛盾現象和問題做深入且廣泛的調查，以求明瞭事實眞相究竟為何？這對於一個擅長做實施調查分析的人類學從業人員來說，是責無旁貸的。

蘇鳴東法官

四、我與一貫道的緣

一般宗教團體都向政府登記，要查詢他們的辦公處或所在地並不困難。而一貫道卻是一個沒有正式登記立案的宗教團體，很難查出他們的廟宇設在何處。就算知道某某廟是一貫道的廟，也不容易直接進去瞭解眞相。這個教派在三十多年中一直遭到外界物議，以致形成了一種強烈的排他性，儘量不與外界接觸，更遑論是做人類學調查工作了。所以，當我要開始進行這項調查工作的時候，許多師長同學都抱著一種懷疑的態度：「眞的能打進他們的團體，接觸到核心份子，確實的做調查嗎？」一貫道在學術界的眼光中，就像養在玻璃缸中的金魚，可望而不可及。

我卻是幸運的進入這個宗教團體，接觸到領導核心。承蒙他們的熱心幫助，使我在幾乎毫無經費資助的情況下，順利的進行了為期兩年的調查工作。讓學術界掃除了先前認為無法調查一貫道的疑慮，也促成這份調查報告的撰寫成功。在此，要特別感謝國大代表王蘭女士。她與一貫道中幾位領導前人相熟，近三年來，在有關單位的請託下，祕密的調查一貫道。我在她的引介下，得以自由的往來於各組之間，與領導前人們促膝長談。王蘭女士又負擔起大部份的調查經費，我祇向服務單位歷史語言研究所要過五天差旅費。雖然也曾向國科會申請過調查經費，但國科會卻藉口「邪教」研究不得而否定了這項研究計畫。

我似乎與一貫道特別有緣，前後十二年間，兩次調查一貫道。民國五十九年，正値大學四年級，爲了撰寫畢業論文，跟隨先父到他常去的守德佛堂做實地調查，前後歷時七個月。記述這個佛堂的祭典儀式和講經活動，民國六十年完成後，成爲我的大學畢業論文「守德佛堂」。後來將內容稍加修改，題目換成「一貫道的民族學探討」，於民國六十七年刊登在由李師亦園策劃的「中華文化復興月刊」第十一卷第六期人類學專號。

國大代表王蘭女士

五、初次調查守德佛堂

當年，我祇是一個懵懂無知的青年，跟著父親到以寧波同鄉爲主的小佛堂中走動。凡事只有看的份，有問題就請父親去問，能得到的回答卻相當有限。我一直不清楚這個佛堂究竟屬於那種宗教，唯一能肯定的一點是它不是正統的佛教。佛堂極爲潔淨，供奉著「彌勒佛」和「觀世音菩薩」，稱民間傳說中的「道濟和尚」（俗稱濟公活佛）爲老師或活佛師尊。舉行儀式時，男女都穿藍色長袍，分班站列。儀式完全不同於正統的佛教儀式，不唸經，亦無木魚磬鈸鐘鼓之類的法器。代之以叩首與默唸愿懺文。儀式之後，則有講員分別宣講儒、釋、道三教經典。佛堂本身不做扶乩，但是非常相信各種藉扶乩形式而來的鸞文訓文。

走動於守德佛堂期間，每當報紙上刊出取締一貫道的消息時，佛堂的例行活動就暫時停止，看看風聲過了，才再照常行事。根據這種不尋常的現象，再加上家父母的分析和推測，才確定它是一個一貫道的佛堂，但是一直不知道是隸屬那個組派下（直到民國七十一年初，張培成先生告訴我它是屬金光組）。家父母與我都認為既無任何作奸犯法的事，為何那樣怕警察呢？人家說它不好，是邪教，到底它邪在那裡呢？當年我不得其解。

在管區警員多次拜訪，要求辦個集會申請之後，守德佛堂的活動就完全停止了。所持的理由是「我們辦的是天上的事，怎能讓世俗的法令來約束？」這是民國六十年的事。民國六十二年八月，慈父見背。不久，守德佛堂財產所有人國大代表姜梅音也因病故世。其夫賣掉了佛堂的房舍。守德佛堂至此完全消散。有形的人與物是消散了，但無形的緣仍然存在。七年之後，在偶然的機會中，又接觸到一貫道。

六、國科會王蘭女士的護道

民國六十九年暑假，政治大學新聞系畢業的兩位記者胡遜和何穎怡有鑒於高雄地方法院推事蘇鳴東公開承認他是一貫道的忠實信徒，發表公開信，為一貫道辯護伸冤，認為新聞價值很高，值得一探究竟，就著手蒐集資料。他們讀到我發表於「中華文化復興月刊」有關一貫道的文章，就來找我詳談。他倆將資料整理後，寫成「細說一貫道」一文，刊登於「綜合月刊」六十九年十二月號。透過這層關係，間接的認識了蘇鳴東。也由蘇鳴東的介紹，結識了王代表。

國大代表王蘭女士，現年七十歲，天津人。原先與一貫道沒有什麼瓜葛淵源。據她自己說，她在朋友的介紹下，向一位趙老先生求取治療不孕症的藥方。這位趙老先生只捨藥，不收取任何酬謝。他的生活非常儉樸，住在一間破漏小屋中。屋中有佛桌，趙老先生與他的學生們在此恭敬行禮。他們行為舉止、待人接物都相當儒雅。王代表幾經詢問，才知道這就是一貫道。趙老先生本名輔庭，是文化組的前人，十多年前就已歸天。

民國六十五年秋，王代表又參加一座廟宇的落成典禮。她的朋友借用她的頭銜與名字送了塊匾額，並邀她同往參加。落成典禮相當隆重，由台南縣政府主任祕書主祭，她在陪祭之列。當天與會的人約有兩三萬人。這個廟宇就是座落在台南縣南化鄉玉山村的寶光聖堂，是一貫道寶光組的大廟。王代表眼見有這麼多人參加寶光聖堂的落成典禮，回台北後，就與有關單位磋商，認為有值得深入調查的必要，以求對這個教派的內容與作為有詳實的瞭解，提供各有關單位做決策時參考之用。王代表於一年後（民國六十七年）將她的調查報告送交各單位，聲言「一貫道」不是如

外界傳言那樣壞。（見附錄二）

當我與胡遜、何穎怡等三人試圖對一貫道做較多一些的瞭解時，蘇鳴東就建議我們去見王代表。民國七十年二月二十六日中午，我與胡遜初見王代表於台大對面的鳳城餐廳。談得很愉快，王代表答應帶我們到各組去走動，引見各組的領導前人，我們則以把一貫道的眞相用學術研究的成果公諸於世，讓社會大眾眞確的明瞭究竟是怎麼回事，做爲回報。

商議既定，於是就草擬調查工作計畫，一方面向國科會申請經費；一方面透過王代表向中央黨部社會工作會、內政部民政司、警備總部等單位報備。同時，王代表更約集一貫道各組領導前人在台北市麗水街張培成老前人寓所開會，商討是否接納我的調查訪問。一貫道經過三十多年的發展，信徒人數已經很龐大，可是一直處在「地下宗教」狀態，遭到外界批評非議。有一批信徒就想突破這種困境，把道的眞相告諸天下，以化解各種誤會。他們表示歡迎學術界前去調查，以求還他清白。另有一批信眾則持穩重與懷疑的態度，顧慮到萬一是個「陽謀」，把他們一舉成擒，那時整個道都毀滅了。經過王代表的疏通與保證，總算勉強答應接納我的調查。王代表就帶引我、胡遜、何穎怡三人從幾個膽子較大的組先看起。

七、僕僕風塵雲和月

從民國七十年青年節開始，幾乎每個週末和星期天，都僕僕風塵的往來於南北各地，拜訪各組的領導前人和重要幹部，參加信徒們的法會，聽他們所講的內容，看他們的儀式。由於一貫道完全是由俗家人所組成，平時都忙著自己的營生工作，利用週末星期例假、國定假期，以及夜晚工作之餘，聚在佛堂，研習三教經典。平時到他們的佛堂中是見不到人的。

由於一貫道對外界陌生人保持警覺，也沒有掛出招牌，要到他們的佛堂，必須事先聯絡好，由他們派車到事先約定的地點來接我們，否則根本不得其門而入。後來漸漸相熟了，有些在台北附近的佛堂就能自由出入。像位於台北市東園區寶興街的先天道院幾乎每天晚上都開班講經，我常獨自坐在後排位子聆聽他們的講道。聽到精彩處，不禁暗自喝采。先天道院是基礎組的總壇，建於民國五十六年。內部相當寬大，一次坐上三百人尚很寬鬆。人類學調查工作所著重的是調查者的親身參與，把所看到、所體驗到的一切都忠實的記錄下來。我到一貫道各佛堂明查暗訪或直接參與活動，所見到的與十年前所看到大體一致。講道的內容以三教哲學爲主，偏重於宋明理學所闡釋的宇宙觀。強調三綱五常，四維八德。對當前不良的奢侈風氣不滿，倡導過儉樸的生活，持齋茹素是最大的特徵。主張「修道」以積功德，死後返回「理天」，免除輪迴之苦。

八、學術調查工作的意義

這次長時間的參與調查，有幾點重要的意義：第一，擴大了台灣人類學界，甚至社會科學界，對中國人宗教行爲的認識。就我們學術圈的從業人員來說，說句慚愧的話，對當前台灣地區中國人的宗教行爲和這些行爲的歷史淵源，可以說是所知有限，甚至可說是一無所知。從事學術研究工作的人也和社會大眾一樣，籠統的說，中國人的信仰有佛教、道教、基督教、回教等等，從來就沒有想到中國的佛教、道教也曾面臨到像十六世紀歐洲基督教所曾遭遇過的「宗教改革運動」和新興教派之爭。經過這兩年對一貫道源流的研究、討論和探索，我和楊惠南兄以及其他幾位從事這方面研究工作的學者，共同都認識到中國確實有類似基督教新舊教派之爭的宗教改革運動存在，這次運動產生許多新興教派，其中一些持續至今，這個運動發起的時間大概是明朝中葉。若是把混合儒釋道三教精義的開始當成是這個運動的起點，那麼又可以上溯到兩宋，甚至隋唐。只是這方面的研究工作目前只是有了初步的認識，需要有較長的時間和更多志同道合的人攜手合作，才能有豐富的收穫。

第二，學術與行政工作的結合。這次調查工作的根本目的，是在於提供決策單位一份詳盡的實地調查報告。李師亦園先生在中國民族學會第十八屆年會時曾明確的表示：當前學術界對台灣地區宗教活動的調查與分析研究，在實用方面，具有特殊的功能，可以提供行政決策當局在制定有關法令規章時，做參考之用。這次調查工作正是具有這實用方面的特色。在整個調查過程中，一直與中央黨部社工會和內政部民政司保持聯繫。撰寫完成之後，也影印數十份送各有關單位簽署意見，作中央黨部決策之參考。

同時，也因這次調查工作而打開了學術界接觸一貫道的大門。在王代表的協助下，許多台大人類學系研究所的學生和畢業生由李師亦園先生指導，在地區研究計畫中，增添了對一貫道的研究。對學術界來說，一貫道不再是可望而不可及，也不再具有什麼神祕。這種管道的疏通，讓學術從業人員與一貫道之間建立起互信的基礎，同時，學術從業人員原先就秉承傳統中國士大夫的一股正義感和春秋筆的使命感，對

李亦園教授率學生訪問竹南佛堂

於事實眞相是要竭盡全力去維護，不容許有任何歪曲偏頗之處，這種忠於事實的態度是學術工作的基本要求，也就是讓一貫道眞相大白於世的主要依據。

第二章 三十年來的處境

三十年來，一貫道的處境，簡單地說，是在政府治安單位的取締、新聞傳播媒體的口誅筆伐，和佛教的強烈排斥下度過。但是取締、責備和排斥並沒有成功的阻止一貫道的發展，反而是促成它的快速成長。在這一章中，就政府治安單位的取締和新聞傳播媒體的口誅筆伐兩項，做探討分析。

一、初傳台灣與遭禁

一貫道是在民國三十五年初，分別從天津、上海、寧波等地傳入台灣。從基隆開始，逐漸沿縱貫鐵路向南傳佈，一年時間，台北、苑裡、苗栗、豐原、布袋、北門、台南等地，都有了信徒。

一貫道初傳入台灣的時候，並沒引起他人的重視和注意。但是，在民國四十二年二月十日，內政部引用「查禁民間不良習俗」辦法，將它列爲邪教，在查禁之列。民國四十七年四月十九日，內政部再度下令加強取締一貫道。從這時候起，在新聞傳播媒體上陸陸續續地刊出有關的消息。民國五十二年治安單位大力取締一貫道，當時有鄭邦卿者曾做公開信（見附錄三），聲明一貫道絕非外界傳言那樣邪惡，並與張培成、陳志浩兩人共同在民國五十二年三月十三日的新生報上刊登聲明。同年六月十日，寶光、基礎、發一、文化、正義輔導會各派的領導人分別宣布解散，書面聲明要點如下：

「此次政府決心要禁絕本道的活動，因爲我們沒有在政府機關辦理合法的登記手續，希望各同仁從今天起，絕對遵從政府命令，切實停止活動，自動解散，表現守法的精神，今後如再有繼續活動者，其責任應由各同仁自負。」

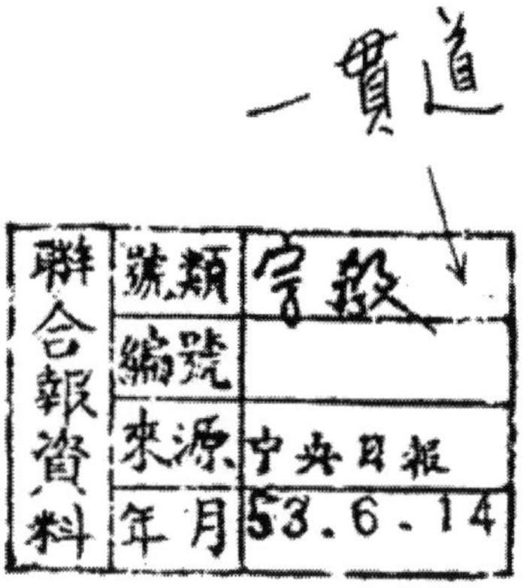

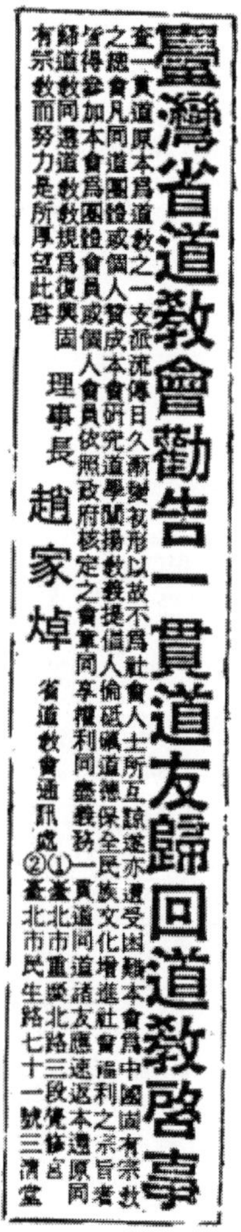

臺灣省道教會勸告一貫道友歸回道教啓事

查一貫道原本爲道教之一支派流傳日久漸變初形以故不爲社會人士所互諒遂亦遭受困難本會爲中國固有宗教之總會凡同道團體或個人贊成本會研究道學闡揚教義提倡人倫砥礪道德保全民族文化增進社會福利之宗旨者皆得參加本會爲團體會員或個人會員依照政府核定之會章同享權利同盡義務一貫道同道諸友應速返本還原同歸道教同遵道教教規爲復興固有宗教而努力是所厚望此啓

理事長 趙家焯

省道教會通訊處 ①臺北市重慶北路三段覺修宮 ②臺北市民生路七十一號三清堂

五十三年道教會所刊登的啓事

二、道教會的招納

聲明歸聲明，各組信徒並沒有因「未辦理登記」而完全放棄原有的信仰，仍舊拜佛燒香。民國五十三年六月十四日，台灣省道教會在「中央日報」刊登啓事，呼籲一貫道的道親「歸回」道教會。聲言「一貫道原本爲道教之一支派，流傳日久，漸變初形，是故不爲社會人士所互諒，遂遭受困難。」從此，大部份的一貫道佛堂都加入道教會，寶光組陳志浩（又名陳文祥）這一支線則與軒轅教有很密切的關係，另外有一些佛堂參加縣市佛教會。

最近的一次具有震撼性的事件是民國六十五年底治安單位逮捕了台南寶光組的領導前人王壽，以「叛亂罪」嫌疑移送軍法單位偵辦。結果因罪證不足，由軍事檢察官逕行裁定判了三年感化教育。

依照「聯合報」資料室所蒐集歷年有關一貫道的報導，自民國四十八年至七十一年二月，總共有一一八件，如下表一所列：

習慣於統計分析的人士在粗覽這個統計表格之後，都會輕易的認出民國五十二年、六十三年、六十九年的案例數特別高，因而據以推測可能有週期性發生的現象。但我個人卻認爲不當作如是想。依照過去其他的調查經驗來說，我認爲這些有關取締的消息尚不夠完備，可能有很多沒有刊登出來，有的登了出來而「聯合報」檔案室沒有收錄，凡此等等，都該列入考慮。照此看來，這個統計圖表唯一能夠顯示的事實

表一　歷年有關一貫道新聞報導統計表

年份＼地區	基隆市	宜蘭縣	台北市	台北縣	桃園縣	新竹縣	苗栗縣	台中縣	台中市	彰化縣	南投縣	雲林縣	嘉義縣	台南縣	台南市	高雄縣	高雄市	屏東縣	澎湖縣	台東縣	花蓮縣	合計
48																		1				1
49	1																					1
50				1				1														2
51																						0
52	3	1	4	2			1		1		1						3	1			1	18
53																						0
54							1											1				2
55															1							1
56													1	1	1		1	1				5
57				1												1						2
58											1	1										2
59				1		1				3	2		1							1		9
60				1						1	1	1	1			2						7
61			1		1		1	1	1											1		6
62					1	1																2
63			1	6		1			1	1			2	1		2				2		17
64									1													1
65			1	2																		3
66			1							1				1								3
67			2	1		1			1				1									6
68		1		3				2	1				2									9
69				7	2		2	2		1		1	2	1								18
70				1	1																	2
71			1																			1
合計	4	2	11	26	5	4	5	6	6	7	5	3	10	4	2	5	4	4	0	4	1	118

就是一貫道並沒有因政府不准它登記而消散，它一直在活動和成長。

三、取締的理由

政府是根據什麼理由取締一貫道呢？民國五十二年宣布取締一貫道的理由是：

1.一貫道是白蓮教餘緒。

2.利用民間迷信心理，故弄神祕，以各種詭密手段來逃避取締，掩護組織發展。

3.一貫道對信徒控制甚嚴，賭咒爲誓，造成恐怖控制。

4.一貫道干預政治，利用傳道拉票，操縱選舉。

5.一貫道宣傳反戰，攻訐政府，更與香港、日本一貫道密切聯繫，日本之一貫道組織即曾有共嫌份子滲入，大陸陷共前，共諜曾利用一貫道從事陰謀活動，故該道極有可能爲共黨所利用。

警備總部在民國六十年四月印發一本編號爲〇八一五號的小冊子，名爲《爲什麼要查禁一貫道》（附錄四），成爲好多年來各地警察取締一貫道的法令依據。在這本小冊子中所揭櫫的理由有：

1.妖言惑眾，腐蝕群眾心理。

2.作奸犯科，從事不法行爲。

3.操縱教徒，干擾地方選舉。

4.邪行詭異，敗壞善良風俗。

5.爲共黨利用，掩護統戰活動。

這本小冊子在一開始就明白的說，因爲一貫道是白蓮教的餘緒，所以它可能有以上所列的各種顧慮。

四、從新聞上所歸納的結果

歷年來見諸報端的一一八件案例所顯示的理由又是如何呢？當我們翻閱每份剪報資料時，見一個案例所提及的理由往往不止一項，於是有幾項理由就分別歸類計算，得到如下的統計：

1.匪諜嫌疑：二件（指與日本日蓮宗有往來，而日蓮宗態度親共，時間均在民國五十二年）。

2.宣傳反戰及愚民（指用白布及香灰袋可以避免槍彈傷害）：二件。

3.呼籲停工減產：一件。

4.妖言恐嚇：四件。

5.宣揚三期末劫：五件。

6.裸體禮拜：九件（其中兩件只是標題說裸體禮拜，內文完全沒有提到，四件是據聞而已，只有三件說到有裸體禮拜，一在旗山，一在台東，一在板橋），眞相待查。

7.姦淫：二件（都是據聞而已）。

8.詐財：十七件（指收取入教時所繳的功德費幾元到幾十元不等）。

9.家庭失和：十五件（指夫婦中有一人虔信，另一人不信，或子女虔信，父母不信而導致失和）。

10.信教後導致精神異常：三件。

11.稱王稱帝：一件。

12.離群索居行動怪異：十八件。

13.吃素導致營養不良：九件。

14.未經事先報備私下祕密集會：八十一件。

當我們把警備總部和剪報資料兩方面所顯示的取締理由合起來看，就發現雙方有合不攏的現象。歷年來見諸報端的取締一貫道的事實，大都只是一些家庭糾紛和一群人未經事先報備而私自集會，並沒有像警總所揭櫫的取締理由那樣的事情發生。曾經爲了解答這種矛盾現象，向幾位警察請教過。以他們實際處理一貫道的經驗來說，從來沒有抓到過裸體禮拜，每次都是在接到密報什麼地方有裸體禮拜前去取締，所碰到的都只是一群人聚會聽人講道。既然有人報案，就不能不處理，於是就以「非法集會」爲由，拘留三天。他們都認爲，若不是爲了取締一貫道，這種未經報備的聚會根本不必理會。警察認爲「若不是邪教，爲什麼要祕密集會？」而一貫道信徒卻說：「不是不申請，是他們根本不理會我們的申請。」於是，跌進了「蛋生雞、雞生蛋」的無意義爭辯中。一貫道信徒照他們的禮儀方式繼續集會禮拜，而警察在接到密報後，照例取締。這種情形，才會使得「非法集會」這項指控理由的案例特別高。

爲什麼會有這些矛盾現象呢？警備總部所提出的取締理由又是根據什麼而來？

從平面的同時限的分析中，一時不易找到答案。但是，當我們把眼光回顧到明、清兩代，甚至元代和南宋時，答案就垂手可得。

五、取締理由的歷史觀

在明清兩代，律令上只承認佛教與道教是正教，其他各種教派都視爲邪教，概在禁止之列。在「大明律」和「大清律」的「禮律」、「祭祀」中，有「褻瀆神聖」和「禁止師巫邪術」兩條律令，在「戶律」、「戶役」中有「私捌庵院及私度僧道」條，在「刑律」、「賊盜」中有「造妖書妖言」條。這四項條文律令共同構成了對宗教活動的限制。尤以「禮律」的兩條律令最爲重要。

「褻瀆神聖」條：

○凡私家告天拜斗，焚燒夜香，燃點天燈、七燈，褻瀆神明者，杖八十。婦女有犯，罪坐家長。若僧道修齋設醮而拜奏青詞表文，及祈禳火災者，同罪，還俗。

○若有官及軍民之家，縱令妻女於寺觀神廟燒香者，笞四十。罪坐夫男。無夫男者，罪坐本婦。其寺觀神廟住持及守門之人，不爲禁止者，與同罪。

不具撰人所著《大明律集解附例》（萬曆三十八年本）對此條第一款的解釋如下：

告天者，告祭天地；拜斗者，拜禮北斗。天燈，天象之燈；七燈布列日月五星之象，非謂北斗七星之燈。蓋天燈七燈，即告天拜斗之燈也。僧曰修齋，道曰設醮。青詞用青紙，表文用黃紙。僧道修齋及祈禳俱重用青詞表文，上此見天帝北斗。皆神明之至尊者。故私家告天拜斗，焚香燃燈者，皆爲褻瀆。坐杖八十。婦人有犯，罪坐夫男。其青詞表文乃用之以達于天帝者，若僧道修設齋醮而拜奏青詞表文及用之以祈禳火災者，同爲褻瀆，並並杖八十，各還俗。

從這樣的解釋，我們清楚的看到這款律令的基本立場是強調唯有天才才能禮拜上天最高的神明，民間是不可以私自點天燈、七燈和燒拜青詞表文的。這種限制經過五百多年的長期施行，已經變得形式化。現今的治安單位很機械式的認定凡是點有天燈（或是母燈、佛燈）的寺廟就是一貫道的寺廟，就該取締，但不知道是何原因。而一貫道的寺廟爲了避免因天燈而遭取締，往往把天燈收起來或加以改裝。其實，這種天燈、母燈並不是一貫道所獨有，齋教也有之。齋教因而也常被誤認爲一貫道。今天的警察不留意燒奏表文這個動作，是因這個動作只在舉行儀式時才出現，警察看不到。如今保留燒奏表文儀式的教派，除了一貫道之外，還有紅卍字會、正宗書畫壇、理教、齋教、天德教以及各個鸞堂。連佛教、道教也大量使用各種表文疏文。

像這樣只許天子祭天，民間私下不許祭天，否則即爲褻瀆神聖的概念，時至今日，是否還應該認可與奉行呢？我想，答案應該是否定的。

六、認定「邪教」的標準

明清律令中對於「邪教」的認定和處罰做具體規定的，是「禁止師巫邪術」條：

◯凡師巫假降邪神，書符咒水、扶鸞禱聖，自號端公、太保、師婆，乃妄稱彌勒佛、白蓮社、明尊教、白雲宗等會，一應左道亂正之術，或隱藏圖像、燒香集眾、夜聚曉散、佯修善事、煽惑人民，爲首者絞，爲從者，各杖一百，流三千里。

◯若軍民裝扮神像，鳴鑼擊鼓，迎神賽會者，各杖一百，罪坐爲首之人。里長知而不首者，各笞四十。其民間春秋義社，不在禁限。

《大明律集解附例》對這條律令第一款的解釋如下：

師者，即今行法之人，稱法師者；巫者，降神之人。端公、太保，男巫之僞號；師婆，女巫之僞號。彌勒佛、白蓮社、明尊教、白雲宗是四樣。凡此類其名不一，故以等會該之。人道尚右，非正道曰左道。隱藏圖像五句最重，總承上文。蓋必有此隱藏、集眾、夜聚曉散、煽惑人民等事，然後坐以絞罪。里長知而不首，承上二節，此言異端足以惑人，小民易於愚昧。邪術一倡，禍熾天下，古有明鑒。故凡師巫假降邪神，扶鸞禱聖，自號端公、太保、師婆等項名色，及妄稱西方彌勒佛、遠公白蓮社、牟尼明尊教、釋氏白雲宗等會，一切不經左道亂正之術，或隱藏其佛老宗師之圖像，而燒香集眾，夜則會聚，曉則分散，詐爲修崇善果，以鼓煽迷惑人民，使之歸投其教者，禍將延蔓，爲害不細。故爲首者絞，爲從者流。

七、對聚眾的恐懼

根據這條律令及有關的解釋，我們可以看出它的基本出發點是在於「禁聚眾」，恐懼民間私自集會會影響統治者的安全顧慮。明朝萬曆年間的律令就又添加了兩條處罰條例，而清乾隆年間的律令更把附加處罰條例增到八條，處罰也加重了許多。在清代的處罰條例中，明白的規定天主教、八卦教、白蓮教、白陽教以及所有涉及宗教的拜師傳徒，撰寫經卷咒語等活動，都在禁止之列。其中天主教在清宣宗道光廿四年（一八四四年）「中法黃埔條約」中應法方所請而解禁。此後出版的律書，如同治十二年出版的「大清律例會通新纂」就明言已奉諭刪除。但是本土的其他教派，仍在禁止之列。直到清宣統元年所頒佈的《大清刑律》，仿西洋法律制訂，才完全刪除了有關宗教活動的限制，民國卅六年中華民國憲法制定頒布，更明載人民有宗教信仰的自由。

明代的律令號稱是承緒唐律而來。唐律中關於宗教活動的律令，只有「造妖書妖言」一條，而處理的重點在於防止有人造讖緯圖說預言王朝興衰。宋朝律令完全承襲《唐律》，但是加上了三個限制宗教活動的詔令，顯示出從唐玄宗以降，逐步加強對宗教的管制。

八、明太祖箝制宗教活動

元朝末年，因蒙古人不諳中國治理國家的基本方法，政令混亂、佔地圈田、橫徵暴斂、民族歧視，大漢民族遭到空前未有的蹂躪，於是不甘奴役的英雄豪傑，假借宗教名義，引發了一場宗教性的革命運動，所打出的旗號爲「彌勒降生、明王出世、天下太平」，用人類學的術語來說，是一場「救世主運動」。元末群雄都是投身在這個救世主（明王）運動的陣營中。然而最後勝利的果實爲朱元璋所獨佔。他一方面捨棄原有「吳」的國號而改稱「明」，以應「明王」的預言；另一方面加強對宗教活動的箝制，防止類似事件的發生。在這個方面的具體做法，就是應李善長之請，詔禁在南宋時就已經盛行的幾個佛教衍生支派——白蓮、明尊、白雲等。王世貞撰李善長傳：

> 高帝幸汴還。……又請禁淫祀白蓮社、明尊教、白雲、巫覡，扶鸞禱聖、書符咒水邪術。詔可。

因此，《明律》中的「禁止師巫邪術」條是繼承唐、宋以來的對宗教的限制，加上《元典章》中的「禁聚眾」各項條文，而制定的。基本的用意就是不許老百姓假宗教名義而私自集會，杜漸防微，以防亂事的發生。但是，在實際的歷史上，這樣的預防措施常帶來相反的效果。清乾隆年間是取締民間佛、道之外的各種教派最力的時代，但到了乾隆晚年政治漸趨於腐敗，控制老百姓的力量也隨之減弱，而對待各個教派的敵視態度不變，於是，提供野心勃勃者以可乘之機。從嘉慶元年起，宗教性的亂事相繼不絕。一般人總是責備舉事作亂者不應該，可是又有誰冷靜的分析探索過其中的原委呢？

九、應該放下歷史的包袱

一貫道三十年來一直遭到政府的取締和社會輿論的口誅筆伐，可說是自唐宋到清末，官府右佛道、抑其他教派這個傳統的縮影。也因此可見，要興廢一項法令是容易的事，但是要改變舊有法令所產生的習慣動作，卻是很難。尤其是這個習慣動作到了只知其然而不知其所以然的境界，就更難改變。有心者常說，要禁一貫道的理由是「注意它的後遺症和危險性」，但是眞正的後遺症和危險性並不是一貫道本身有什麼可怕之處，而是這種偏狹的敵視態度會造成緊張不安的局面。現今，我們的社會是個開放的、全民的社會。在蔣總統民國七十二年元旦祝辭和孫院長的談話中，一再強調團結和諧是當前社會重要課題之一。既然是以團結和諧爲重，那麼前述這種造成敵對態勢的處事方式就必須要揚棄。儘量擴大朋友的範圍，不要把原先可以做朋友的都逼到敵對的陣營中。

而且，我們現行的法律觀念是一人做事一人當，並不需要爲他人的行爲負責，當然也就不必爲幾百年前的「祖先」行爲去負責。因此，說一貫道是白蓮教餘孽，藉此就全面封殺一貫道，在邏輯上是根本說不通的。更何況，歷史上眞正的白蓮教與後世意識中的白蓮教是完全不同的兩回事。吳晗所寫的《明教與大明帝國》一文已經清楚的說明了明太祖所玩的障眼法，在此就不再贅述。

第三章 一貫道與齋教的關係

民國卅四年，對日抗戰勝利，台灣重回祖國版圖，隔絕了五十年的同胞關係再度建立。四年後，大陸山河變色，淪爲共黨統治，大約有兩百萬軍民跟隨國民政府撤退到台灣。在這四年時間中，有一些流行於中國大陸的教派陸續傳來台灣，計有：理教、紅卍字會、正統的佛教、一貫道、天德教、圓玄學社等等。經過三十多年，唯獨一貫道一枝獨秀，發展成擁有五十萬信徒的大教派。其他各個教派相形失色，差得太多太多。

同樣是晚近從中國大陸傳來，爲什麼只有一貫道能夠有長足的發展，而其他各個教派卻不能？箇中原因，頗耐人尋味。

經過一年的實地調查，親自參與各項活動，旁及各種有關的現象，對於這個問題終於找到了可靠的答案。那就是：一貫道成功地取代了台灣原有的「齋教」。

一、「無生老母」是信仰核心

一貫道與齋教都是以「無生老母」爲信仰的核心。我在中央研究院歷史語言研究所集刊第五十二本第三分所發表〈試論無生老母宗教信仰的一些基本特質〉一文中，清楚指出，在自明、清迄今中國的民間信仰中，存在著一種既非佛教又非道教的宗教信仰方式，以無生老母爲信仰的主神，在教義上是揉合儒、釋、道三教精義；在形式上帶有濃厚的道術（扶鸞與借竅臨壇）成分；在組織上沒有出家的僧尼道士，完全是由俗家信眾所組成；在經濟活動上主張完全自食其力，不靠化緣與接受供養，同時也注重道親之間的相互扶持。這樣子的宗教信仰起於明朝中葉，盛於明末清代。最早的教派可能是羅教，以後陸續分化成各種名號不同的教派。一貫道是這個信仰陣營中很晚才興起的一支，它的歷史迄今也不過一百多年。

《台灣省通志》的人民志宗教篇中記載，台灣地區的齋教分成龍華、金幢、先天三派，各有創始祖。實際上可能是三個相類似的宗教派別，後人在不明究竟的情況下，錯認爲同一個教派，名爲齋教。

二、龍華派

齋教的龍華派以明朝正德年間的「羅祖」爲第一代祖師，完全以「羅教」嫡裔自居。羅祖，本名爲羅因，生於明英宗正統七年（公元一四四二年），歿於明世宗嘉靖六年（公元一五二七年），享年八十五歲。世人稱他所創立的教派爲羅教或羅祖教，又因他以「無極」和「無爲」的道理傳徒，而稱作「無爲教」。也由於倡言「龍華三會」，而有龍華教（訛作榮華教）之名。

依照《台灣省通志》和《龍華科儀》中有關羅祖的傳記所述，羅祖是山東省萊州府即墨縣豬尾城成陽社人。父羅全，務農爲生，樂善好施。羅祖三歲喪母，七歲喪父，由叔父養大。十四歲投入古北口密雲衛當兵，爲漕運軍人。當兵期間不忘研讀佛經。娶妻顏氏，生一子一女。

羅祖離開軍旅之後，到各地拜訪名師，研習佛法。深受禪法影響，歷經十三年有成。他不僅僅學得佛法，更以佛教的教義爲基礎，加以衍生發揮，寫成了著名的五部六冊寶卷——《苦功悟道寶卷》、《嘆世無爲寶卷》、《破邪顯正鑰匙寶卷》（上下）、《巍巍不動太山深根結果寶卷》。

在《苦功悟道寶卷》中，提出了「無生老母」這個概念。羅祖一直在追問人的靈魂從那兒來。有位明師告訴他，是從佛那兒來：

臭皮囊，父母生，膿血聚會。
這點魂，何處去，甚人所生？
尋思起，無處奔，心中煩惱。
生了死，死了生，不得長生。……
忽一日，有信來，朋友相見，
說與我，孫甫宅，有一明師，……
告師傅，說與我，怎麼脩行。……
求半年，我師傅，纔發慈心。……
說與我，彌陀佛，無生父母。
這點光，是嬰兒，佛嫡兒孫。
就下跪，告師傅，佛在何處。
師傅說，彌陀佛，彼國天上，
告師傅，說與我，怎麼上去。

舉唸著，四字佛，便得超昇。……
唸彌陀，無晝夜，八年光景。
朝不眠，夜不睡，猛進功程，
使盡力，叫一聲，無生父母，
恐怕我，彌陀佛，不得聽聞。……
又參一步，單唸四字，阿彌陀佛，唸得慢了，又怕彼國天上無生父母，不得聽聞。晝夜下苦，高聲舉唸。八年光景。心中煩惱，不得明白。

三、「空」與「無生」

羅祖在《苦功悟道寶卷》中敘述自己參研佛理的過程，認爲單唸佛號，不能解答人生究竟，後來參研《金剛經》，悟了經中所說「空」的哲理。在這本寶卷中，羅祖指出人類靈魂的來源是「無生父母」。

「無生」照佛家的解釋是「自有還無，隨緣不變」，也就是指不生不滅、不墮輪迴的最高修煉境界。「無生父母」的意思則是指先天地之生，原本存在的混沌狀態，以後分陰分陽，化成萬物，這種混沌狀態可看成是萬物之父母根源。後來逐漸演變，著重「母」這個概念，故而有「無生老母」這個名號。同時，這種概念與宋、明理學所講「無極而太極，太極生兩儀、兩儀生四象」的概念相當接近，於是又有「無極老母」的概念產生。

羅祖創教後，便在北京一帶傳教。相傳他曾到浙江去傳教，缺乏具體的證據。但是從後繼各祖都是浙江人這個事實來看，當有可能。而且羅祖本人是漕運軍人出身，明代的漕運主要靠大運河。大運河北起河北通州，南迄浙江杭州。因此，羅祖到過浙江地面的說法，甚爲可信。後來乾隆年間的幾起羅教案，主角都是漕運水手。我們根據這種現象不妨推測，羅祖在得道之後曾大力向當年的袍澤伙伴宣揚教義，羅教的發展足跡也就從北京循大運河南下到江浙地界。

二祖殷繼南、三祖姚文字、四祖湯克竣、五祖楊時春都是浙江人。從六祖張普錢起則都是福建人。後來再從福建，傳入台灣。日據時期改稱「龍華齋門（教）」。

四、金幢派與先天派

「金幢派」之開山祖爲王太虛，生於明嘉靖四十三年，歿於毅宗崇禎二年。原先爲龍華教的信徒，拜羅祖的女兒佛廣爲師。後來自著四十二部經，脫離龍華而自立。明末清初，在北平附近開山立教。二祖董住世時，由北平移往浙江，再轉福建，再由福建入台灣。

「先天派」起於清代前期。奉龍華教之羅祖為八祖。創教者黃德輝是為九祖。黃氏江西省饒州府人，生於清康熙年間，活動於鄱陽縣。傳至第十三祖徐（還無）、楊（守一）二祖，建先天堂於四川，為宣教中心。乾隆五十八年，遷至上海，以盛觀亭為中心。以後仍循龍華、金幢舊路，先入福建，再到台灣。

依照《台灣省通志》宗教篇對先天教的記載，單就祖系而言，與一貫道的祖系說法相同之處甚多。兩者都說：開山祖達摩，二祖神光，三祖僧燦，四祖道信，五祖弘忍，六祖慧能（以上都是禪宗祖師）。七祖白玉蟾、馬道一，八祖羅蔚群，九祖黃德輝，十祖吳紫祥，十一祖何了苦，十二祖袁退安，十三祖徐還無、楊守一（雲堂）。從十四祖起，兩者才不同，從這種雷同情形來看，先天派與一貫道可能有著密切的關係。而且，「先天科儀」所載的儀式和各種唸辭，也與一貫道的儀式相近。「先天齋堂」的擺設方式更與一貫道的佛堂的擺設方式幾乎相同。根據這些跡象來看，一貫道與齋教先天派可能源自同一來源，從十四祖起，分道揚鑣。向南經上海入福建，最後傳抵台灣的一支，成為齋教先天派；北走的一支，經過多次波折更易後，至劉清虛時，改名為一貫道。因此，齋教各派與一貫道在本質上相近似，容易發生取代的現象。

五、齋教的衰落

齋教各派於日據時代，為日人改稱作「在家佛教」，列入佛教的陣營中。「台灣省文獻委員會」於民國五十年代編寫《台灣省通志》時，仍照日據時代的辦法。將它們視為佛教的三個支派。政府辦理寺廟登記時，也把各地的齋堂列入佛寺項下。

齋教本非佛教，自從日本人強制納入佛教後，就引起和尚入佔齋堂的現象。民國三十八年大陸淪陷後，齋教又面臨新的困境，那就是無法再得到住在福州總壇的當代祖師的升座任命，發生了齋堂的主持人無法遞補的現象。再加上宗教寺廟管理辦法的實施，和尚就大批大批的進佔齋堂。如今只有少數齋堂還勉強維持以往的面貌，如台南的德化堂、愼德堂，高雄的明善堂。但也已與佛教有很深的關係了。

齋教於清代曾盛行於台灣，及其衰蔽，所留下的空缺，正好由性質相近的一貫道所取代。依照前一節所述，明、清時代對宗教的限制，齋教各派無疑的是被官府視作邪教，正統佛教也視它為異端左道，多方排斥。這幾十年來，齋教勢衰，同性質的一貫道迅速的入補空缺。而正統的佛教也因大批和尚隨政府播遷來台灣，而告壯大。由於政府的「宗教寺廟管理辦法」又只承認佛、道、耶、回等為正式宗教，把齋教視作佛教的一支，和尚們更名正言順地接管已衰敗的

台南報恩堂（先天派）

台南市慎德齋堂（金幢派）

齋堂。但是，一貫道卻接收了齋教的信徒和它在台灣宗教社會結構上的地位，非但不受和尚管轄，反而發展壯大，進而與之分庭抗禮，因而引起和尚們的妒忌與仇視。於是和尚們一方面口口聲聲斥責一貫道爲邪教，一方面儘量設法假手治安機關打擊一貫道，以維護既得的利益。在下一章中，就來討論佛教與一貫道之間的衝突。順便也提一下道教會及其他教派或團體與一貫道之間的摩擦。

第四章 儒釋道三方面聯合攻擊

當我展開對這項調查工作時，長年茹素唸佛的家母經常在寺廟中碰到一些好心的念佛朋友告訴她，據某某法師或某某居士說，一貫道裸體禮拜，騙色歛財，希望我在調查時要特別小心。起初，對這種不尋常的現象頗感納悶。爲什麼佛寺中會流傳著有關一貫道的閒言閒語？

中央黨部社會工作會也表示，佛教最反對一貫道，它們所收到有關一貫道的檢舉資料，有許多是「中國佛教會」提供的。

台北的佛教書局出版了幾本攻擊一貫道的小冊子：釋回明的《暗路明燈》、釋宏妙的《天道眞傳》和施文塗的《我怎樣脫離一貫道》、《天道指南》、《歧路指歸》及《回頭是岸》等等。

一、所謂「邪教」禍源說

「中國孔學會」也出版了一本《中國邪教禍源考》。在書中歷數中國歷史上帶有宗教色彩的亂事，認爲都是一貫道的源頭，並且替一貫道假設了一個將來叛亂的目標和口號「反民復清」。這本書的序言，分別請道教的蕭天石、佛教的釋廣定、基督教的周聯華、回教的定中明、孔學會的孫炳炎等人撰寫，給人一種儒、佛、道、耶、回五教聯手對付一貫道的印象。書中有佛教書局徵求助印的啓事，可見此書與佛教關係甚深。

把這些零零星星的資料合併起來，任何人都能指出佛教在反對一貫道的陣營中一直扮演著相當重要且活躍的角色。他倆衝突的原因，無論是表象的或是內在的，究竟爲何？是本節所關心的主題。

歸納各種佛教攻擊一貫道的資料，其原因大致有

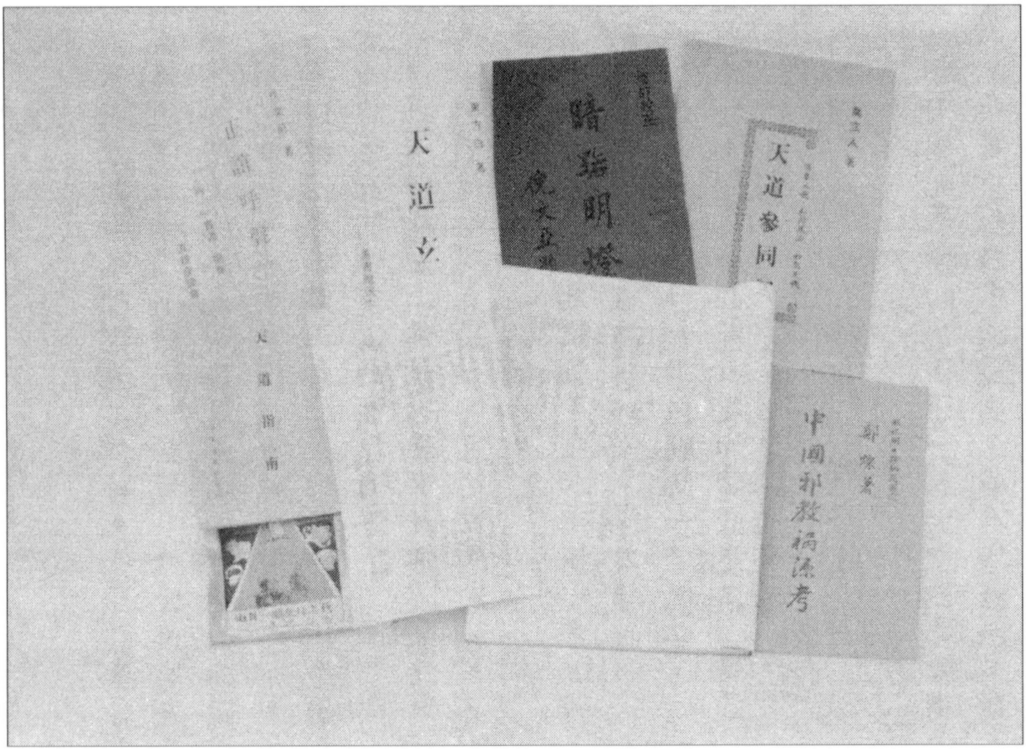

儒釋道三方面供攻訐一貫道的書刊

以下幾點：

二、彌勒信仰的憧憬

佛教徒責難一貫道的主要理由之一，就是說一貫道剽竊了佛教的教義，所指的，主要就是在於對彌勒信仰有不同的見解。

在佛教的經義中，彌勒與彌陀是兩大「淨土」信仰。彌勒信仰所強調的是人世淨土，而彌陀信仰則是強調出世的西方樂淨土。在基本性質上，兩者有著很大的歧異。這兩種信仰都曾流行於中國，但是愈到後世，彌陀信仰愈盛，而彌勒信仰卻成了「禁忌」。在第二章談中國歷史上查禁宗教的明清法令時，就提到過「彌勒佛」——一種在禁止之列的宗教組織，同時也提到明代中葉以後興起以「無生老母」爲核心信仰的新興教派。雖然最初與彌陀信仰有關，但到明代末期，這些以無生老母爲信仰核心的教派，就出現了「三期末劫」「彌勒掌天盤」（如金幢教的《多羅經》所記）等的說法。

彌勒或彌陀的淨土思想，在基本上，都是帶給人們一種對未來美好世界的憧憬。其間的差異主要是在於彌勒淨土所著重的是對現實生活的改進與實現，而彌陀信仰則是寄托於另一個美好的西方極樂世界。有關彌勒淨土的經典，在大藏經中，收有十六種，其中以《佛說觀彌勒菩薩上生兜率天經》簡稱（《上生經》）《佛說彌勒下生經》簡稱（《下生經》）《佛說彌勒下生成佛經》、《佛說彌勒大成佛經》等爲重要。

「上生經」中提到彌勒是個俗家修道的人……其人具凡夫身，未斷諸漏。……其人今者，雖復出家，不修禪定，不斷煩惱，佛記此人成佛無疑。

「下生經」記彌勒是在一棵名叫「龍華」的菩提樹下，成無上道果。彌勒成佛上生兜率天，住了五十六億萬年之後，又回到世間來渡化眾生，那時的世間將是極爲美好和祥。「下生經」云：

> ……土地豐熟、人民熾盛、街巷成行。……龍主水光，夜雨香澤，晝則清和……人民熾盛，多諸珍寶，諸村落相近，雞鳴相接。是時，弊華果樹枯竭穢惡皆自消滅，其餘甘美果樹香氣殊好者，皆生于地。……爾時，時氣和適，四時順節。……人心均平，皆同一意，相見歡悅，善言相向，言辭一類，無有差別。……所謂金銀珍寶，車渠瑪瑙、眞珠琥珀，各散在地，無人省錄。……

彌勒下生以後，就積極的展開渡化世人的工作，完成釋迦牟尼佛未曾完成的心願。《下生經》云：

> 爾時世尊告迦葉云：……汝等四大聲聞（大迦葉、屠鉢嘆、賓頭盧、羅云四個比丘），要不般涅槃。須吾法沒盡，然後乃當般涅槃。大迦葉，亦不應般涅槃，要須彌勒出現世間。所以然者，彌勒所化弟子，盡是釋迦文弟子，由我遺化得盡有漏。摩竭國界毘提村中，大迦葉於彼山中住又彌勒如來將無數千眾，前後圍繞，往至此山中，……是時彌勒由右手指示迦葉，告諸人民：過去久遠釋迦文佛弟子，名曰迦葉，今日現行頭陀苦行最爲第一。是時諸人見是事已，歎未曾有。無數百千眾生，諸塵垢盡得法眼淨，或復有眾生見迦葉身已，此名爲最初之會，九十六億人皆得阿羅漢，斯等之人，皆是我弟子。……阿難當知，彌勒佛第二會時，有九十四億人皆是阿羅漢，亦復我遺教弟子，行四事供養所致也。又彌勒第三之會，九十二億人皆是阿羅漢，亦復我遺教弟子。爾時比丘姓號皆名慈氏弟子。

三、彌勒降世之說

這段掌故就成爲後世「釋迦退位，彌勒掌天盤」和「龍華三會」說的張本。從北魏開始，就不斷的有人宣揚彌勒已經降世的說法，像著名的梁武帝時「雙林傅大士」相傳就是彌勒降生。在隋唐兩宋的歷史上，有個「彌勒教」，但是除了官府取締這個教派的記錄之外，對這個教派的實際內容（包括教義、儀式等）可說是毫無所知。

不過元朝末年的宗教革命運動中，明白的利用彌勒信仰，打出「彌勒降生、明王出世、天下太平」的旗號，號召漢族起來反抗蒙古人的殘暴統治。朱元璋在打敗蒙古人，並削平群雄之後，立法嚴禁這種會啓發百姓向現實政權挑戰的教派和思想。於是，彌勒信仰漸衰，彌陀信仰趨於興盛。這時的佛教就走上「精進唸佛」——認爲只要勤唸「阿彌陀佛」名號便可往生西方極樂國土——的途徑（這種風氣在兩宋時已經盛行，明清益盛）。

這種單單強調唸佛號的儀式行爲，後來遭到不少的反對。羅祖教的出現，可說是其中的代表。

四、濟公信仰的興起

由於對彌陀信仰的儀式僵化有所不滿，促使彌勒信仰再度抬頭。但由於彌勒信仰被明清法令所禁，於是，當它再起的時候，就換成另外一種形式出現，那就是「道濟和尚」（也稱作濟公活佛）。在民間信仰傳說中，濟公活佛是「身在佛門，不修禪定，不斷煩惱，不斷諸漏」，與佛經所說的彌勒是如出一轍。因此，有關濟公活佛的信仰基本上就是彌勒信仰的化身。最早有關道濟和尚的記載是南宋時沈孟柈所寫的《錢塘湖隱濟顚禪師語錄》，收錄在《禪宗集成》之中。文中沒有如後世所傳的那些神怪事蹟。眞正發揮濟公活佛「不修禪定、不斷煩惱」特色的是清代章回小說《濟顚大師醉菩提全傳》（共二十回）。清末民初，王夢吉更據此寫成二百八十回的《濟公全傳》。而今，濟公活佛在一貫道、鸞堂以及天德教中都成了「活佛老師」或稱「活佛師尊」。同時佛教、道教也對濟公活佛相當尊崇。佛教書局印行有《濟顚禪師大傳》（事實上就是《濟顚大師醉菩提全傳》）。

以上簡略的敘說了彌勒和彌陀信仰相互消長及彌勒信仰的轉換情形。這種消長和轉換的原動力並不是來自佛教僧侶，而是來自民間俗家人中的宗教家。在明清兩代有相當大戲劇性的代換和改變，一貫道只是照著前人的說話繼續宣科而已。根本談不上剽竊佛教教義。

佛教責罵一貫道的第二個藉口是說「一貫道沒有自己的教義，東拉西扯，七拼八湊，形同什錦麵。」對於這樣的詰責，實在令人有哭笑不得之感。

五、三教的貫通與融合

從唐朝開始，中國人就試著融合儒、釋、道三教。唐時每逢皇帝壽辰或其他重要節慶時，在皇宮內都會有佛道講論的場面，有時也加上士人，形成儒、佛、道三教講論的局面。三教合一從這時候就已經開始進行了。

兩宋時，北方金人強盛，佔領了華北半壁江山。在金人的領域內，出現了揉合三教的新興教派，那就是「王喆」、「呂純陽」、「張三丰」等人所領導的全眞教。他們以道家的《道德經》和《清淨經》、佛家的《心經》、儒道的《孝經》作爲經典，來教化一般尋常百姓。爲在異族統治下的漢民族保留住文化命脈。全眞派的基本宇宙論與宋明理學所主張的那套宇宙論是相同的。而且成爲「無生老母」這個概念的根本。

明朝時，三教合一、相互融通的現象益盛。明末的四位高僧——「雲棲袾宏」、「紫柏眞可」、「憨山德清」、「藕益智旭」——都力倡三教同源之說。這時民間新興教派也是有風起雲湧之勢，大談「無極、太極」、「龍華三會」、「三期末劫」等理論。於是三教合一成爲近世六百年來最主要的流行趨勢。王治心在他《中國宗教思想史大綱》談到近世中國華北的一些教派，如同善社、悟善社、道院、紅卍字會、大同教、理門等，都大談三教或五教合一。一貫道也不過是在依樣畫葫蘆而已，談不上自己有什麼發明或創新。

六、佛教的衰落

佛教衰落主要涉及兩個方面，一是佛教本身的勢力受到摧殘，二是和尚不守清規，招來俗家人士的不滿。

根據日人宇井伯壽《中國佛教史》所說，佛教在清高宗乾隆年間因政府採遠離佛教的政策，使得佛教的發展趨勢慢慢的從出家人的手中移轉到在家居士身上。而一般在家居士的行爲方正，頗受社會大眾重視。太平天國時，佛教遭受到相當嚴重的打擊。從光緒晚年起，沒收寺院財產，將此運用於學校、講習所、兵營等，佛教乃不得不趨於衰微。清末，有楊仁山居士（一八三七～一九一一）熱心恢復佛教，對於研究與出版方面均竭盡其力，成績沛然可觀。

太虛大師在民國初年也曾大聲疾呼，要求改革當時的佛教，放棄以往消極的，靠佛養身、指佛吃飯的風氣，積極的培育人才，參與世俗活動，以挽救佛教的危亡。在另一方面，民間也相當看不起僧尼的作爲，像民國九年雲南昆明西邊洱源縣的幾個乩壇所著的《洞冥寶記》中，就極力指控僧尼不守清規：（按此時一貫道還沒有發跡）

> 又見有一鬼卒手執銅丸一瓢，要向那僧人口中灌進。那僧哀求告饒。一鬼在旁嘲曰：「請和尚吃肉包，快快吃，莫牢騷，長些氣力，好與佳人度春宵。」嘲畢，即將焰焰銅丸灌進口中。和尚大叫一聲，五臟爆裂，七竅煙生，化爲灰燼。用扇又復原形。又有一鬼卒亦拏著銅汁一瓢，向那和尚口中灌去。一鬼又在旁嘲曰：「清和尚吃葷麵，快快吃，莫主賤，洗洗肝腸，好見如來享自在。」說畢，灌進口中。那和尚倒地亂滾。地上皆是利刃。刺進肌膚，火由內起，刀從外割，極是悲慘。定一（按即該次扶鸞的鸞生）見之，身麻肉顫。心中難忍，幾乎立腳不住。獄官曰：「這般禿驢賴佛養身，五葷三厭不忌，惟以嫖賭爲生，污衊佛門，知法犯罪，罪大惡極。今夕善人（指鸞生）所觀，不過大概少數，尚有無（數）僧儒囚禁其中，奈獄底深邃，未易窺測耳。」
>
> ……
>
> （補經所）所員曰：「這幾個禿頭在世替人修齋設醮，純是欺人，所誦經典，字句錯訛，又多遺漏。只圖敷衍了事。當齋生者從何而知。似此修齋設醮，並許願誦經之家，不惟無功，反遭罪過。他不念及世俗所言：『得人錢財，與人消災』這個道理。口中誦經，眼中邪睨，專看人家婦女，不知他誦些什麼經咒，一陣鐃鈸亂敲，也就含糊過去了。至於所得之經錢，用以嫖賭，淫孽更重。……

中國社會浮現對佛教僧侶的不滿，可能很早，像《佛祖統紀》卷四十七：

> 南宋孝宗乾道元年二月，以鄭國公主出家，敕品官庶民有毀辱僧尼，罵稱禿字者，依祥符（北宋眞宗年號）宣和（北宋徽宗年號）敕旨，品官勒停，庶民

流千里。

唐宋時士人如韓愈、歐陽修等也不喜佛法。韓愈更以「和尚」作賤名以呼小兒。不過像「洞冥寶記」這樣露骨的斥責僧人不守清規，大概始於明代。像明朝時的寶卷作品《觀音十二圓覺》：

長者說：大凡僧道都是吃現用現，多多有不長進的僧人，私自餘積善信的銀兩，背地嫖賭。況出家人慈悲，不穿獸毛蠶口，他偏要縫那緞袍皮襖，緞鞋綾襪，擺個樣子。有等齋婆尼僧，屢屢做出狐群狗黨沒廉恥的事來。這都是嫁去人家勤吃惰做、不中公婆丈夫之意，或是嫌公婆嚴令、丈夫貧窮。若是收了一個徒弟，就卸了菩薩的擔子，早晚鐘鼓香燈及一切勞動事務，吩咐徒弟去做，他總不管。又不看經念佛，又不參禪悟道，又不遵規守戒。白日裡，走東家進西户，哄誘人家導女入寺拜佛燒香、求男求女，或見人家兒女，妄言根基淺薄，必要拜佛保養。借此募化，肥口肥身，夜間勾人淫慾。這種僧道最為惡毒。

在明朝中葉，羅祖寫《嘆世無為寶卷》時，就有一品專門批評出家人。《祖嘆出家品》第八：

身在袈裟下，心居俗類中。貪瞋何日了，恩愛幾時窮。不悟眞空法，難明劫外宗，這樣修行者，無常豈放鬆。呀！迷頭認清輪迴本，向外修行生死根。

明代的寶卷有許多都是勸人修道，而書中的主角都是在家人，連《香山寶卷》（一名《觀世音菩薩本行經》）書中的主角觀世音菩薩也說是由在家人修道而成。反過來說，就是看不起出家人，認為出家不是修成正果的唯一途徑。

近幾年台灣新出的善書，如《地獄遊記》、《畜道輪迴記》等，也秉承這個批評佛教僧侶的傳統，對目前和尚尼姑的行為有所批評。引起僧尼的憎恨，燒毀落在他們手中的這些善書，同時也造成宗教界的緊張關係。

這種佛教自己的衰落現象，看在一些俗家的宗教人士眼中，不正是應了道降火宅的說法？但是和尚基於保護自己的實際利益，對於這種指責大為憤怒，不分青紅皂白，都說成是一貫道在罵他們。

以上原因，是涉及教義和行為兩個層次。當我們把眼光從歷史的角度來看問題，也把眼光投注到與一貫道同一類型的各個教派時，我們不難看出今天一貫道與佛教之間的衝突攻訐，出於一種歷史包袱。也因其他各教派在當前社會中勢力微弱，唯有一貫道一枝獨秀，才造成一貫道與佛教雙雄決鬥的場面。

七、正面的衝突

而今，一貫道與佛教之間的衝突呈現白熱化。導火線是一篇刊登在「時報雜誌」九十七期由署名「寧維翰」者所寫的文章，題目是「一貫道眞的被誤會了」（附錄五）。該文直率的指出一貫道的許多罪名是和尚捏造的，兩者相爭是爲了爭奪信徒和勢力範圍。這篇文章刊出後，孔學會鄭燦化名「東方白」，撰寫「致寧維翰的公開信」，以一貫道破壞中華道統爲主要理由，投到「時報雜誌」和「聯合月刊」，因其一稿兩投而遭擱置。釋廣定就出資將該文付印，並於七十年十月十五日在「中央日報」上刊登贈送啓事，將文章改名爲「天道玄旨」（天道是一貫道的別名），贈送者爲「善書贈送中心」，實際上是佛教書局。後來又弄出一本《正誼呼聲》，化名「道親座談會」印贈。爲何要假冒善書形式和道親（一貫道信徒彼此的稱呼）名義？或許是要吸引一貫道信徒去函索取之故吧！於民國七十一年四月又出了一本《天道參同契》。

中國佛教會於七十年十月二十二日更以七○中佛職祕字第○四二四號公函，遞送中央社工會和內政部，要求查禁「一貫道眞的被誤解了」一文（附錄六）。同年十二月二十四日下午三時，在中國佛教會三樓會議室召開會議，商討如何成立「破邪顯正護國衛教行動委員會」，對付一貫道的挑戰。會議由「白聖和尚」主持。我因楊惠南（「中國佛教月刊」主編）的帶引，得以與會，實地旁聽眾和尚們商討大計。

和尚們聲稱「一貫道眞的被誤會了」一文，攻到他們的心腹要害，和尚們必須奮起護教，才能生存下去。所以有組織行動委員會之議。結果推定理事長爲當然主任委員，另外推舉四位副主任委員：廣定、淨心、聖開、祥雲。原議中有佛光山的星雲，但因遭反對而作罷。

在會議中，和尚們歷數一貫道的罪名如下：

1.吸收信徒時，事先要經過層層考核，挑選認爲是優秀的，才准許加入。比擬作與「共產黨」一樣的可怕。

2.讓信徒俯首貼耳，絕對服從，可見控制手段嚴密。

3.主持人有政治野心，是爲害社會最大的人。

4.破壞中華道統。

5.打著佛教的旗號，歪曲佛教形象。

6.要進入一貫道內部很困難，入道時要發重誓，內部黑暗之極，進去以後要奉獻男女關係。並以「某某法師所說的，一定假不了」爲立論的證據。

和尚們承認他們無法打進一貫道組織之中，許多資料是輾轉相傳。但他們執著的認爲，無風不起浪，一定是有這樣不良行跡，才會有這樣的指責。

楊惠南在「我所知道的一貫道」一文中指出，佛教對一貫道缺乏瞭解。絕大多數的佛教徒對於一貫道的印象，都是來自新聞報導。然而，近二三十年來，傳播界並沒有忠實的報導一貫道的活動，相反的，所看到的都是「據聞」「據報」之類的醜化新聞。在會場上，指責一貫道的各項理由，依照我調查經驗來說，都是和尚們自己想像出來的。就拿「組織嚴密，信徒必須俯首順從」這項來說，台北地區是以基礎組爲主，擁有二百個左右公開登記可以講道的佛堂，但歷年來，退銷的佛堂總數也將近兩百，主持人對這種高流動率表示莫可奈何。這種高流動率表示一貫道的組織、前人、點傳師的權威並不如和尚們想像中那樣具有絕對性。

國大代表王蘭女士以中國佛教會理事資格，逕自出席會議。她籲請和尚們在批評一貫道的時候要拿出確實可靠的證據，不能光憑各種傳聞。也籲請和尚們以佛的大慈大悲，來包容異端，來感化一貫道信徒，不要一味苦苦相逼，欲置人於死地。王代表的話在這個場合已成逆耳忠言，雙方遂起言辭衝突。在王代表離席後，會議主席激動的說：「不管旁人如何想，我們要把握住一個原則，那就是——不是我教，不許你拜佛；不是我教，不許你唸經。」其他和尚相繼發言，各自提出對付一貫道的辦法。茲條列於下：

八、和尚擬定的攻擊戰略

1.發起各工廠中一貫道信徒自首運動，由中國佛教會函請內政部發起，由治安單位負責清查，援用處理匪諜自首的辦法來對付一貫道。

2.儘量向情治單位報告一貫道的劣跡，不管是否理會。

3.聯合天主教、基督教、回教、道教、媽祖廟等教派，共同在各大報上刊登聲討一貫道的啓事。由於政府向來比較聽外國人的建議，必須聯合天主教、基督教，才能發揮宏大的效力。啓事內容說一貫道剽竊佛教，意圖造反。

4.請佛光山星雲法師在中國電視公司「信心門」電視節目中，公開批判一貫道，強調三點理由：

⑴公然僞稱佛教，剽竊佛經。

⑵辱罵和尚。

⑶不接受和尚領導。

5.發動各個佛教雜誌，聲討一貫道。

6.利用在政策、新聞界、社會上有影響力的人士（如丁中江）出面宣講一貫道有多壞多壞。

7.發動知識青年在報章雜誌上聯合對一貫道口誅筆伐。

「中國孔學會」的鄭燦也在會議中提出孔學會與佛教會合力對付一貫道的辦法，主張大量印發小冊子，勸一貫道信徒棄暗投明；從文化和宗教兩方面，向政府反應，由孔學會做起，而後擴及三教，最後五教一起行動；在佛教會設立一個委員會，總負其責。

九、中央黨部的警告

中央黨部社工會在得知中國佛教會開會商討如何對付一貫道時，特別派了位幹事在沒有邀請的情況下逕自出席會議。在會議將要結束時，主席請他講幾句話。他首先籲請佛教會在中央還沒有正式決策之前，不要盲動，更不可以聯合各教，刊登啓事。也宣布以前取締一貫道的命令已經撤銷，今日一貫道已非法律上的非法教派，只是一個尚未向內政部立案的民間宗教而已。

本節曾討論過一貫道與佛教之間的衝突原因，那些原因都是限於教義方面的爭執。在那天的會議中，和尚們對一貫道的指控和所草擬的對付辦法，讓人感覺到絕不僅只限於教義之爭，更是爲了佛教本身的利益而爭。

十、種因在「爭奪信徒」

楊惠南指出，正統佛教與一貫道之間的衝突，除了教義歧異和瞭解不夠外，更涉及兩教派勢力的相互傾軋。台灣的佛教界有一個奇怪的現象，那就是純正的佛教寺廟不太參與民間的各項服務活動。反而是那些各種神佛並列的寺廟，像台北龍山寺、北港媽祖廟等，才能深入民間各個階層。換句話說，純正的佛教並沒有在台灣生根。就佛教徒的人口比例來說，純正的佛教徒爲數不多，而且大半是知識分子和中上階層。相反的，連什麼叫做「佛」都不知道的「佛教徒」，卻佔了絕大多數。這些大多數的「佛教徒」，他們之所以成為佛教徒，並不是佛教眞理或佛寺功能上帶給他們什麼啓示或服務，而是基於家庭、社會的傳統信仰，影響他們成為佛教徒。因此，他們可說是宗教的「游離票」。一旦佛教出現了有力的競爭對手，他們分辨不出是非曲直，就一窩蜂的倒了過去。於是乎佛教和尚大為著急，當然把一貫道視為大敵。楊惠南認為就此而論，正統的佛教徒應該深切反省，特別是那些執佛教牛耳的高僧大德們。

寧維翰則站在經濟的觀點指出，佛教與一貫道之間的傾軋，在於經濟流通方向的不同。佛教出家人在理論上是完全不事生產者，必須依賴廣大的在家善男信女的供養，才能生存。經濟流通呈單行道，由在家人單方向供養出家人。一貫道則完全以俗家人所組成，主張經濟自主，在生活開銷之外，將多餘的財力集合到他們的「前人」或佛堂中，從事社會公益慈善事業（詳見十六章）。經濟流通的方向是從俗家信眾流向俗家領袖，再流向社會貧苦大眾。如下圖所示。這兩種經濟流動方向是不相容的，因為後者危害到出家僧尼的生存。

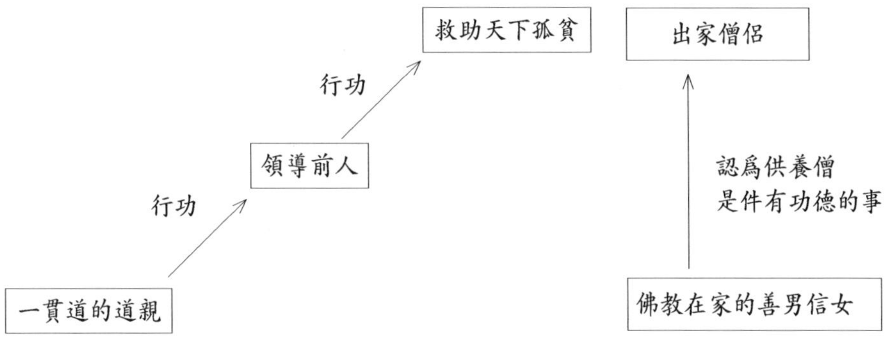

楊惠南與寧維翰的分析，正顯示出現階段兩個教派互相傾軋的實際原因。在前一節談到齋教衰落，僧尼進佔齋堂一事，亦可爲佐證。

十一、道教會漁翁得利

中國道教會成立於民國五十三年，正是一貫道在民國五十二年遭到禁壓取締之後不久，那時台北基礎組前人張培成就是道教會的發起人之一，同時也成立台灣省道教會。

民國五十三年六月，台灣省道教會在「中央日報」刊登啓事，呼籲一貫道信徒回歸認同於道教。固此一貫道的佛堂以及後來所興建的廟宇，大多加入道教會，成爲道教會的會員。

在佛教與一貫道的衝突競爭過程中，道教的態度一直是左右依附，而實際上卻是陰挾兩端，從中謀利。當佛教會高喊著攻擊一貫道時，他們也振臂響應，如蕭天石之爲《中國邪教禍源考》作序。同時又對一貫道道親擺出一副保護者的姿態，強調道教會會員證的效力，可以免受治安單位的取締。基礎組前人張培成深受這種情勢的困擾，只得抱著「息事寧人，化錢消災」的做法，應付道教會的需索。

民國七十一年十一月，一個叛離一貫道的支派——「中華聖教」，找了許多中央及地方民意代表共同簽名連署了一份爲一貫道申請立案的文件，由九十二歲高齡的國大代表裴鳴宇領銜，送交各有關單位。這項舉動不但讓有關單位感到驚愕，認爲這些參考連署的人可能混有別居用心者；以致把原先積極查證一貫道，並謀求合理合法解決其困境的工作計畫停頓下來。同時也讓原來等候漁翁之利的道教會大爲緊張，道教會秘書長徐榮不經過法定程序，逕自出任代理理事長（七十一年八月間原任理事長趙家焯病逝，由張培成出任代理理事長），與佛教會聯合發出公文給各有關單位，控告一貫道。（見附錄七）

十二、孔學會加入戰火

中國孔學會是從與一貫道同爲祕密教門的「同善社」演變而來。民國初年時，大陸上的一些祕密教門紛紛改名爲某某會社，以求正式發展。像天德教稱作「中國哲學研究社」，一貫道稱作「道德武學會」，同善社也改稱作「中國孔學會」。

孔學會到了民國六十幾年時，發展上有與一貫道合流的趨勢，也開始大談「三期末劫」、「無極太極」等道理，結果引發了一場激烈的內部鬥爭。一批反對與一貫道合流的人士和主張與一貫道合流的人士劃清界限，分道揚鑣。鄭燦就是反對派的健將。我曾與他會談兩次，他自己聲稱是「在大陸上求道」，又說「參與一貫道有廿四年歷史」，政府遷台已有三十多年，鄭燦怎麼可能會是「廿四年前在大陸求道」，顯然其中有差錯之處。當我向有關單位查證「孔學會」與「同善社」兩者之間上述的關係之後，才豁然瞭解箇中原因。

鄭燦爲了表示他與一貫道有「不共載天之仇」，就寫了《中國邪教禍源考》一書，書中極力攻訐一貫道，把歷史上所有帶著宗教色彩的叛亂團體，都說成是一貫道的祖宗，並替一貫道捏造了一個「將來叛亂」的口號——「反民復清」，這本書被佛教和尚們奉作攻擊一貫道的最佳利器。鄭燦又化名「東方白」，撰文對抗寧維翰的文章，且爲各佛教雜誌輾轉刊載。

十三、結論

綜合以上所作的分析，我們不難看出這是一場激烈的「宗教戰爭」，最根本的目的，還是脫離不了爭奪信徒和一切隨信徒而來的利益。由於戰況空前激烈，對當前台灣社會情勢而言，並不是件好事，徒增當局的困擾。目前台灣另一派民間信仰「鸞堂」的信念和鸞文中，就極力呼籲要消弭「宗教鬥爭」，如台中聖賢堂所作《地獄遊記》在一開頭就說不可輕侮其他教門，這種呼籲是合乎時宜的，也希望佛教會、道教會，孔學會等單位，能深切體認和平共榮的重要性，放棄目前這種殺氣騰騰的作法。

第五章
與執政黨的互利關係

瞿海源在討論基督教與執政黨之間的關係時，指出教會對政治的態度可以分成三類：第一類的教會多半不過問政治，他們只追尋個人的靈修和教會的成長。第二類則是對執政當局採取完全順服的態度。第三類教會比較傾向於以聖經所說的話來批評政府，要求社會政治的革新。以瞿海源所提出的判別標準來看一貫道與執政當局的關係，則很清楚的是第一、二類型的複合體。無論怎樣，一貫道的政治立場絕不是屬於第三種類型。

一、各方政治勢力的夾殺

一貫道的主要典籍《暫定佛規》就明白的說「溯自余修道以來，傳道有年，概不涉及政治，無非扭正人心，惟講仁說義，效法古聖先賢，祇論俎豆馨香而已。」現今各支一貫道信徒仍然恪遵不問政治的既定原則。所以，一貫道在基本上應該屬於瞿海源所說的第一種類型，不過問政治，只追尋個人的靈修和教會的成長。

但是，這種不過問政治的態度並沒有帶給一貫道好運，相反的，由於教團組織發展過速，人數又多，加上其他教派的惡意中傷，遂引起執政當局的猜疑。打從一貫道師尊張天然於民國二十年開始傳教起，就與各方政治勢力產生摩擦。抗戰時期，一貫道大盛於淪陷區。無論是國民政府、南京汪僞政府、日軍，以及共產黨都不喜歡一貫道，都認爲它是敵手的爪牙。日人窪德忠在〈關於一貫道〉一文中就說：

> 日華戰爭中，華北地方有許多宗教的祕密結社在活動。在所謂淪陷區，即日本軍佔領的地區——以農村爲主——一貫道的聲勢浩大。戰爭中，有關一貫道的（政治）態度，有兩種相反的說法。共產

黨那方面的人說，他們是日軍的奸細，戰後與國民政府合作的賣國份子、反動份子。格魯特（Rev. W. A. Grootears）則說，一貫道是反日的最大組織，而戰後不爲國民政府所喜歡。格魯特所指導的學生李世瑜說，民國三十二年天津的日本憲兵隊逮捕了數名有間諜嫌疑的一貫道信徒，投諸獄中。最近（指民國四十年前後）請益於格魯特氏，據他說，（戰爭中）天津、南京一帶的一貫道信徒大體上是與日軍合作，山西、察哈爾方面不合作，在大同則於民國三十三年遭到（日軍）迫害。日軍勢衰時，一貫道就興盛；日軍盛時，一貫道就衰。民國三十三、三十四年一貫道勢力最衰。三十五、三十六年又恢復盛況。戰爭中，日本軍佔領地有一貫道分布；在中共統轄地界，則無道徒蹤跡。國民政府則又藉口一貫道於戰爭中與日軍合作爲理由，壓迫一貫道。這樣兩種完全相反的說法，不知何者爲是。地方性的差異多少會有，大體上對日本軍是採取反抗的態度。傳說某地一貫道徒與日軍合作，大概也是陽奉陰違。從一貫道的教義和農村自衛團體的性格來說，也當如此。一貫道對中共是採取反對立場。民國三十六年底、三十七年初，北平的一貫道信徒用扶乩的方式宣告中共的進攻，就是末劫來臨。這種態度導致中共政權成立後，強力壓制一貫道，一貫道徒眾至今（民國四十二年）仍頑強抵抗。

窪德忠認爲不論是國民政府或共產黨，總有一方面會接納一貫道。但事實上，是雙方都不喜歡它。中共竊據大陸後，即對一貫道徒展開屠殺與鎮壓，認爲都是國民黨的諜報人員。台北中央日報也曾報導過中共捕殺一貫道徒的消息。國民政府遷台之後，藉口維護善良風俗而查禁一貫道，經過情形已於第二章中交代。道中幾位領導前人對於這種處處得不到政治勢力團體支持與認可的現象，感到痛心與憤慨。他們說：「眞把我們逼得走投無路，不知如何是好。」

二、溝通不良的緣故

冷靜的分析此中原因，主要是出於不相知，也就是雙方溝通不良。僅就台灣地區三十年來取締一貫道的這個事實來說，執政當局與各級治安機關並沒有眞正深入地瞭解一貫道的內容與本質。說來說去一直不離明、清箝制宗教活動的藉口。一貫道方面又因缺乏有力人士可以做雙方的橋樑，也因許多信徒堅持自身修道是辦上天大事，不肯向俗人（包括政府在內）做溝通工作。以至於雙方不容易有機會面對面地交換意見。

最近五年來，這種不相知的局面有了改變。執政黨爲了贏得各項選舉，廣求各種可資運用的民間社團組織，一貫道人數眾多，組織又具規模，自然列入爭取的對象。同時一貫道本身也發生變化，有些道親透過地方選舉而成省議員、縣市議員，逐漸就有了政治方面的代言人，終致有民國六十九年四月九日，有三位省議員在省議會中對民政廳和警務處爲一貫道究竟如何而作聯合質詢。當時，民政廳長沒有答覆，警務處長則表示，如照質詢內容來說，似乎民政廳有重新考慮的必要。

三、順服於執政當局

雖然一貫道本質上是只注重個人的靈修和教團組織的成長，且祖師訓諭「不過問政治」，但是在目前台灣社會中，實在不可能單獨置身於政治活動之外，因而，一貫道自願的或被動的向執政黨表明他的政治立場，那就是明白的表示完全順服於執政當局。

參加了數十次一貫道的法會或四書研習班，他們在談道統的時候，除了自己教內的傳承系統外，也常強調堯、舜、禹、湯、文、武、周公、孔子這一道統，經由　國父和先總統而傳至蔣經國先生。無論是公開或私下的場合，總是特別強調當今台灣的輝煌成就，感謝先總統　蔣公的德澤。而且，「忠孝」是一貫道重要的修持項目，在扶乩鸞訓中更常提及。這種忠君愛國和淡泊明志的態度，絕不是虛僞假作。

調查期間正逢民國七十年十一月的縣市長和省市議員選舉。十月十一日（星期日）陪同李師亦園和瞿海源學長到台北市寶興街的先天道院，參與他們的講經活動。黨提名的台北縣長候選人林豐正親來拜訪，登台向在座兩百多位點傳師致意寒暄，懇請支持。這種選舉活動正式展開之前的競選拜會，通常都是以基本票源所在爲目標。由此可見執政黨已把一貫道視作可靠的基本票源之一。

十月二十五日在桃園市育德講堂見桃園縣長黨提名候選人徐鴻志的兄長，與浩然組前人梁大姑商量如何發動道親，支持乃弟。在競選活動中，梁大姑發動桃園地區的道親儘量參加徐鴻志的政見發表會，以壯聲勢。育德講堂自費準備十天的素席招待接受動員的道親。

我雖然沒有親去查看中南部一貫道信徒如何支持黨籍候選人，但是從他們當選之後送給寶光前人王壽的謝狀，也能證明一貫道確實支持執政黨。

十二月二十四日「中央社」工會的幹事在中國佛教會明白的告訴眾和尚，取締一貫道的命令已經撤銷。為了慎重起見，曾向有關方面首長查詢，證實此言確實可信。

「聯合月刊」第七期同時刊出瞿海源與楊惠南各自所寫談一貫道不是邪教的文章。行政院邱副院長分別召見兩人，嘉許他們深入探討社會上一直為人誤會的問題。表示了執政當局已不再視一貫道如蛇蠍，反而以開放的胸襟來接納它。

在「聯合月刊」第十五期所刊出有關宗教問題的座談會上，中央黨部社工會鄭森棨副主任、台灣省民政廳宗教禮俗科廖福本科長更明白的表示，政府對一貫道已有深入的瞭解，先前的禁令也已經取消。與會的學者也一致認為經過實地調查之後，發覺一貫道並沒有什麼違背基本國策，妨害善良風俗之虞。

從這一連串執政黨與一貫道之間的互利反應，顯示出以往的隔閡和猜忌已經逐漸消失。對執政黨來說，是增添了一個可靠的朋友，一股可資運用的社會力量；對一貫道來說，多年來的委曲終於有人知曉與同情，從此可以正大光明行事。

第六章 十方神聖俱供養

一貫道所供奉的神明，幾乎涵括了中國所有的神祇，因爲在神明的稱呼方面有幾個名號是概括性的，諸如諸天神聖、各位法律主、各位大仙等。在芸芸眾神中，有一個主要的神，那就是「無生老母」，祂的全名是「明明上帝無量清虛至尊至聖三界十方萬靈眞宰」，簡稱「明明上帝」。

「明明上帝」廿字神位

在師尊張天然手訂的「暫定佛規」中，所列出的仙佛名號計有：

1.明明上帝（即無生老母）
2.彌勒祖師（即金公祖師）
3.南海古佛（即觀音菩薩）
4.濟公活佛（即活佛師尊）
5.諸天神聖
6.月慧菩薩
7.各位法律主（關聖、呂祖、張桓侯、岳飛）
8.灶君
9.鎭殿元帥
10.鎭殿將軍
11.教化菩薩

以前四者最爲重要。各種儀式都包括這四神明。

以下簡略的介紹這些神明。

一、無生老母

「無生老母」這個神格概念源出於宋朝理學所說的「無極」，認爲是創造天地之母，是主宰萬靈之神。有多種不同的名號，如無極老母、育化聖母、維皇上帝、明明上帝、老母娘、無極瑤池王母、無極瑤池金母等等。

在一貫道經書中將「母」字橫寫作「中」，認爲是先天的寫法。從文字學來說，「母」這個字在甲骨文中，就是寫作「」，一個女人有兩個乳房。後來直寫，方才成爲現在通用的「母」字，這個「中」字也可以看作是太極圖的變形。太極圖的圓圈變化作「口」，表示無極。中間一豎，表示「一畫開天」，那兩點則表示一陰一陽。宋儒周敦頤的「太極圖說」，主張「無極」先天地而立，後來分陰陽，才化育成天地萬物和人類。所以，「無極」是天地萬物之根源，稱之爲母。又因先天地之生而生，名爲「無生老母」。「無極」又與「無生」相通用，所以也稱作「無極老母」。

這個「母」的概念是不具形象的，因而一貫道佛堂內多半供奉別的神像，或者書寫全名二十個字，只有台中的天道三佛院用大理石刻一個「中」字。一貫道基本教義是主張人類要「歸根認母」，就是要藉各種修道的方式回到「老母」的身邊。

二、彌勒祖師

道中認爲是無生老母派來世間救劫渡人的祖師。彌勒降世救渡原人的信念，源出於佛教。「彌勒下生經」說到五十六億年後，這個世界將成爲人間的樂土，當時的國王——「餉佉王」是個明君聖主。此時，彌勒也由天上降生到人間成佛，並且在一棵叫做

台中天道三佛院的「中」字神位

「龍華」的菩提樹下說了三次道理，這就是所謂的「龍華三會」。第一次說法，化渡了九十六億人；第二次說法，化渡了九十四億人；第三次說法，化渡了九十二億人。這些人都是釋迦在世時想化渡而又來不及化渡的。彌勒信仰在中國流傳甚廣，龍華三會救渡世人的說法，爲各種祕密教派普遍遵奉。這種信仰在本質上，可以看成是一種「救世主」或「千年福」宗教運動。所追求的是未來世界的美好。只是「彌勒下生」的說法，從明太祖起就不再像以前那樣能堂皇言之。於是彌勒逐漸退居到次要的地位，渡世的任務就落到「觀世音菩薩」和「濟顛和尚」身上。

三、南海古佛

南海古佛就是觀世音菩薩，因相傳祂住在浙江普陀山，而普陀山在我國佛教各名山中位置最南，又在海上，所以有「南海」之稱。

觀世音菩薩在我國民間信仰中，一直居於相當重要的地位，人們相信祂是大慈大悲，救苦救難的仁者；也有學者認爲觀世音菩薩就是母親形象的昇華。

當我們仔細考察民間信仰中所說的觀世音菩薩形象，將之與佛教「妙法蓮華經觀世音菩薩普門品」相對

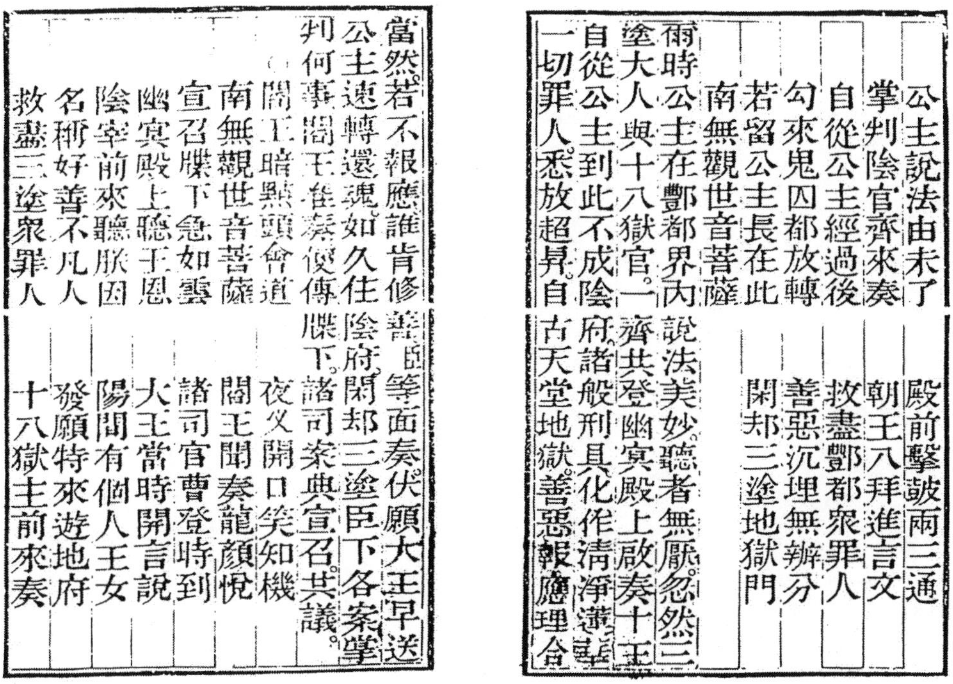
公主說法由未了　殿前擊鼓兩三通
掌判陰官齊來奏　朝王八拜進言文
自從公主經過後　救盡酆都眾罪人
勾來鬼囚都放轉　善惡沉埋無辨分
若留公主長在此　閑却三塗地獄門
南無觀世音菩薩
爾時公主在酆都界內說法美妙。聽者無厭。忽然三塗大人與十八獄官。一齊共登幽冥殿上啟奏十王。自從公主到此不成陰府。諸般刑具化作清淨蕭[illegible]一切罪人悉放超昇。自古天堂地獄善惡報應理合當然若不報應誰肯修善。臣等面奏伏願大王早送公主速轉還魂如久住陰府閑却三塗臣下各案掌判何事。閻王聽奏便傳牒下。諸司案典宣召共議。
閻王暗點頭會道　夜叉開口笑知機
南無觀世音菩薩　閻王聞奏龍顏悅
宣召牒下急如雲　諸司官曹登時到
幽冥殿上聽王恩　大王當時開言說
陰幸前來聽朕因　陽間有個人王女
名稱好善不凡人　發願特來遊地府
救盡三塗眾罪人　十八獄主前來奏

《香山寶卷》又名《觀世音菩薩本行經》，敘述妙善公主修行成觀世音菩薩的故事。中國現今流行的觀世音菩薩信仰實胎源於此。

比，就會發覺其中有差異之處，也就是說：中國民間信仰意識到的慈悲觀世音已有些不同於佛經所說的形象。最明顯的差異是由男像變爲女像。早期西域佛教壁畫和龍門石刻中的觀世音像都是雄糾糾的男像。到了中國明清時代才以女像出現，例如「觀世音菩薩三十二現身圖」純作女像，這種轉變主要是根據明代的一本寶卷《香山寶卷》，又名《觀音菩薩本行經》，在這本寶卷中，記述一位志心求道的公主妙善，不見容於父皇，歷經各種磨難，道心不退，爲父皇縊殺，靈魂到酆都地獄講經說法，把陰慘慘的地獄化作香花遍地的仙境，廣渡眾生，十殿冥王送她還陽，在香山修道九年，後因父皇得了怪病，群醫束手，妙善公主捨自身手眼，給父皇作藥，治癒怪病，遂渡化父皇及宮中眷屬，共同修道，妙善公主受世尊封爲「大慈大悲救苦救難觀世音菩薩」。

《香山寶卷》在明清時代普遍流傳於中國民間的寺廟及一般家庭中，在廟會時，更由說書人演唱講解，於是大慈大悲救苦救難觀世音菩薩的形象，深深印入人們的意識中。再配合上其他相關的感應故事，觀世音菩薩成爲家家供奉的神明。

四、濟公活佛

在一貫道的神祇系統中，濟公活佛是無生老母派遣來掌理教務的祖師。道親們相信師尊張天然即是濟公活佛的化身。

歷史上的濟公，是南宋時杭州靈隱寺的僧人，俗名李修緣。在世五十年，因他不拘細節，喜吃酒肉，醉輒與兒童嬉戲於溝壑間，世稱濟顛僧，俗稱濟公活佛。在民間白話章回小說中有《濟公傳》、《濟顛活佛傳》，述說濟公的威神力。使得濟公活佛成爲家喻戶曉的傳奇性人物。在民間信仰中更是活躍的神祇。

今日台灣各地有扶鸞借竅的寺廟，都供奉濟公活佛，幾乎沒有例外。

五、各位法律主

所謂法律主，就是執掌戒律的神。一貫道所說的法律主，共有四位——關公、呂純陽、張飛、岳飛。茲分別敘述之。

1.關聖帝君

關聖帝君的信仰在明朝就已相當盛行，到了清代，因異族入主中原的關係，特別強調關聖帝君的忠與義，取代岳飛而為武聖。民間信仰中傳說關公會伏魔，而演繹出「恩主公」——三恩主公或五恩主公的信仰。在台灣當前的民間信仰中，關帝信仰居於一個重要的地位，幾乎與濟公一樣，是乩筆沙盤的主要神祇之一。奉關帝為主神的教派，除了一貫道外，尚有鸞堂、行天宮等。可是，日人窪德忠說，關帝在一貫道中的地位不及濟公、呂祖、觀音。這種差異現象可能有地域性關係。因窪德忠所記述的一貫道是大陸華北的，而今日台灣的一貫道受到鸞堂、恩主公（如行天宮）的影響而特別彰顯關聖帝君。別名協天伏魔大帝、神威鎮遠將軍、神威鎮遠天尊。

2.呂純陽

宋初時人，「宋史陳博傳」有呂純陽的傳記。是道教「全眞派」祖師之一，也是八仙之一。與濟公、彌勒、關帝、觀音共同為一貫道的五位主神。臨壇訓示的頻率不亞於濟公和關帝。又名「孚佑帝君」、「孚佑大帝」、「純陽祖師」等，簡稱呂祖。

3.張飛

4.岳飛

目前已不再重要，甚至有的道親已不知道教中還包括了這兩位神祇存在。

5.月慧菩薩

道中傳說孫師母（孫慧明）是月慧菩薩的化身。

6.教化菩薩

不明所指。

7.鎮殿將軍

名張茂猛，實際事蹟不明。

8.鎮殿元帥

名張茂田，是無生老母派下考察人間善惡事的考試院院長。又稱茂田八爺、三天考試院院長、三天主考等。

9.灶君

原是大陸上家家供奉的神祇，主管考察各家的善惡。俗稱灶王爺。

六、其他神祇

一貫道所尊奉的神明，除了以上所述之外，還包括了南極仙翁、太上老君、達摩、孔子、基督、穆罕默德、孟子、曾子、文昌帝君、八仙、地藏菩薩、文殊、普賢、邱長春、張三丰、鍾離權、三官大帝、姜子牙、子思、子路、顏回、王重陽、四大元帥、哼哈二將、四海龍王、四大天王、二十八宿、八大金剛、李廷玉、城隍、土地、關興、周倉、關平、福祿財神等等。

從一貫道的神祇名單來看，很明顯的基本上是三教合一的場面。像南極仙翁、太上老君、鍾離權、呂洞賓、張三丰、王重陽、邱長春等，是道教全眞派的重要神明或人物。

道教全眞派創立於金代，本質上是綜合儒、釋、道三教的精義，企圖對當時雜亂的社會樹立一種新的宗教，發揚救己救人的精神，希望藉此安定並澄清當時的人心。所以他提倡三教合一，勸人誦讀道家的《道德經》和《清淨經》，佛家的《般若波羅密多心經》和儒家《孝經》。全眞派的成立也深受當時流行的理學思想所影響，同時也襲取宣和（西元一一一九～一一二五年）以來道教的神話傳說與科條儀式，來吸引世俗之人。邱長春在教人時，只是講一些日用倫常道理，很少故意渲染神奇。但在邱長春逝後，全眞教的發展走上著重驅怪禳神的路徑。而且與佛教徒的利害衝突愈演愈烈，元憲宗五年（宋理宗寶佑三年，一二五五年），因與和尚辯論，道士李志常詞屈，憲宗降詔斥責，焚毀道經。全眞派至此一蹶不振。

全眞派雖衰，但影響力尚存在於民間，幾位重要人物，廣受民間崇奉。所採三教合一的形式也繼續流傳。及至明代中葉，羅教興起後，全眞派所揭櫫的理想又再度流行。今天的一貫道，就此而論，與全眞派有著間接的關係。

另外，李廷玉列在供奉之列，也値得注意。李廷玉是「先天道」的創始人，生於明末崇禎年間，清康熙年間爲他的弟子宏亮所毒害。清初，李廷玉爲清廷效過力。因此，清廷准許先天道公開在山東、河北、河南、山西四個省分傳教。後來可能是清廷利用李廷玉的弟子宏亮，在酒席中，用毒酒藥殺李廷玉師徒八人。自此，先天道分成許多支脈，如：白陽教、八卦教、大乘教、皈一道、九宮道、義和門、太上門、如意門等等，轉入地下成祕密教派。當時只有離卦郜文生逃過劫難。他再以各個「卦」和「宮」爲單位，延續他的道統。義和團和它之前的大乘教、八卦教等都自稱「南方離宮頭殿眞人郜老爺門下」。一貫道的十五祖王覺一，是東震堂的弟子。就人事而言，一貫道可能是清初先天道的一支餘緒。至於，清初的先天道與齋教先天派有什麼關係？是同一個系統？抑或是兩個系統？以目前所蒐集到的資料來看，它們是兩個系統。李延立的先天道演變成華北的教門，而齋教先天派與一貫道同爲江西人黃德輝所創的「先天大道」。有關黃德輝的先天大道，在第十五章還會提及。

第七章 馨香素果行禮儀

一貫道的儀式，比起佛教、道教的儀式來，要簡化了許多。自宋朝以降，國人偏好以懺法儀式來消除罪障，或以誦經唸佛求早生淨土的方便法門，所以在宋朝就流行各種以高德沙門為中心的各種念佛懺悔專修的淨業團體。當時流行採用杭州天竺靈山寺靈應尊者「遵式」（宋真宗賜號慈雲法師）所制定的「慈雲七懺」。這種懺法需要很長的時間，花費很多的人力物力，對於一般世俗中人來說，是個沉重的負擔，因而南宋時出現了一些簡化儀式的教派，例如白雲宗、白蓮教。這些改革教派卻受到正統佛教的排斥，淪為「異端」。宋代道教打醮的消耗更是驚人，不是升斗小民所能負擔。

明朝中葉的羅教，在儀式方面，又另外創作一套。照現存的《龍華科儀》和《辦齋層次順序》、《拜佛表章》等來看，近似佛教的《朝暮課誦》。而清代中葉興起的「先天派」，依殘存的《先天科儀》來看，比《龍華科儀》簡化得多。一貫道的儀式承襲先天派的傳統，再加以簡化。使得它的儀式動作簡化成「作揖」「獻香」「叩首」和「默唸願懺文」四大項。

據《暫定佛規》上的記載，一貫道的儀式所著重的是活潑運用，不必拘泥於既定的禮節，所強調的是個人禮佛的誠心。

一、燒香類別

《暫定佛規》：「新進道親應當盡力之所及，在可能的範圍內，安設佛位，每日分早、午、晚三次燒香，誦讀愿懺，以表誠敬。但家庭佛堂與壇場佛堂，情形不一，所以燒香炷數多少不同。家庭應以九炷為適宜，若與壇場同數，亦無不可。總之重在表現誠敬，不在炷數之多寡。燒香時，須洗手淨面，虔心跪定，雙手舉香，至與眉齊，用左手按規而燒。每炷一舉，以至燒完爲止。」

「按每日燒香時間，例應以卯、午、酉三時爲標準。如因佛事忙碌，有時間斷，亦不爲過。設因事務羈累，心雖有願，而不得空閒者，即每日按一次或兩次燒香，亦無不可。或有特殊情形，不能燒香者，即在暗中叩首，亦未嘗不可也。總之不以形式拘人，不過取其至誠無息，念念不忘而已。設有閒暇無事，而故爲間斷者，亦無所取耳。」

燒香的方式分家庭燒香與壇場燒香兩類。家庭燒香方式如下：

明明上帝　五炷（先立中炷、次立左炷、三立上炷、四立右炷、五立下炷）形成如圖方式：（見左圖一）

諸天神聖　三炷（先立中炷、次立左、再立右）如圖：（見左圖二）

灶君　一炷（見左圖三）

師尊師母　三炷（見左圖四）

把以上四種燒香方式合起來，就成如圖：

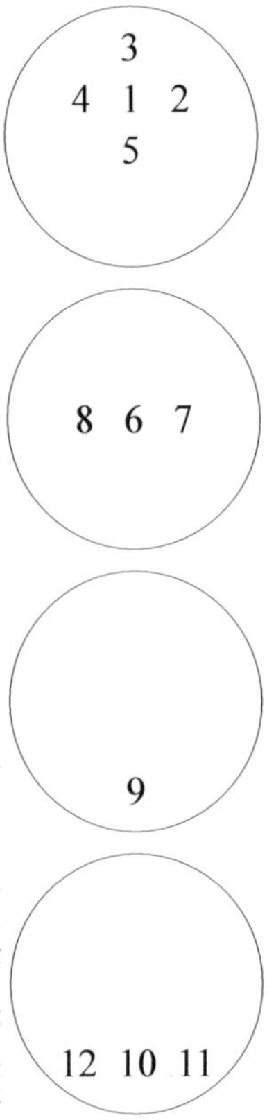

明明上帝五炷 圖一
諸天神聖三炷 圖二
灶君一炷 圖三
師尊師母三炷 圖四

本省佛龕通常分成上下兩桌，於是上下兩桌各放一個香爐，也有上桌放三個香爐的。上桌香爐都是獻香三炷，下桌香爐是九炷。

壇場燒香方式如下：

道長張文運獻香。

平時燒香及燒香後的行禮方式如下，有上下執禮依序贊禮：

明明上帝　五炷　　諸天神聖　三炷
彌勒祖師　三炷　　南海古佛　三炷
活佛師尊　三炷　　月慧菩薩　三炷
各位法律主　三炷　灶君　一炷

壇場燒香的場合，如大典、年節、每月初一、十五，及各紀念日，並辦佛事及開壇等，頗爲繁雜，唯有久在佛堂走動，才能熟悉。

「聖道禮規」對壇場燒香另有說明：「獻香時，內表至誠。由壇主獻香。如壇主無暇時，應由辦事人員或清口道親獻之，以左手插第一炷於中央，其次分左右上下，詳細參照香圖按插。獻香後，叩首行禮，不論乾坤老幼，皆以道中地位前後之秩序（排列），進行叩首。拜至唸愿懺文時，需跪挺，頭略低恭，應微聲唸出口。初一、十五，虔誠獻之。」

二、行禮類別

《暫定佛規》：「行禮乃表示誠敬之意，故行禮時，務要莊嚴肅敬，穩重安祥。跪拜時應先抱住合同（手勢），作揖過膝，乾道放手提衣（指長袍），坤道放手著地，再行跪下。磕頭須叩額及地，起立後再作揖而拜，躬身而退。本道中禮節甚多。」

獻香時需以左手插香。

四季大典

九五大禮
作揖　跪　叩首　道喜
明明上帝　十叩首　十叩首
起　作揖　跪
天地君親師　九叩首　九叩首
起　作揖　跪
諸天神聖　九叩首　九叩首
起　作揖　跪
彌勒祖師　九叩首　九叩首
起　作揖　跪
南海古佛　五叩首　五叩首
起　作揖　跪
五教聖人　五叩首　五叩首
起　作揖　跪
活佛師尊　五叩首　五叩首
起　作揖　跪
月慧菩薩　五叩首　五叩首
起　作揖　跪
各位法律主　五叩首　五叩首
起　作揖　跪
長生大帝　五叩首　五叩首
起　作揖　跪
灶　君　三叩首　三叩首
師　尊　三叩首　三叩首
師　母　三叩首　三叩首
鎮殿元帥　三叩首　三叩首

鎮殿將軍　三叩首　三叩首
教化菩薩　三叩首　三叩首
各位大仙　三叩首　三叩首
道　長　一叩　一叩
前　人　一叩　一叩
點傳師　一叩　一叩
引保師　一叩　一叩
自己祖先　一叩首　一叩首
（跪讀愿懺文）
（乾）餘蘊（姓名）虔心跪在
（坤）信士
明明上帝蓮下幸受眞傳　三叩首
彌勒祖師妙法無邊護庇眾生
懺悔佛前改過自新同註天盤　三叩首
凡係佛堂顚倒錯亂望祈
祖師赦罪容寛　十叩首
南無阿彌十佛天元　十叩首
起　作揖　跪　叩求
老𠁩大慈大悲　一百叩首
金公祖師　九叩首　九叩首
天然古佛　五叩首　五叩首
中華聖母　五叩首　五叩首
院長大人　三叩首　三叩首
起　作揖　獻香禮畢退

接著唸愿懺文：

（乾）（餘蘊）

唸 ○○○虔心跪在

（坤）（信士）

明明上帝蓮下，幸受眞傳 （三叩首）

彌勒祖師，妙法無邊，庇護眾生，懺悔佛前，改過自新，同註天盤。（三叩首）

凡係佛堂顚倒錯亂，望祈祖師赦罪容寬 （十叩首）

南無阿彌十佛天元 （十叩首）

大刦臨頂，懇求

老中大慈大悲 （一百叩首）

金公祖師 五叩首

天然古佛 五叩首

中華聖母 五叩首

院長大人 三叩首

起 作揖 獻香禮畢（早香禮畢、午香禮畢或晚香禮畢） 放手鞠躬退這套獻香叩首禮儀，是所有儀式的根本。其他的儀式都以此為藍本，加以增減而成。像平常信徒進出佛堂有參（辭）駕禮。方式如下：

明明上帝　五叩
諸天神聖　三叩
彌勒祖師　三叩
南海古佛　一叩
活佛師尊　一叩
月慧菩薩　一叩
師尊　一叩
師母　一叩
點傳師　一叩
引保師　一叩
前人大眾　一叩

如果有「前人」在場，在行完參辭駕禮後，起立，再下跪三叩首或一叩首。表示尊敬。

初一十五獻香禮比平時燒香禮稍有不同，上爐獻香五炷，下爐獻整束蓮花香。

蓮花香

每日早午晚獻香禮

作揖　跪
明明上帝　十叩首
起　作揖　跪
天地君親師　五叩首
諸天神聖　五叩首
彌勒祖師　五叩首
南海古佛　五叩首
五教聖人　五叩首
活佛師尊　五叩首
月慧菩薩　五叩首
各位法律主　五叩首
長生大帝　五叩首
灶　君　三叩首
師　尊　三叩首
師　母　三叩首
鎮殿元帥　三叩首
鎮殿將軍　三叩首
教化菩薩　三叩首
各位大仙　三叩首
道　長　一叩
前　人　一叩
點傳師　一叩
引保師　一叩
自己祖先　一叩首

（跪讀愿懺文）
（乾）餘蘊（姓名）虔心跪在
（坤）信士
明明上帝蓮下幸受眞傳　三叩首
彌勒祖師妙法無邊護庇眾生
懺悔佛前改過自新同註天盤　三叩首
凡係佛堂顛倒錯亂望祈
祖師赦罪容寬　十叩首
南無阿彌十佛天元　十叩首
起　作揖　跪　叩求
老中大慈大悲　一百叩首
金公祖師　五叩首
天然古佛　五叩首
中華聖母　五叩首
院長大人　三叩首
起　作揖　獻香禮畢退

初一、十五獻香禮

作揖　跪
明明上帝　十叩首
起　作揖　跪
天地君親師　九叩首
起　作揖　跪
諸天神聖　九叩首
起　作揖　跪
彌勒祖師　九叩首
起　作揖　跪
南海古佛　五叩首
五教聖人　五叩首
活佛師尊　五叩首
月慧菩薩　五叩首
各位法律主　五叩首
長生大帝　五叩首
灶　君　三叩首
師　尊　三叩首
師　母　三叩首
鎭殿元帥　三叩首
鎭殿將軍　三叩首
教化菩薩　三叩首
各位大仙　三叩首
道　長　一　叩
前　人　一　叩

點傳師　一叩
引保師　一叩
自己祖先　一叩首
（跪讀愿懺文）
（乾）餘蘊（姓名）虔心跪在
（坤）信士
明明上帝蓮下幸受眞傳　三叩首
彌勒祖師妙法無邊護庇眾生
懺悔佛前改過自新同註天盤　三叩首
凡係佛堂顛倒錯亂望祈
祖師赦罪容寬　十叩首
南無阿彌十佛天元　十叩首
起　作揖　跪　叩求
老中大慈大悲　一百叩首
金公祖師　九叩首
天然古佛　五叩首
中華聖母　五叩首
院長大人　三叩首
起　作揖　獻香禮畢退

以上所列三種禮節是民國七十九年九月三日，台灣各組織前人與香港四位前人一起在台北新店大香山慈音巖開會商定，並由一貫道總會公布，於民國八十年辛未正月初一起用，主要修改的內容是初一、十五、午時獻香及四季大典時、金公祖師爲九叩首，其餘不變。

三、獻供

在壇場佛堂舉行儀式時，一定先要獻供。凡獻供品，不外是水菓、點心、糖果、乾菓、素菜、素湯、素餃等類，總之皆以鮮美潔淨爲要。應先獻供茶水兩杯（一杯用開水，一杯用香茶），表示上清下濁。雖然「暫定佛規」中說「如有相當人數，可按序排班而獻，如人數不足，即用捧供法獻上，祗要現出誠敬，不必拘執，活潑行之可也。」但是，目前已經採用固定的獻供儀式。

一組獻供的人員應是七人，兩人執禮，兩人安放供品，兩人接供品，一人搬運供品，整個獻供禮過程如下：

上供時除了誠敬的禮節外，供品全用鮮花素果。

上執禮	下獻禮
請獻結緣香人就獻香位	
作揖　跪　獻香三炷	一獻再獻三獻
三叩首	一叩再叩三叩首
起　作揖　獻香禮畢　歸班	
兩邊肅立　對面作揖　各就拜位	
作揖　跪　三叩首	一叩再叩三叩首
起　作揖　各前進就獻位　作揖	
後兩位跪　三叩首	一叩再叩三叩首
端（端供品者端起供品兩種走到佛桌前）	
跪　舉眉齊（把盛供品的盤子舉與眉齊）	
接（把兩樣供品先左後右交由跪在佛桌前的兩人）	
舉眉齊（接過供品，舉與眉齊）	
作揖（站著的兩人對佛像作揖）	
接（接過跪著的人手上所拿的供品）舉眉齊	
一叩首（跪者一叩首）	一叩首
誠敬奉獻（上清下濁）（把供物安放在佛桌上）	
作揖（放好供品，向佛像作揖）	
一叩首（跪者同時一叩首）	一叩首
如是完成兩樣供物的安放，如此不斷重複，直到所有供品全部放好，此時，歸中拜位。	
作揖　跪　三叩首	一叩再叩三叩首
起　同作揖　後退歸拜位	
作揖　跪　三叩首	一叩再叩三叩首
起　作揖　兩邊分班	
對面作揖　獻供禮畢　放手鞠躬	退

「暫定佛規」規定，辦道場時的獻供數目：

一、鄉村：五色鮮果或素點心（如不易置辦時，改用素菜亦可）

二、城鎮：十色鮮果或素點心（如不易置辦時，改用素菜或糖果）

三、都市：十五色鮮果素點心糖果。如求道者不滿五人，獻五色即可，五人以上獻十色，十人以上獻十五色。

大典與年節獻供數目，鄉村十五色、城鎮二十色，都市二十五色。紀念日獻供數目，鄉村十色、城鎮十五色、都市二十色。每月之初一與十五日，如有願獻供十色，或五色，或僅獻供清茶，均無不可。

「暫定佛規」：「按年齡與大典日之供品，在都市省會之佛堂，例應供足二十五樣，方合五五相乘之數。但城鎮較之省會，稍有不便。鄉村偏僻之處，措辦更難。則不必拘執定數，城鎮用二十色，鄉村十五色，亦無不可，至於貧苦無力之家，祇好量力而辦。至於祖師聖誕與忌辰，亦可酌量而爲。總之修道者，貴乎誠心，不專在供品之豐菲。如貧家費錢雖少，而作難實多，較之富貴易舉者，其表白當自不同，所謂貧道難修，即此義也。其有願多盡心者更佳。若富貴而故具薄供者，則無所取矣。」

四、請壇儀式

舉行典禮時，在獻供完畢之後，就是「請壇」儀式，由當時場中地位最高者主持。儀式過程如下：

上執禮	下獻禮
請　請壇人就獻香位	一獻再獻三獻四獻五獻
作揖　跪　獻香五炷	
五叩首	一叩再叩三叩四叩五叩首
起　作揖　獻香禮畢　歸班	
兩邊肅立　敬聽請壇	

由請壇人高聲誦念請壇經・經文如下：

大眾肅靜，各列齊班，俱整衣冠，誠敬聽宣。八卦爐中起祥煙，育化聖中降臨壇。關帝居左純陽右，二十八宿護法壇。

老中至壇，諸神儼然。右指呼叱，左指呼鞭。雷部風部，虎部龍部，各顯威嚴。爾等恭立，細聽吾言。今逢三天大道顯然，諸部神眞護庇靈壇。鬼神聽旨，切莫冥頑。遇難救難，遇災除焉。遇善相助，遇事相辦。大劫遠退，星曜靈官。領

帝　勅令，速辦天盤，三曹之事，一一詳參，不准退意，時時皆然。各盡爾職，鎮壓三天。

中　命諸眞，代吾傳宣。見道成道，運轉坤乾。十二元辰，各據其天，時勢將至，毋違，特宣。

唸完了請壇經，繼續獻香叩首。

對面作揖　各就拜位

作揖　跪　初獻香三炷

三叩首

起　作揖　跪　亞獻香三炷

三叩首

起　作揖　跪　終獻香三炷

三叩首

起　作揖　跪　獻香五炷

五叩首

跪讀申請書：

末後一著昔未言，明人在此訴一番，愚夫識得還鄉道，生來死去見當前。

第一位第再位第三位……

一獻再獻三獻

一叩再叩三叩首

四獻五獻六獻

四叩五叩六叩首

七獻八獻九獻

七叩八叩九叩

一獻再獻三獻四獻五獻

一叩再叩三叩四叩五叩

今有欽加頂恩○○○率眾等，虔心跪在

明明上帝蓮下（一叩首），又申請三期應運

彌勒古佛（一叩首），三千弟子，諸般星宿，到此運除，同助三佛，普收蘊數，末後大事，明白通報。

申情（三叩首）　一叩再叩三叩首

請新求道人代表就拜位

作揖　跪　三叩首　一叩再叩三叩首

跪聽讀表文（請求道人注意聽自己姓名）

表文呈奏

據

民國　年歲次　，月　日　時分前後，在台灣省　市縣　佛堂之中，今有

欽加保恩　率引保　虔心跪在

明明上帝蓮下，曰，竊自開天以來，已經

三佛之運生民，而後未得聖道普傳，理義不明，道統已墜，至今二千餘年矣。今蒙

皇天開恩，正宗鍾毓於東土，

祖師鴻慈正派，再振於把郡。今時眾生塗炭，未得救拯。水火劫煞已到眼前。所以立下此會，廣救無數眾生，整起此著，普收有緣種子。不啻湯武鴻恩，堯舜大德。壇前

上帝叫納，案下　神祇俱庇。今有　眾生　等，

突破塵緣，醒悟迷津，懇祈

上帝大賜明路。兒等別無可陳，惟獻清供素　，以達上聞

愚兒　率眾等俯伏百叩

請壇禮開始

叩首（男女分班行禮）

接著

焚表　讀表人自動十叩首

均叩首　十叩首

一叩再叩三叩四叩五叩首

六叩七叩八叩九叩十叩首

起　作揖　兩邊分班

第一位第再位第三位……

對面作揖　請壇禮畢　放手鞠躬

退

五、求道儀式

求道儀式通常都是接在迎神請壇儀式之後舉行。儀式過程如下：

上執禮	下獻禮
請點傳師就獻香位（如點傳師請壇者不必獻香）	
作揖　跪　獻香五炷	一獻再獻三獻四獻五獻
十叩首	一叩再叩三叩四叩五叩首 六叩七叩八叩九叩十叩首
起　作揖　請點傳師升點道位	
請引保師、當愿（求道者）就拜位（引保師就拜位時，乾先辦，坤後辦）	
作揖　跪　代表大眾獻香三炷	一獻再獻三獻
三叩首	一叩再叩三叩首
當愿各報姓名　隨下訴言	弟子○○○虔心跪在 明明上帝蓮下，今天願引願保（二人以下念名／三人以上念大眾）求

眞理天道，性理眞傳，如若引入保入左道旁門，邪教白蓮，哄騙人之錢財者，願受天譴雷誅。

三叩首　一叩再叩三叩首

起　作揖　當愿禮畢　放手鞠躬　退

請新求道人就拜位。（新求道人就拜位時，乾先辦，坤後辦，年長站前）請點傳師傳道義。（傳完）

作揖　跪　代表獻香三炷　一獻再獻三獻

三叩首　一叩再叩三叩首

請點傳師傳古合同。（傳完）

三叩首　一叩再叩三叩首

敬聽禮囑

當願各報姓名　隨下訴言　弟子〇〇〇虔心跪在

明明上帝蓮下，今天願求眞理天道，性理眞傳，得到以後，誠心保守（乾：實心懺悔　坤：實心修煉），如有虛心假意，退縮不前，欺師滅祖，藐視前人，不遵佛規，洩漏天機，匿道不現，（乾：不量力而爲者　坤：不誠心修煉者），願受天譴雷誅。

三叩首　一叩再叩三叩首

求道人立願

立願完畢後立即將表文焚化

點玄關

此時點傳師點燃長香，求道者長跪，手抱合同，兩眼平視佛燈。點傳師用香在求道者眼前劃上兩圈，用左手在求道者眉心（術語稱爲「玄關」）捺一下，然後把香頭指向佛燈。點傳師口中唸道：「一點光明，指引正路」，然後是傳合同手勢與五字眞言。

這段過程執行方式不一，有的點傳師則認爲傳三寶——點玄關、合同印、五字眞言，是非常重要的事，必須謹慎從事，因而有關上窗戶，拉上窗帘的舉動。攻訐一貫道的人就對這種現象大作文章，力言其中必有見不得人之處。但是道長張文運則認爲這種舉動是不應該的，他認爲「既然在點傳之前有請神儀式，則諸神降臨護佑佛堂，各種邪靈鬼怪早已遠避，爲何要關窗戶拉布幔呢？沒有經過隆重的請壇迎神儀式，關上窗戶，也是枉然，窗戶布幔並不能阻止鬼魂的入侵。」因而他所主持的點傳儀式絕不關窗戶拉布幔。兩者的差異是在於銓釋的不同。道長的說法是合乎邏輯的。

點傳完畢，是謝恩

謝謝 老中開道之恩	三叩首	一叩再叩三叩首
諸天神聖	一叩首	一叩首
彌勒祖師	一叩首	一叩首
南海古佛	一叩首	一叩首
活佛師尊	一叩首	一叩首
月慧菩薩	一叩首	一叩首
師尊	一叩首	一叩首
師母	一叩首	一叩首
點傳師	一叩首	一叩首
引保師	一叩首	一叩首
前賢大眾	一叩首	一叩首
起　作揖　求道禮畢放手鞠躬		退

六、超拔亡靈

一貫道亦如佛道兩教，有超拔亡靈超生上天的儀式。儀式如下：

上執禮	下獻禮
請點傳師就獻香位	
作揖　跪　獻香五炷	一獻再獻三獻四獻五獻

十叩首　一叩再叩三叩四叩五叩
六叩七叩八叩九叩十叩首
起　作揖　請點傳師升點道位
請拔荐人就拜位
請點傳師傳道義　（傳完）
作揖　跪　獻香三炷　一獻再獻三獻
三叩首　一叩再叩三叩首
平心靜氣看佛燈
敬聽禮囑　三叩首　一叩再叩三叩首
呼籤　下執禮將亡靈姓名在門外大呼三聲令遵命進壇受
點。
頂籤　敬聽禮囑受點
焚籤　十叩首　一叩再叩三叩四叩五叩
六叩七叩八叩九叩十叩首
謝謝
老中開道之恩　三叩首　一叩再叩三叩首
諸天神聖　一叩首　一叩首
彌勒祖師　一叩首　一叩首
南海古佛　一叩首　一叩首
活佛師尊　一叩首　一叩首
月慧菩薩　一叩首　一叩首

東嶽大帝	一叩首	一叩首
地藏古佛	一叩首	一叩首
十殿閻君	一叩首	一叩首
師尊	一叩首	一叩首
師母	一叩首	一叩首
點傳師	一叩首	一叩首
前賢大眾	一叩首	一叩首
起　作揖　超拔禮畢放手鞠躬		退

七、辭年、拜年、大典

辭年禮和拜年禮是在農曆除夕晚上十一時至次晨一時，也就是正月初一的子時，所行的儀式。先行辭年禮，大爐全用檀香，小爐用五炷大長香，供果二十五盤以下，必須隆重排班而行獻供。獻供時，先一人代表獻結緣香三炷於大爐，三叩首。獻供畢，繼續請壇。請壇時，請壇人要先獻結緣檀香五炷於大爐，五叩首。另一人獻大長香五炷於小爐。請壇畢，由前輩者率大眾（如前輩是男，先率男眾，前輩是女，先率女眾）就拜位。照禮節辭年。禮目如下：

上執禮	下獻禮
作揖　跪 獻香五炷 明明上帝　辭年十叩首	一獻再獻三獻四獻五獻 一叩再叩三叩四叩五叩 六叩七叩八叩九叩十叩首

起　作揖
天地君親師
諸天神聖
起　作揖
彌勒祖師　獻香三炷
起　作揖
南海古佛
五教聖人
活佛師尊
月慧菩薩
各位法律主
灶君
師尊
師母

跪
辭年九叩首
獻香三炷
辭年九叩首
跪
辭年九叩首
跪
獻香三炷
辭年五叩首
獻香三炷
辭年五叩首
獻香三炷
辭年五叩首
獻香三炷
辭年五叩首
獻香五炷
辭年五叩首
獻香五炷
辭年五叩首
獻香三炷
辭年五叩首
獻香三炷
辭年五叩首

一獻再獻三獻
一叩再叩三叩四叩五叩
六叩七叩八叩九叩首
一獻再獻三獻
一叩再叩三叩四叩五叩
六叩七叩八叩九叩首
一獻再獻三獻
一叩再叩三叩四叩五叩首
一獻再獻三獻
一叩再叩三叩四叩五叩首
一獻再獻三獻
一叩再叩三叩四叩五叩首
一獻再獻三獻
一叩再叩三叩四叩五叩首
一獻再獻三獻四獻五獻
一叩再叩三叩四叩五叩首
一獻再獻三獻四獻五獻
一叩再叩三叩首
一獻再獻三獻
一叩再叩三叩首
一獻再獻三獻
一叩再叩三叩首

鎮殿元帥	獻香三炷	一獻再獻三獻
	辭年三叩首	一叩再叩三叩首
鎮殿將軍	獻香三炷	一獻再獻三獻
	辭年三叩首	一叩再叩三叩首
教化菩薩	獻香三炷	一獻再獻三獻
	辭年三叩首	一叩再叩三叩首
各位大仙	獻香三炷	一獻再獻三獻
	辭年三叩首	一叩再叩三叩首
點傳師	辭年一叩首	一叩首
引保師	辭年一叩首	一叩首
前賢大眾	辭年一叩首	一叩首
自己祖先	獻香一炷	一獻
	辭年一叩首	一叩首
起　作揖	跪	
金公祖師	辭年五叩首	一叩再叩三叩四叩五叩首
天然古佛	辭年五叩首	一叩再叩三叩四叩五叩首
中華聖母	辭年五叩首	一叩再叩三叩四叩五叩首
起　作揖	跪	
院長大人	辭年三叩首	一叩再叩三叩首
起　作揖	跪	
前人	辭年一叩首	一叩首
各位經理	辭年一叩首	一叩首
壇主	辭年一叩首	一叩首
各位道親	辭年一叩首	一叩首
起　作揖	辭年禮畢放手鞠躬	

辭年禮後，再照辭年禮目（不再獻香），繼續拜一次，作爲拜年禮。在執禮口令中，把「辭年」改成「拜年」。大典也一樣程序，把「拜年」改成「道喜」。

過年時節，免不了相互拜年。因而也規定了到別個佛堂拜年時的禮節。「聖道禮規」；「到達壇時，先行參駕。若有「帶天命者」（有正式點傳師或前人資格者）在壇時，必要再參駕。若無帶天命者在壇，則不必要。一切參駕完畢後，再按禮目行禮拜年。」儀式如下：

上執禮		下獻禮
作揖	跪	
明明上帝	拜年十叩首	一叩再叩三叩四叩五叩 六叩七叩八叩九叩十叩首
起　作揖	跪	
天地君親師	拜年九叩首	一叩再叩三叩四叩五叩 六叩七叩八叩九叩首
諸天神聖	拜年九叩首	一叩再叩三叩四叩五叩 六叩七叩八叩九叩首
起　作揖	跪	
彌勒祖師	拜年九叩首	一叩再叩三叩四叩五叩 六叩七叩八叩九叩首
起　作揖	跪	
南海古佛	拜年五叩首	一叩再叩三叩四叩五叩首
活佛師尊	拜年五叩首	一叩再叩三叩四叩五叩首
月慧菩薩	拜年五叩首	一叩再叩三叩四叩五叩首

師尊　拜年三叩首　一叩再叩三叩首

師母　拜年三叩首　一叩再叩三叩首

點傳師　拜年一叩首　一叩首

引保師　拜年一叩首　一叩首

前賢大眾　拜年一叩首　一叩首

獻香一炷　一獻

自己祖先　拜年一叩首　一叩首

起　作揖　跪

金公祖師　拜年五叩首　一叩再叩三叩四叩五叩首

天然古佛　拜年五叩首　一叩再叩三叩四叩五叩首

中華聖母　拜年五叩首　一叩再叩三叩四叩五叩首

起　作揖　跪

院長大人　拜年三叩首　一叩再叩三叩首

起　作揖　跪

前人　拜年一叩首　一叩首

各位經理　拜年一叩首　一叩首

壇主　拜年一叩首　一叩首

各位道親　拜年一叩首　一叩首

起　作揖　拜年禮畢　放手鞠躬　退

若有帶天命者在壇，即再跪下，向他拜年。無則免之。

八、重要紀念日

「暫定佛規」：「本道對於紀念日，除大典年節與祖師紀念日，例須獻供行禮外，至於其他仙佛紀念日，則隨個人之信仰而供奉。獻供數目，亦望斟酌量力而行。」由於一貫道基本上是崇拜所有流傳於中國民間的神明，才有以上的規定。但是就以上各種儀式所列的神名來看，只有明明上帝、彌勒祖師、呂純陽、關帝、觀音、金公祖師等，才是道中主神。「暫定佛規」中祇規定明明上帝大典日——農曆三月十五、六月十五、九月十五、十一月十五日，以及金公祖師誕辰（四月二十四）和忌辰（二月初二）。在寶光祖的「聖道禮規」中又加了呂祖誕辰（四月十四）、關帝誕辰（五月十三）、觀音誕辰（六月十九）、弓長祖師誕辰（七月十九）、月慧師母誕辰（八月廿九）；至聖先師誕辰（八月二十七）和景德元君成道日（十一月二十五）。

第八章 揖讓行道

到一貫道的佛堂去，覺得他們待人很客氣。外客來到，先遞上一摺毛巾請擦淨手臉，接著是茶水招待。信徒們到佛堂，先行參駕，臨走時，也必定辭駕，在聽講時，很少有人打瞌睡的。

在「暫定佛規」中明白的規定怎樣做一名壇主，也就是佛堂的主持人；男女道親到佛堂去行爲當如何；聽講經訓時當如何。茲抄錄於下：

一、壇主規則

1.凡爲壇主，應以敬天禮神、尊師重道、恭敬前人爲準繩，首先以身作則，以爲道親之表率。

2.凡我道親應當抱定五倫八德行事。至於壇主之一言一行，尤須隨時檢點，免遭物議，以致影響道務前途。而待人接物應謙恭和藹，不可有驕傲粗暴舉動，所謂敬人者人恒敬之是也。

3.對於道親，無論貧富，祗要認道誠心者，當一視同仁，竭誠調教，不可有畛域之分，以免厚此薄彼之譏。即或有不肖者，亦望盡心感化也。

4.對於乾坤道親應如同胞之相親相愛，隨時指導，並督促行功，以正己化人爲前提。

5.對於佛堂之內外，應勤加整頓，以重清潔，而壯觀瞻。總以莊嚴肅靜爲主要。

6.對於各種佛規，應隨時講解，俾便明瞭，而易遵守。

7.對於各種書訓，應妥爲存放，分發各道親時，亦應特別注意。

8.各道親所渡之人，壇主應預先加以考察，是否身家清白，是否良善，勿得草草不察，賢愚莫辨，有礙道務。而引保師接引求道人，亦應首先報告點傳師或壇主，是何等人，具何理想求道，以便用何法成全。

無論任何佛堂，客人來到，主人必先遞上毛巾以淨手臉。

9.凡所來之道親、壇主及辦事人等，應盡招待迎送之責，以表恭敬，所謂學道愛人之義也。

二、乾坤道親到佛堂規則

1.各道親到佛堂，應先參駕，走時辭駕。遇有特殊情形，當活潑而爲，不可拘執。

2.凡各道親對於佛堂中各種物品，不得擅自取用。如欲要何等書訓，當與辦事人說明。亦不得擅自拿取。

3.各道親應當敬惜字紙，不可用擦穢物，隨處抛擲，凡遇字紙，當隨時撿起，投入字紙簍內。

4.凡取用物品者，用完後，務須放置原處，以重秩序。

5.凡吐痰時，務必吐於痰盂內，或門外牆隅僻靜處，以重公共衛生。

6.在佛堂出入務要輕步，更不准任意喧嘩，隨便串行。

7.無論何人招呼道親時，須屏氣低聲，切勿高聲亂嚷。在講訓及開壇時，更要莊嚴肅靜，切勿閒談，以重佛規。

8.無論參、辭、接、送駕，以及大典、紀念、開壇行禮時，須分班，乾先坤後；站立時，男左女右，切勿紊亂秩序。即在外相遇，亦應存此敬畏之心。

9.行禮時務要整齊肅靜，不可過於推讓拉扯，應由前人領班，自己宜酌量資格，應在某處相宜，則站在某處，共同行禮。凡初入道與無功者應在最後，方顯自愛。

10.乾道行禮未完時，坤道切勿參入，坤道行禮時，乾道亦不得參加。此謂男女有別。

11.開壇接駕時，如點傳師在此，應先請點傳師接駕後，乾坤再按序分班行禮。如人多擁擠，應由點傳師或壇主臨時指派乾坤各數人，分班代理全體，以免嘈雜。至送駕時，點傳師行禮完畢，必須等候三才行禮後，道親方可依次行禮。再求訓者，例應送神謝恩之後，再與三才頂禮一叩。

三、聽講經訓規則

1.無論何人登台演講。大眾應聽口令⑴起立、⑵鞠躬、⑶坐下，以表敬意。講完下台時同此。

2.演講時，大眾務要肅靜，切勿交頭接耳，有違佛規。

3.聽講者如能寫字，最好備帶日記簿，聽有重要事項理論，即可簡單記錄，以便暇時檢閱參悟，久之自然增廣智識。

4.在聽講之際，非必要時，切勿隨便離位飲水，

聽講經訓情形：無人瞌睡、走動或私語。

及上廁所，以免秩序不寧。

5.聽講者，態度切勿放肆，精神不可萎靡，要專心致志，方有益處，如有心得之發明，欲發揮見解者，不妨於講畢時聲明，經許可後，當場講解，俾收集思廣益之效。

6.在聽講時間，如遇後來道親，雖係至好親友，切勿彼此招呼。即有點傳師走進或外出，亦不必接送駕與起立，以免紊亂秩序而間聽聞。

7.聽講者遇有疑難不明之點，可以記住，等講員下台後，再行討論研究。切不可當時提出質問，有誤演講時間，引人厭惡。

8.如領有參觀者，當另設旁聽席，將來人之情形，先向點傳師或壇主報告詳明，以資預備加意成全。倘有不正當人，切勿攜來旁聽，免自取咎。

9.講演畢，乾坤應分別辭駕，挨次而出。不可出外隨便放肆，任意談論，以免外人謗言。

四、勸道行功要則

1.凡屬道親均應偷閒分往各親友家，勸化良善，使其早登道岸。所謂成人即是成己，行功方能了愿是也。

2.凡新入之道親，誠心信奉者固有，而半信半疑不明真義者，實居多數，各引保師應常往講說成全，使知得道不易，堅其信心，促其行功。夫子所謂循循善誘，即此義也。

3.凡我道觀，其經濟寬裕者，值此天時緊急，大劫臨頭之時，正宜及時節儉，量力行功，襄助道場，以廣勸化，而多救善信。藉消個人歷世冤愆，並可挽化頹風。既有功於社會，亦自造福於將來，當有未可限量者也。

4.凡我道親應當時刻檢點自己身心，切勿起不正當之思想，對於一切不良習慣及嗜好，有者急速設法漸漸改掉，無者當時加警惕，不可學染，以作後學之榜樣。

5.凡各道親有暇務必常到佛堂，敬聆聖音，藉以增加智識，涵養道心。倘有不明之處，亦可隨時互相討論。惟能者可以多勞，切勿存觀望之念，立功自大，而成人自多矣。

6.凡道親能講書訓者，對於不識字之道親，須隨時隨地行功，予以講解，使其明瞭道義。

7.凡我道親均應誠意正心、謹言慎行、互相勸善規過，策勵勉進，效法古聖先賢，方不負值此修道之佳期耳。

8.凡我道親均應切實遵守佛規，克己修身，抱道奉行，以期大有成就。

五、術語

一貫道亦如其他宗教，有其專用的術語。「暫定佛規」和日人窪德忠的「關於一貫道」及李世瑜「一貫道」等文列有以下各項術語：

1.師尊——指「張天然」，因他是「濟公活佛」化身轉世，「師尊」一詞也兼指濟公活佛。

2.師母——指師尊夫人孫氏慧明。

3.點傳師——凡替師尊點傳道法的人，皆稱爲點傳師。點傳師的任命必須得到師尊或師母的認可，謂之「領天命」。

4.引保師——是個複合詞，指引師與保師。引師即介紹人，保師即保證人。引保師對自己所引所保的道親負有指導的責任。

5.前人或前賢——依「暫定佛規」的說法，是指比我求道早的人。但目前的用法在含義上縮小了很多，專指各個組或支線中的負責人。

6.弟子——對於師尊的自稱，也稱「徒」。在表文中，男作「餘蘊」，女作「信士」。

7.後學——對點傳師、引保師、前人的謙稱。

8.壇主——佛堂的主人。現今改稱「經理」，管轄許多佛堂的點傳師就稱之爲「總經理」。

9.三才——乩手。三人一組，一人寫乩文，天才；一人讀報乩文，爲人才；一人抄錄，爲地才。他們不但負責扶乩，也常爲仙佛所借竅附身，口述訓文。通常都是選用十二三歲的小孩充任。

10.大眾——參加請壇儀式的所有人員。

11.道親——「凡係同道之人，無論乾坤，皆爲道親」。

12.孔孟大道——窪德忠釋作一貫道的別名。其實窪德忠是弄錯了。「孔孟大道」指的是北平一帶的一貫道。天津一帶則自稱「發一大道」，上海寧波一帶稱作「眞理大道」，山東一帶稱作「眞一大道」。這樣劃分是爲了便於認別彼此來歷。今日台灣的一貫道大部份是來自「發一大道」和「眞理大道」。

13.求道——加入一貫道。

14.齊家——全家信奉一貫道。

15.領天命——得到老母任命爲點傳師。

16.先天——原指天地未分時，意爲比一切人爲的制度都來得珍貴。常用來指本身的「道」。

17.後天——先天的對應名稱。通常用來指稱其他教派和制度。

18.書訓——經扶乩所得的訓文。

19.性理——道理，包括對天地生成、五行、八卦、陰陽、圖讖等奧妙部份的解釋。

20.內聖外王——信徒修行時的內功與外功。

21.勸化——對教外的人講解教義，爭取入教。

22.開釋——對不明道理者，講解道理與三寶。

23.成全——使道親的信心堅定。包括仙佛對信徒的指示和使信心不夠的人堅定信心。

24.獻心——對「無生老母」和「師尊」發願。分成身財齊捨、捨身不捨財、捨財不捨身三種。

25.清口——茹素、戒煙、戒酒。但是可以吃蛋和牛乳。煙包括鴉片煙和香煙。

26.花齋——不完全戒煙、戒酒、茹素。只是在特定日子茹素。

27.宏展——道務的發展。

28.慈悲——指仙佛、師尊與前人允許賜福。

29.道苗——可以爭取爲道親的道外人士。

30.護持——護法、護道。

31.法船——指佛堂。也稱作「法航」。

32.開荒——到他鄉傳佈天道，建立佛堂。

33.講師——壇主、點傳師以外，道學精深，可以講道給他人聽的信徒。目前在台灣有些組將這一級細分爲講員（資歷較淺）、講師（資歷較深）和辦事講師（跟隨前人辦事的核心份子）。

34.執禮——行禮時贊禮的人。

35.超拔——得道又齊家的道親，使故世的先人、親友也得道。超渡幽冥鬼魂。

36.結緣——得到超拔的亡靈和神靈臨壇與道親談話。

第九章 生命的起源與主宰

一、前言

有關一貫道的教義和修持，李世瑜、窪德忠、蘇鳴東、董芳苑等四人的作品，已經有相當詳實的記錄。本篇借重他們的研究成果，再加上他們四人所未曾提及的「清淨概念」，來說明一貫道的基本教義和修持方法。

我一直不認為：一貫道發明了它的教義和修持方式。因為類似的說法也同樣的出現在目前流行於台灣民間的各種信仰中，藉著各種善書的印贈，廣泛的流傳著。所以我認為一貫道的教義和修持方法只是秉承一個古老的傳統，而我們卻對這個古老的宗教傳統所知有限，甚至可以說是一無所知。

李世瑜曾指出，祕密宗教是一種（或多種）祕密流傳在我國民間的非知識階級之間的宗教，它的發生和流傳情形非常複雜，又因是祕密的，材料絕不易得，所以一般人認為這種宗教是不可能研究或不值得研究的。但它確實存在，確實影響著中國民間宗教信仰。唯有對這個宗教傳統有所瞭解，我們才能較輕易的明瞭一貫道的教義和修持。

二、苦功悟道

李世瑜依照「黃育楩」所著《破邪詳辯》的記載，認為「無生老母」這個信仰起於明朝末年。殊不知道在羅八祖撰寫《五部六冊經卷》時，就已經提出了「無生老母」這個信仰。羅八祖生存的年代是明英宗正統七年（西元一四四二年），歿於明世宗嘉靖六年（西元一五二七年）。因此，「無生老母」信仰發生的年代最遲應在「五部六冊」成書的時候——明武宗正德四年。

羅祖在《苦功悟道卷》中所揭櫫的「無生父母」

「無生老母」概念，相當含糊。「無生父母」與「阿彌陀佛」相通的，認爲人們只要日夜勤唸「阿彌陀佛」四字佛號，就能超生了死。羅祖本人對這樣的修持仍感到不滿意，最後從《金剛經》中悟得「空」的眞諦，才算眞正的開悟。在其他四種寶卷——《嘆世無爲》、《破邪顯正》、《太山深根結果》、《正信除疑》等，羅祖告訴人們，會歷經幾種劫難，造孽之人將墮在惡趣地獄中受苦，永不翻身。各種飛禽走獸蟲魚都有佛性，一聽法音，即成佛道。把生生世世輪迴不已，稱作「流浪家鄉」，人在流浪家鄉是生死受苦不盡，唯有脫離迴輪，回到本分家鄉，才能永無生死。「本分家鄉」在明末清初則叫做「眞空家鄉」。羅祖更仿禪宗的旨意，認爲自我本性的發揚是最高的境界。他稱「自性開覺」爲佛寶、「自性眞正」爲法寶、「自性清淨」爲僧寶。

三、龍華經

無生父母信仰到了明朝萬曆、崇禎年間，整個母題發生大幅度的變化。「無生父母」已簡化成「無生老母」，且擺脫「阿彌陀佛」的影子，成爲一個高高在上統御眾神的天尊。也不再只是聽憑信徒祈禱，而是主動的派遣使者下凡救劫渡世人。「破邪詳辯」卷一收錄了明末「收源教」的《古佛天眞考證龍華寶經》，敘述無生來自混沌狀態，從它這裡孕育出人類萬物。人類降生東土，沉迷在紅塵假景中，迷失了本性。老母在眞空家鄉思念陷在劫難中的子女，頻頻派遣使者下凡救世。在這部寶卷中，明白的加入了「龍華三會」的概念。「龍華三會」的說法，在前面第四章已經提到過，源出佛教《彌勒下生經》。在這部經裡說到彌勒在龍華樹下成道，上升兜率天宮，五十六億年後，這個世界將成爲人間的樂土，當時的國王——「餉佉王」是個明君聖主，而彌勒也由天上下到人間成佛，這就是「龍華三會」的由來。彌勒的第一次說法，渡化了九十六億人，第二次渡化了九十四億人，第三次渡化了九十二億人。這些人都是釋迦在世時想要渡化而來不及渡化的人。明末「龍華三會」的說法還相當單純，像《古佛天眞考證龍華寶卷》的「古佛乾坤品」有云：

> 無生母，產陰陽，嬰兒姹女起乳名，叫伏羲女媧眞身。……無生母，差皇胎，東土住世；頂圓光，身五彩，腳踏二輪。……來東土，盡迷在，紅塵景界；捎家書，吩咐你，龍華相逢。

「混沌初分品」有云：

家鄉聖景龍華會，在都斗太皇宮中，古佛無生座前，有七寶池、八功德水，黃金爲地，金繩爲界，樓臺殿閣，件件不同。……

天上龍華日月星，地下龍華水火風，
人身龍華精氣神，三才配合天地人。
初會龍華是燃燈，二會龍華釋迦尊，
三會龍華彌勒祖。龍華三會願相逢。

「混沌初分品」所說的「龍華三會」，很顯然已經與《彌勒下生經》所說的龍華三會有了很大的歧異。《彌勒下生經》所說，彌勒第一次說法渡九十六億人，就逐漸蛻變成爲所謂「九六原人」或「九十六億原佛子」（另一說法是根據易經、陽卦皆九、陰卦皆六，九六代表陰陽）。「三會龍華彌勒祖」就配合《下生經》所記第三次說法渡化九十二億人，產生了前兩次龍華會只渡化四億人，尚有九十二億人待渡化的說法。根據這樣的說法，才有「收圓普渡」的說法。這是一脈相通的理論架構。爲往後四百年中國民間宗教信仰的基礎。

四、老母思子陷紅塵

清末民初時，「無生老母」的信仰在基本母題上又發生變化。在龍華家鄉的老母因思念紅塵中的子女，而淚涔涔。像民國十六年台北「保安堂」（龍華齋教）出版的經書中，有「無生老母嘆五更偈」，通篇極爲悲傷。

一更之裡淚悲啼　想起姹女與嬰兒
自從靈山別了後　東土紛紛把性迷
名愛利牽迷人網　紅塵滾滾不歸西
叫嬰兒早尋名師　脫俗了凡入聖機。
二更也裡淚汪汪　想起嬰兒哭一場
臨行囑咐怎麼講　爲何一出不還鄉
看看三災八難降　損害我的好賢良
叫嬰兒早來尋娘　莫到臨時失主張。
三更者裡珠淚流　嬰兒姹女早回頭
貪戀紅塵不長久　無非總是一骷髏
趁早起此船行走　大儕約伴上慈舟
叫嬰兒來及早修　咽喉氣斷葬荒丘。
四更時裡淚長傾　嬰兒姹女早回心
丈六金身實難行　自己性命莫看輕

求的指點佛心印　好念彌陀觀世音
叫嬰兒來爾聽眞　身中中自有無字經。
五更早裡淚滿腮　嬰兒姹女早回來
倘若修成不壞體　諸佛接爾上瑤階
世間萬物皆有壞　惟有靈光不怕災
叫嬰兒我的乖乖　試看蓮花九品開。

民國十六年，一貫道尚未興起，在台灣的龍華齋教已經流傳無生老母淚想嬰兒姹女的說法。一貫道興起後，也就秉承這個傳統，繼續發揮無生老母淚想塵世子女的說法。

《皇母家書》：

老母天宮放悲聲，淚流不足濕雲裳，
皆爲佛子迷世上，九六皇胎不還鄉。
差你臨凡治世界，講明三綱與五常，
三從四德教婦女，溫柔謙雅要端莊。
那知迷了假色象，貪戀妻子日夜忙，
酒色財氣是羅網，九六佛子裡邊亡。
世人皆是我兒女，兒女遭劫娘悲傷。
差下仙佛臨凡世，設立大道化八方。
老娘哭的肝腸斷，何法喚兒回家鄉。
三教歸一同舟渡，誰來修道誰免殃。
萬教道祖同護佑，免劫免難得吉祥。

《皇母訓子十誡》：

想兒痛斷腸，無盡悲傷，極樂家鄉好淒涼。差盡仙佛臨東土，爲救皇原。嘆迷夢黃粱，愁壞老娘，親身渡世化凡鄉。空垂血書千萬語，當作耳旁。

五、佛渡有緣人

這一類無生老母思念塵世子女的訊息，都是透過扶鸞的形式而得。凡是有扶鸞的佛堂，無論是一貫道、鸞堂、齋教或其他，都會得到這種老母訊息。世上芸芸眾生又當如何呢？

《一貫道疑問解答》說：

如此人是原人佛子，生性不昧，聽人一說，信心即起。聽則信，信則修，此爲與佛有緣。所謂分者，就是爵位。有緣之人，得了道時時在心，只怕墜落人後，積功累德，不敢少懈，此人終能成道。成道後，按功果而定爵位，這是有緣有分。但知而不學爲無緣，學而不實爲無分。前人云：「幼而不學，長無能也；壯而不學，老而憂也。勿謂今日不學而有來日，今年不學而有來年。日月逝矣，歲不我與，當爲不爲，必生後悔。」

整個「無生老母」信仰發展到清末民初的時候，其母題已經與原始型態不一樣。這時的無生老母是日夜思念塵世中的九十六億原佛子。於是降下大道來渡化世人。從開天闢地以來，總共有三次降道渡世，第一次是在青陽期之末，也就是在「燃燈佛」的時候；第二次是在紅陽期之末，即「釋迦佛」的時候。這兩次渡世，各渡回了兩億原佛子，尚有九十二億人留在世間，要等白陽期「彌勒佛」降世，大開普渡之門，盡渡九十二億原佛子。這種「三期」的說法剛好跟「三會」的說法相呼應，且絲絲入扣。一貫道的基本理論架構就是建立在這個信仰母題之上。當我們約略的理出有關無生老母信仰的來龍去脈，不難看出這種信仰已經流傳了四五百年之久，一貫道只是這個信仰大陣營中很晚興起的一支而已。

第十章
宇宙觀和「三期末劫」

這四五百年來，中國民間宗教信仰的基本宇宙觀，是建築在宋朝理學大師「周敦頤」的「太極圖說」和「邵雍」的「皇極經世圖」這兩個基礎之上。「太極圖說」的主旨是在探尋宇宙的起源，認爲宇宙原本是一片混沌狀態，名爲「無極」，以後有了界限是爲太極，太極又分生陰陽，終致產生天地萬物。「太極圖說」深深的影響到「無生老母」信仰的形成。甚至可以說，無生老母信仰就是把「太極圖說」染上一層宗教色彩而成。

周敦頤的「太極圖說」是取材自道士所用來修煉的太極圖，而給予新解釋、新意義。因此，道家所流行的觀念也跟隨著爲人廣泛採用。「道」就是最重要的一項概念。

《老子道德經》一開始就說：「道可道，非常道。」認爲「道」，是天地萬物生長的最終原理。《老子》云：

有物混成，先天地生。寂兮寥兮，獨立而不改，周行而不殆，可以爲天下母。吾不知其名，字之曰道，強爲之名曰大。

這種「道爲萬物根本」的概念對後世影響相當大。從這裡衍生出「先天」和「後天」的概念。所謂「先天」，就是指與世俱生的，不是人工做作的。「後天」則是指人爲的。從宗教的立場來說，「先天的神」是天地未生成之前就已經存在的神，也可說是造物者或萬靈眞宰，「無生老母」、「玉皇大帝」等算是「先天之神」。所謂「後天之神」，則是指人經過長久的修煉而成的，如關帝、媽祖、土地、城隍等。一貫道的信徒們常說，他們所信奉的神是「先天之神」，所奉的道是「先天大道」。與神明溝通的方法——扶乩，是「先天乩」。而其他神廟所供的神所辦的事是「後天的」。因而有一種潛意識的優越感存在。

再者，「道」既然是天地萬物生長的最終原理，在邏輯上，這個「道」就成了唯一的。任何解釋這個「道」的說法，則變成站在某一個角度去看這個道。根據這樣的邏輯推理，中國的民間宗教信仰就假設在各種宗教之上還有一個至高無上的「道」。於是，佛、道、耶、回各教變成次級的「教」，祇是從各個不同的立場在闡釋這個「道」。楊惠南指出這種觀念帶來教派之間無窮的糾紛。但我們卻不能夠因這種概念引起紛擾，就故意迴避它不去談它。因爲，這種概念正支配著目前相當多的國人的宗教觀念。一貫道在這方面的表現相當突出，同時也就成了遭人詬病的把柄。最近幾年又有「天德教」、「天帝教」興起，一樣強調有一個主宰之神，有一個先天地而在的「道」。但是這兩個教派在無生老母之上，又創個「一炁宗主」。對於這種現象，似乎顯示中國人很喜歡創個全能的神，以壓倒既有的神。

周敦頤的「太極圖說」所要解釋的，是宇宙的生成與發展的過程。但沒有舉出這個過程歷時多久，其中的變化如何。邵雍的《皇極經世圖》就提出一套數學計算方法，來說明這個歷程有多久。

一、皇極經世圖

邵雍的基本理論建立在先天圖上，「一分爲二，二分爲四，四分爲八，八分爲十六，十六分爲六十四」，《宋元學案》所載的圖如下：

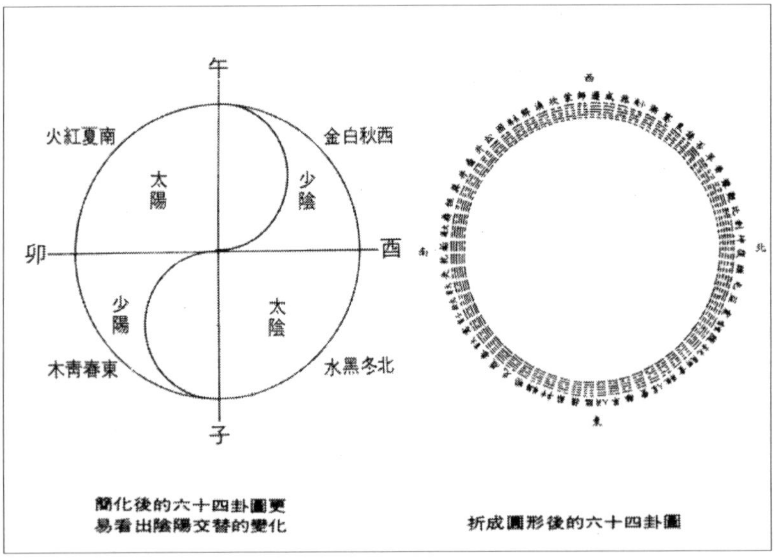

六十四卦圖

邵雍稱它爲先天八卦方位圖，代表著一切事物生長進行的公式。以一年四時的變化來說，六十四卦圖，圖中復之初爻，爲一陽生。即冬至夜半子時。陽東行至南方之乾，就是夏天。此時陽極盛，而陰也開始滋長。圖中垢之初爻，即爲一陰生，於時即夏至也。陰西行至北方之坤，即於時爲冬，此時陰極盛，而陽亦即又生矣。邵雍認爲天下事物都遵循這個法則進行，事事物物成住敗滅，都不脫此理。這種變化早在漢代已有，當時稱之爲「卦氣」。

照先天圖的說法，生命起於子，逐漸成長於少陽，大盛於太陽，至少陰時漸衰。少陽爲春，春屬木，爲青色，故稱青陽期；太陽爲夏，夏屬火，爲紅色，稱紅陽期；少陰爲秋，秋屬金，爲白色，爲白陽期。這就是「三期說」的由來。依照中國古代的習俗，認爲秋天屬金，主殺。華北地方到了秋天，呈現一片瑟瑟肅殺的景象。也許因爲這種緣故，中國民間宗教一直流傳著「三期末劫」的說法。三期說配上龍華三會說，形成中國民間宗教牢不可破的宇宙觀。

二、三期末劫

龍華三會的基本母題，如前所述，是「彌勒」於成佛五十六萬億年後再下生世間，說法三次，渡化世人。後來演變成「一會龍華燃燈佛，再會龍華釋迦尊，三會龍華彌勒佛」。燃燈與釋迦都已過去，彌勒則是未來。《彌勒下生經》所講彌勒降世時的美好境界，帶給人們無限的希望。於是，彌勒就成了「救世主」的代表。而以彌勒降生爲號召的亂事，從隋代起，就不絕於史書。

在民間傳說中，青陽、紅陽、白陽三期分別應「燃燈」、「釋迦」和「彌勒」之外，也有人說青陽期應在「伏羲」時代，紅陽期應在「周文王」時代，白陽期則無固定指涉對象，大致都以當時的社會比擬作白陽期。像蘇鳴東在《天道概論》中就說，中華民國正好應白陽期。反對這種「三期末劫」說的人，於是就大罵這種說法是在詛咒國家命運。但是，三期之說在元末就有，明代更甚。像萬曆六年的《多羅妙法經》就已經大談三期末劫了。

邵雍不但提出了先天六十四卦圖，作爲天地萬物運行生長的公式，而且更依此推算了一個世界年譜。在這個年譜中，用元、會、運、世作爲計算時間的單位。他把計算時間的元會運世比擬作日月星辰。元當日、會當月，十二會爲一元。運當星，三十運爲一會。世當辰，十二世爲一運。所以，十二會爲一元，三十運爲一會，十二世爲一運。一元有十二會，猶一年有十二個月。一會有三十運，猶一月有三十日。一運有十二世，猶一日有十二時辰。以天地始終爲一元，以三十年爲一世。則一元爲十二萬九千六百年。引邵伯溫的《一元消長圖》如下：

元	會	運	世				
日甲	月子一	星三十	辰三百六十	年一萬八百	復	䷗	
	月丑二	星六十	辰七百二十	年二萬一千六百	臨	䷒	
	月寅三	星九十	辰一千八十	年三萬二千四百	泰	䷊	開物星之己七十六
	月卯四	星一百二十	辰一千四百四十	年四萬三千二百	大壯	䷡	
	月辰五	星一百五十	辰一千八百	年五萬四千	夬	䷪	
	月巳六	星一百八十	辰二千一百六十	年六萬四千八百	乾	䷀	唐堯始星之癸一百八十辰二千一百五十七
	月午七	星二百一十	辰二千五百二十	年七萬五千六百	姤	䷫	夏殷周秦兩漢兩晉三國南北朝隋唐五代宋
	月未八	星二百四十	辰二千八百八十	年八萬六千四百	遯	䷠	
	月申九	星二百七十	辰三千二百四十	年九萬七千二百	否	䷋	
	月酉十	星三百	辰三千六百	年十萬八千	觀	䷓	
	月戌十一	星三百三十	辰三千九百六十	年十一萬八千八	剝	䷖	開物星之戊三百一十五
	月亥十二	星三百六十	辰四千三百二十	年十二萬九千六	坤	䷁	

一元消長圖

三、午未之交與三曹普渡

邵雍認爲「天開於子，地闢於丑，人生於寅」，推算到北宋時代（邵雍是北宋人）神宗熙寧元年正值第十運的第二世的第十五年。照邵雍整個理論來說，天地於第三百一十五運而閉。而由盛至閉的關鍵是在午未之交。正是陰逐漸長，陽逐漸消的局面。因而「午未之交」就演變成「變局將至」的代名詞。

秋天又是個收成的季節，在邵雍世界年表中又代表著世界將要毀滅，一切歸於寂靜。於是引申出「收圓」「普渡」的觀念。在一貫道中有所謂「三曹普渡」的說法。三曹普渡指的是「上渡天上河漢星斗，中渡人間芸芸眾生，下渡地府幽冥鬼魂」。

道中稱白陽期共一萬零八百年，這一數字即是一「會」的時間；一「會」有三十「運」，三百六十世，總計一萬零八百年，世界每一「會」改變一次，是故有「白陽期一萬零八百年」的說法。

張祖自民國二十年開始傳道，而民國二十年依「一元消長圖」計算，正是第七會（即月午）之第十二運的第七世，再參照前面六十四卦簡圖，可知此時「太陽」已過，「少陰」已生，也就是紅陽期結束，白陽期已屆。以後陰漸盛，陽漸衰，至元之第十一「會」（即月戌），陽之不絕如縷，象徵世界逐漸趨向毀滅。此會第十五運時，「閉物」而萬物皆絕。至第十二運即月亥之末，陰臻極盛，天地即壽終矣，此後另有天地照此公式重新開闢。所以一般人認爲「三期末劫」的說法，是危言聳聽，毫無根據的謬論，其實卻有著深厚的「理學」依據，如果要推翻「三期末劫」的說法，只能從邵雍的「皇極經世」去存疑。

四、理、氣、象三層天

在中國的民間信仰中，是把神分成許多等級，像城隍、土地之類的小神，認爲他們的道行根基不厚，在成神後幾百年或幾千年之後，仍要重新回到人間。而像玉皇大帝則是歷經了千萬億劫的累世修行，才達成永生不滅的境界。眾神依照自己的道行分布在天地之間。一貫道把永恆不滅的境界稱之爲「理天」，眾神所在之處爲「氣天」，人間是爲「象天」。「氣天」與「象天」依照前述天地運行的原則來說，將來必定要毀滅。於是，在目前辦理收圓的時候，也要助「氣天」中的神仙一臂之力，上升到理天，脫離輪迴之苦。根據這樣的理論，產生了所謂「渡大仙」的說法。

所謂「渡大仙」，是說駐在氣天的神仙，因不免輪迴之苦，在此普渡時期，到處顯化，找尋前世有緣之人，擔任引保，代繳功德費，由「師尊」請南極仙翁檢定，核准應繳「功德費」數目，始可借用人竅點玄關，以期得天道，回理天，永脫輪迴。這種渡神仙的理論。應當有所依據。然而，我們目前對這方面所知相當有限，究竟是怎樣演變而來，尚待往後慢慢考證。

超拔亡靈是中國民間信仰中最普遍的現象，一貫道主張「人生在世，孝悌爲本，吾人果欲孝道無虧，生前固應竭盡孝敬之誠，死後尤須深行超拔亡靈之功，俾得永脫輪迴之苦難，享受「理天」之清福。不過爲子孫者，若欲超拔九玄七祖幽冥鬼魂，究竟怎樣渡法，始可達到目的？第一，必須修道有恒，有功有德。第二必須代繳功德費，然後再請師尊，借亡靈子孫之人竅點玄。至於入道儀式，與人間眾生渡法相同。」

在渡人方面，一貫道特別宣揚「道在庶民」，渡化的對象不再是王侯公卿，而是一般升斗小民。一般庶民良莠不齊，在渡化的時候就需要特別注意入道者的身份，凡屬「下九流」者——如屠宰業、賤業、乞丐、流氓，身家不清白者等，不許入道。最可靠的辦法就是由已入道的道親，因親渡親，因友渡友，即所謂「暗渡」。李世瑜認爲一貫道徒原本都是非知識階級，「暗渡」之說是倒果爲因。

總結以上所說，我們勾勒出一個較清晰的宇宙觀。說明宇宙是怎樣生成，怎樣產生了人和萬事萬物，同時也認定這個宇宙終將毀滅，而目前正是處在盛衰交替的時候。這套觀念源自宋代理學大師周敦頤的《太極圖說》和邵雍的《皇極經世圖》。

第十一章 純淨概念與基本修持

虔誠的一貫道信徒必定茹素持齋。所有的儀式必須由清口持齋的壇主或點傳師主持。這種吃素行為是佛教和歷來各種祕密教門共同具有的修持行為。

一、戒殺論

為什麼要持齋？究竟代表什麼意義？是個很不好回答的問題。有人說：「持齋」是「消孽障，增福慧」。因為吃葷腥之物，總離不開一個「殺」字。在中國人宗教觀念中，殺生是有罪的事。依照因果報應律來說，殺業重，罪孽也隨之增加。戒殺，則不造孽，自然也就「消孽障，增福慧」。但這種說法在邏輯推理上說不通。所謂「殺生」，是指用外力摧折一個生物體的生命延續。剝奪生物體的繼續生存權力，是不道德的事，所以有罪孽。然而生物體包括動物和植物。如果真的是剝奪生物個體的生存權力是有罪，那麼殺動物和殺植物都犯了同樣的罪。為什麼我們偏偏認為殺害動物是有罪的，而摧殘植物就沒有罪？顯然這種說法在邏輯推理上是說不通的。

為了解決這種邏輯理論上的漏洞，持齋的人提出兩種解釋。其一是說，根據因果報應律，個人的父母親人甚至祖先，因生前罪孽而有轉世投胎為動物。人們為了避免誤殺到自己的父母親人甚或祖先，最好的辦法就是戒殺。這種解說是純粹宗教的。而且碰上的或然率小得幾乎等於零。其二，是說因動物有靈性，植物沒有靈性，所以動物不可殺，植物可殺。這項理由看上去比前者更具有說服力，但也有不妥貼之處。因為在中國人的超自然觀念，樹木一樣可以成精作怪。《聊齋》一書中就有桃樹柳樹成精作怪的故事，台灣民間信仰中有「大樹公」「茄冬公」之類以樹木為神靈的崇拜，可見中國人認為植物也可能有靈性，因而這種理由也不完美。

二、純淨概念

或許，「純淨」概念是解釋「持齋」的最好理由。所謂「純淨」，是指個人身心內外兩方面都要乾淨。持齋就是在追求個人身體內部的乾淨。葷腥代表污穢，素蔬則代表清淨。在蔬菜當中有所謂「三葷」——蔥、蒜、韭菜。這三者氣味濃烈，傳統上認爲此三者具有催情作用，而性慾在「佛」、「道」兩教和民間信仰中常被認爲是污穢不潔的。三葷是持齋者所忌食。爲的就是要保持身體內部的純淨。

「純淨」概念不但可以完美的解釋人們爲什麼要持齋，更可以用來解釋一貫道信徒許多外在的行爲。像上一節提到，一貫道拒絕吸收操屠宰業者、賤業者、乞丐、流氓、身家不清白者，董芳苑不明就裡的認爲一貫道有「明顯的階級限制」。其實，就是「純淨」概念的具體表現。操屠宰業、賤業者，乞丐、流氓、身家不清白者被認爲是骯髒的，爲了維持教團組織的純淨，不能接納他們。

純淨概念對一貫道信徒的日常行爲有相當大的影響。譬如，各地的佛堂都相當乾淨，擦拭得一塵不染，也沒有一般本省神廟那種金壁輝煌，香煙薰黃的現象。

有許多信徒，立下清修願，「捨身辦道」，全心全意爲道務奔走。終身不娶不嫁，擺脫家室之累。實際上，是要避開「性慾」的污染。

各人方面，力倡簡樸生活。主張自力更生，不接受供養。不可抽煙，不許喝酒，不得涉足聲色場所，不許賭博，不玩電動玩具。衣著樸素，不可袒裼裸裎，女道親少有濃妝艷抹的。

道場方面，到佛堂去，一定先淨手，外人造訪，一定先遞上毛巾讓客人擦手擦臉。吃飯時很注意清潔衛生，有的佛堂在餐桌上還特別設有挾菜舀湯專用的筷子和湯匙。宴客時，更是頻頻更換擦手用的手巾，飯碗中不可有殘剩食物。

在行爲方面，待人彬彬有禮，對前人，點傳師相當恭敬，聽講時聚精會神。有事則自動自發的去做，倡導孝順父母，友愛兄弟。

三、純淨概念與道德

這些外顯的純淨概念，對於淨化社會風氣有相當大的助益。而且，純淨概念與道德是無法分開的。社會上所流行的道德觀念，往往被認爲是合乎純淨原則；不合乎道德或會引起道德上憂慮的事，都被認爲是不純淨的。這種純淨概念若能妥善運用，對於淨化社會當有正面的功效。

一貫道的修持，基本上是在追尋個人身心內外的純淨，也尋求教團組織的純淨。在這種情形下，特別注重個人的角色地位該如何扮演，注意長幼尊卑，注意行爲禮節，形成了一套很儀式化的行爲規範。在「一貫道義介紹」中說：

> 一貫道的修行，爲半聖半凡。一面修道，一面進行各人工作。無論何界，均不妨害其職業。修道工夫爲成己成人。成己即修身，自己改過懺悔，一切行爲要合乎理。成人即渡人，自己得道，須將道理宣揚，令諸親友亦明道義，人人均改過，行爲均合乎理。《中庸》云：「率性之謂道」，修身也；「修道之謂教」，渡人也。代天宣化，渡人爲外功；改過遷善、打坐爲內功。現值末刼臨邇，天時緊急，重外功輕內功。外功圓滿，內功自成。故修道以行外功爲先，而身不修，不能齊其家。其家不可教而能教人者，無之。成己始能成人，正己始能化人，則似又以行內功爲先。總之，一貫道之工夫，要在內外不分，動靜無二，無內無外，可內可外，知行合一，常應常得，即此便是不二佛法，一貫道之眞功。

「一貫道疑問解答」也說：

> 乾坤道友應該怎樣行功？
>
> 道中男女道友之對於行功，應分工合作，全體動員。或擔任三才，飛鸞宣化；或講解經訓，宣傳道義；有錢者量力出錢，印刷聖經書訓；有力者四出勸導良善親友，速行入道，或捐資設立佛堂，以便眾人行功；或盡心維護佛法，使道務日見發揚；或立志篤行，謹守師命；或齊家修道，以示模範。凡此種種，男女道親均應分別各自行功，以證善果。唯乾坤道友對於行功，宜隨緣隨分，不誤職業，量力而爲，無非親渡親、友渡友。然亦不可亂渡。……所渡之人總以忠厚篤實良善爲宜，至於心術不正品行不端之輩，雖屬至親厚友，亦不可渡。倘若不慎渡進此輩，不唯無功，過莫大焉，各宜愼之。
>
> 何謂內功？
>
> 修身成己，使自己之一切行爲皆合乎理，清心寡欲，以求其放心的工夫，即爲內功。
>
> 何謂外功？
>
> 勸善成人，使眾生普渡，人人向善，行濟人利物之事，存拯災救世之心，先正己而後正人，此種功

德，即爲外功。

除了上述的修持方法外，一貫道有所謂「考」的說法，這是指各種生活上的不順遂，一貫道信徒認爲這些「考」，都是歷練。一個虔誠的信徒必須歷練各種考驗，才能顯示出超人一等的能耐和志節。「考」的項目很多，例如：

「天考」：目的是拔精選萃，淘汰不良，以定品位。

「魔考」：上天派下魔眾來考驗道親的信心。

「內考」：天災地變及水火之災的苦難。

「外考」：被社會人士的毀謗與譏笑。

「官考」：被官府警察壓迫與取締。

「奇考」：傾家蕩產、家破人亡、妻離子散的苦難。

「逆考」：父母妻子親人的反對與家庭失和。

「病考」：疾病纏身。

「顛倒考」：失敗氣餒，事事不如意。

一貫道的信徒相信，人要誠心修道，倘若上天不加試驗歷練，何以驗明道志的眞僞？這種信念，可看成是一種潤滑劑，把一貫道在台灣所處的不順遂情況作了合理解釋，消弭了因外界的誹謗而來的磨擦與忿憤情緒。若沒有這種潤滑設計，一貫道與執政當局和其他教派之間的摩擦與誤會，早已引發了嚴重的後果。

第十二章 三寶

「三寶」——點玄關、合仝印、五字眞經——是一貫道中一再強調的得救之道。在入教時，由點傳師傳予，並說明「人身難得，中華難生、明師難遇、大道難逢」，這個三寶象徵著眞理大道，得了三寶，就算得了眞理大道，由於三寶非常寶貴，得到之後，不許隨便出口，遇有災厄時，只要暗轉三寶，求天上的老母慈悲拯救，可以逢凶化吉，遇難呈祥。這三寶「上不可告父母，下不可告妻子」，若是隨便說出，便會遭到災禍。

所謂「點玄關」，是指信徒在求道儀式中，由點傳師用右手的中指在求道者眉心「玄關竅」按捺一下，同時口中說「一指中央會」，再用左掌在求道者面前抹一下，象徵著洗心革面，同時口中說「萬法皆超然」。按一貫道中認爲「玄關竅」是天地人間的大祕密，人類靈性的根源，點破玄關竅是會通天人的唯一法門。而且又說，玄關點開之後，靈魂在死後直升理天；未曾點開玄關者，靈魂於死時由兩眼散出，進入輪迴，同時又說，玄關是聰明智慧的關鍵。

所謂「合仝印」，是一種手勢，道中之人認爲是上天掛號的眞憑手式。要領是「兩手心向內，左手抱在右手上，兩個拇指按在右手無名指的根部」，道中之人相信這種手勢暗合「子亥相交」，「子」「亥」爲「孩」，象徵無生老母喚回九十六億原靈子，是認母歸根的意思，道親們相信，合仝印能助人逃過劫難，只有在一貫道的佛堂禮佛的時候才能用合仝手勢。在其他的寺廟中是不可以用的。

第三寶是五字眞言，一貫道中將此眞言視作最高機密。一般點傳師在傳此五字眞言時，都會關緊門窗，不許有閒雜人等在場。但道長張文運卻認爲這樣做是誤解了原義，他在做點傳儀式時，並不關窗清場，傳眞言時，也大聲說出。

反對一貫道的人拿這三寶大做文章，甚至認爲只要把這三寶說出，並加以侮蔑，就可以達到「破邪」的目的。這樣的想法讓第三者感到荒唐可笑。因爲這種做法除了增添一貫道信徒對佛教的反感外，並沒有其他正面的作用。

一貫道的三寶，一定有所本。當我們翻閱全眞派典籍如《呂祖全書》、《張三丰全書》時，就能看到「玄關」、「口訣」、「先天」、「後天」這些名稱充斥全書。像《張三丰全書》的「道要祕訣歌」。

道要歌，道要歌，不知道要必遭魔。看玄關，調眞息，知斯二要修行畢。

以元神，入氣海，神氣交融默默時，便得一玄眞主宰。……

看玄關，無他訣，先從竅內調眞息。神恬氣靜極自然，妙自無生現太極。

古仙翁，多半語，恐洩眞機不妄舉。……老君所說玄又玄，指分明，度有情，留與吾門作賞音。遇而不修爲下鬼，爲聖爲凡隨乎人。初下手，最難行，離了散亂又昏沉。大丈夫，有眞學，必將神氣分清濁。先天神兮最清明，後天神兮乃濁物。掃除濁物守清明，閉塞三寶居靈谷。這靈谷，即竅兒，竅中調息要深思。一息去，一息來，息息相依時相偎，幽幽細細無人覺。神氣團沖九竅開。照此行持得竅妙，昏沉散亂從何來。

「打坐歌」有云：

……假燒香，拜參禪，豈知大道在目前，昏迷喫齋錯過了。一失人身萬劫難，愚迷妄想西天路，瞎漢夜走入深山。天機妙，非等閒，洩漏天機罪如山。四正理，著意參，打破玄關妙通玄。子午卯酉不斷夜，早拜明師結成丹。有人識得眞鉛汞，便是長生不老丹。

「玄關交媾曲」：

大道本無說，妙理話難徹。玄關一點達摩訣，上至崑崙泥丸頂，下至重淵湧泉穴。鉛爲母，汞爲爹，鉛汞陰陽把子結，姹女嬰兒一處歇。

全眞派流行於金人統治下的華北，也盛行於元代。從以上節錄的一些修道歌的內容來看，與明清無生老母信仰有相當密切的關係。但是，目前我們對於這種關係所知相當貧乏，有待日後的努力。等到把全眞教對後世祕密教派的影響理出個眉目時，才有可能確言一貫道所說的三寶是怎樣形成的。

第十三章 道統說

一貫道有一個道統，說明「道」的傳遞過程。一貫道內的說法如下：

1.盤古氏——年代久遠，無有記載。其時人心純善，獸面佛心，性與天通，實即活佛世界。

2.太昊伏羲氏——以木德爲主，故姓風。有聖德，像日月之明，乃「燃燈古佛」化身。

3.黃帝有熊氏——姓公孫，名軒轅，以水德爲王。遇「廣成子」指點，始得眞宗。

4.帝堯陶唐氏——帝嚳之子，又曰「尹祈氏」。以十六字心法授與大舜，乃由大舜接續道統。

5.帝舜有辛氏——黃帝八世孫，生於姚墟。

6.大禹——姓姒，名禹，字商密，鯀之子。以金德爲主。於青陽末期，上天降劫，洪水氾濫，大禹領命，遂疏九河。後由大舜授以十六字心法，乃接續道統。

7.成湯——姓子，名履契。伐夏救民，天下歸之，承繼君王道統，是爲紅陽之始。

8.文王——姓姬，名昌。如來古佛化身。受命於天，命掌紅陽道盤，造「文王八卦」發揚道旨。

9.武王——文王之子，名發，以木德爲王。紅陽初，周國師姜尙點將封神，即在此時。

10.周公——名相，武王（按應作文王）之子。自武王而受十六字心法。

11.老子——發揚道宗，東渡孔子，著《道德經》。

12.孔子——姓孔，名丘，字仲尼，「水精子」化身。爲士儒接續道統之始，繼老子而傳十六字心法。

13.曾子——名參，字子輿。孔子因其能通乎道，故授以「一貫心傳」，令之接續道統。

14.子思——孔姓，名伋，伯魚之子，孔子之孫，曾受業於曾子，遂接衍道宗。

15.孟子——名軻，受業於子思而得天命。著有

《孟子》七篇，闡發儒教眞理。

孟子之後，心法失傳，儒脈泯滅。歷秦漢晉隋唐，議論紛紛。迨炎宗肇興，「希夷」首出，濂、洛、關、閩相繼而起，眞宗賴以昌明。然運不相逢，究未繼續道統。良以孟子以前，眞道業已盤轉西域，釋教接衍。宋儒輩出，不過應運闡發道旨而已。西域自釋迦牟尼渡大弟子迦葉之後，單傳至二十八代，道統如次：

16.釋迦牟尼——佛教開山祖師。周昭王二十六年甲寅四月初八日自母右脅誕生，死於周穆王五十三年壬申，享年七十九歲，說法四十九年。

17.摩訶迦葉——釋迦弟子，曾將釋迦所說的法編著爲經典。第二祖。

18.阿難——釋迦弟子，釋迦成道日生。第三祖。

19.優波毱多——吒利國人，四祖。

20.提多迦——摩伽陀國人，五祖。

21.彌遮迦——六祖。

22.波須密多——北天竺國人，七祖。

23.佛馱難提——伽摩羅國人，八祖。

24.伏馱密多——提迦國人，九祖。

25.脇尊者——印度人，十祖。

26.富那夜奢——華氏國人，十一祖。

27.馬鳴大士——婆羅奈國人，十二祖。

28.迦毘摩羅——華氏國人，十三祖。

29.龍樹大士——西天竺國人，十四祖。

30.迦那提婆——南天竺國人，十五祖。

31.羅睺羅多——迦毘羅國人，十六祖。

32.僧迦難提——十七祖。

33.伽耶舍多——摩提國人，十八祖。

34.鳩摩羅多——大月氏國人，十九祖。

35.闍耶多——北天竺國人，二十祖。

36.婆修盤頭——閱城人，二十一祖。

37.摩拏羅——那提國人，二十二祖。

38.鶴勒那——月氏國人，二十三祖。

39.師子——中天竺人，二十四祖。

40.婆舍斯多——罽賓國人，二十五祖。

41.不如密多——南印度人，二十六祖。

42.般若多羅——東印度人，二十七祖。

43.菩提達摩——南天竺國人，二十八祖。

菩提達摩於梁武帝時自西方東來，眞機復還於中國。道中之人稱做「老水還潮」。自達摩到中國爲第一祖，眞道仍是一脈相傳，至今已第十八代，道統如下：

44.菩提達摩——姓刹帝利，「胡成古佛」化身。

爲初祖。

45.神光二祖——姬姓，號「慧可」大師，「燃燈古佛」化身。

46.普菴三祖——余氏，號「僧璨」大師，「靈寶天尊」化身。

47.曹洞四祖——姓司馬，號「道信」大師，「天皇尊者」化身。

48.黃梅五祖——號「宏忍」大師，「凌霄金童」化身。

49.曹溪六祖——號「慧能」大師，「地藏古佛」化身。有「六祖壇經」遺世。

自六祖之後，道降「火宅」——即俗家。昔日五祖將衣缽傳於六祖時，曾於夜間密囑，勿令道脈絕滅，但不可傳之惡僧。後來六祖果遇惡僧迫令傳其衣缽。六祖遂奔至廣東曹溪。二次又被尋逐，幸運白玉蟾於田中將六祖救護，迎至其家。六祖遂授衣缽，後又遇馬端陽，也授以正法。從此釋終儒起，道興火宅。此是密機，因不令僧知，故「壇經」不載，慧能以後道統如下：

50.白玉蟾七祖——號「白衣居士」係「南嶽大帝」化身。誕辰爲三月十四日。

51.馬端陽七祖——與白氏同列七祖，因都是慧能弟子。馬氏號「道一居士」，乃西方第十二祖「馬鳴大士」化身。誕辰爲四月初九日。

52.羅蔚群八祖——乃太上大弟子「公遠眞人」化身。北直隸涿洲人。誕辰爲正月初八日。

53.黃德輝九祖——「元始天尊」化身，江西饒州府鄱陽縣人。

54.吳紫祥十祖——號靜林，乃「文昌帝君」化身。於清康熙十三年乙未八月十三日誕生於江西撫州府金谿縣。

55.何了苦十一祖——號若道，乃「九天斗母」化身，於乾隆年間降生於江西廣信府貴溪縣三板橋。誕辰爲三月初九。

56.袁退安十二祖——號志謙，又號無欺，乃「元始天尊」化身。於乾隆二十五年庚辰五月十三日降生於貴州龍里縣。

57.楊還虛十三祖——號守一，乃「觀音古佛」化身。於嘉慶元年七月二十三日降生於四川成都府新都縣。

58.徐還無十三祖——號吉南，與楊還虛同爲袁退安所渡。「彌勒古佛」化身。於乾隆八年八月初七，降誕於四川成都府新繁縣。

徐楊二祖之後，道統混亂，「因眾魔爭奪天盤，天命在隱顯之間」，有「先天五老」及各仙佛聖眞下世，暫掌道統。五老是：

59.陳祖火精——號玉賢，乃南方「赤精古佛」化身，四川成都府新都縣人。誕辰爲二月二十七日，掌五行火部道盤。

60.宋祖木成——乃「木公」化身，於湖南長沙澤州城掌五行木部道盤。

61.安祖土道——乃「中央黃老古佛」化身，於湖南長沙寧鄉縣掌五行土部道盤。

62.彭祖水德——號浩然，又號「滄海覺眞子」、「儒童素一老人」。乃「水精古佛」化身。湖北沔陽縣人。誕辰爲十二月初八日。掌五行水部道盤。

63.林祖金泌——號金元，又號玉山，崑圃。乃西方「金老古佛」化身。嘉慶九年甲子六月二十六日降生於四川敘州府隆昌縣。掌五行金部道盤。

林金祖於同治二十年癸酉四月初十歸空，享年六十七歲。臨終時吩咐眾門徒，此後道盤只准代理，不准稱祖。天命遂由西蜀華陽林氏「智姮」密收，後又交與實菴古壽氏「道新老人」代掌，「道新老人」之後又托三希堂「生公道一老人」。此後道暗轉山西姚鶴天，爲十四祖。

64.姚鶴天十四祖——山西人，餘未詳。

65.王覺一十五祖——號北海老人。山東青州人，爲西乾堂姚祖弟子，東震堂祖師。著有《理數合解》等多種書籍。光緒十年歸空。

66.劉清虛十六祖——山東青州人，曾在山東北南岸傳道。將東震堂改稱一貫道，時在光緒十二年。

67.路中一十七祖——山東濟寧人，號通理子，道中稱「白陽初祖」。民國十四年歸空。此後道務一度由「陳師姑」暫理。後始傳至「弓長祖」。

68.張天然十八祖——山東濟寧人。民國元年求道，民國十九年接掌道統，民國卅六年中秋夜逝世於四川成都。由「孫慧明」續掌道統，道中尊稱爲「師母」或「子系祖」。

一、道統說的錯誤之處

以上是一貫道所說的「道統」。按照歷史學的眼光來看，這個道統說誤謬百出。譬如說，釋迦牟尼的生辰年月弄錯了，時間提前了三百五十年。周昭王二十六年是西元前一〇二六年，周穆王五十三年是西元前九四八年，而釋迦牟尼實際的生存年歲與孔子同時，是在周靈王十五年（西元前五五七年）至周敬王四十三年（西元前四七七年）。孔子生於周靈王二十一年（西元前五五一年），歿於周敬王四十一年（西元前四七九年）。盤古開天闢地的說法，自三國時代才逐漸流傳，司馬遷寫《五帝本紀》時就說「黃帝之前，其言不雅馴」，他不採信黃帝之前的各種傳說，而以黃帝作爲中國歷史紀元的起始點。周公明明是文王的第四子，卻說成是武王的兒子。孟子生於周烈王五年（西元前三七一年）前後，比孔子和釋迦牟尼晚了將近兩百年。怎麼會是孟子死後（周赧王初年，西元前三一〇年前後）「心法失傳，道脈西遷盤轉印度」？因此，照治史學的標準來說，這個道統是「假歷史」。但是這道統說既然已形成，且廣泛流傳，我們就不能以「假歷史」爲藉口而一筆抹煞。必須從別的角度來探索其中所含的意義。

我認爲這個道統說的前兩段，所謂東方十八代和西方二十八代，以及禪宗六祖，是儒、釋、道三者角鬥競爭的終極產物。自九祖黃德輝以降至張天然，則是在說明一貫道的源流，是實際的歷史。但是這些祖師不曾見錄於史書，有關的資料也極爲缺乏，今天想要查證，眞是難上加難。

二、佛道角鬥

佛教在西漢張騫通西域之後，逐漸傳入中國，至魏晉南北朝時大盛。這是一個外來的文明，很自然的會引起本土宗教的抗拒反應，因而有佛道鬥法的情形發生。雙方都想一舉貶抑對方，取得優勢地位。

有關這方面最有名的例子是東晉成帝時道士「王符」撰寫《老子化胡經》，提出一個怪異的道統說，認爲佛教教主是老子渡化而成佛。引起和尚的不滿，就假說釋迦牟尼比老子早生三百四十五年，又說，在周穆王時，就有文殊目連西來化王，在終南山建三會道場，王子造迦葉佛像，周襄王時，秦繆公獲石像，由佘說「這就是佛像」。今天我們再讀這些資料，佛道角法情形仍躍然呈現紙上。

佛教傳入中國後，魏、晉、隋、唐之際，最大的特色就是宗派林立。各個宗教很注重祖法傳承系統卻又說法不一，自認是佛法眞傳而誹謗他宗，像「天台宗」就看不起「禪宗」，認爲佛法祖承只有二十四代，至「師子尊者」止，禪林和尚私加四祖至達摩，爲二十八代祖，是虛妄也。天台宗提出西方二十四祖、東方九祖的道統，以別於禪宗的西方二十八祖、東方六祖的道統。

但是，後世的祕密教派普遍的接受禪宗的祖承系統，不理會其他各宗所揭櫫的祖承系統。在禪宗祖承中，又衹接受慧能爲六祖，而不接受神秀爲六祖。這到底是代表什麼意思?是個很不好回答的問題。

三、佛教在中國的演變發展

所謂宗派，是在佛教發展過程中，某些教徒根據佛教主要教法，創造出獨特的宗義和修行方法，並且透過講者師承，使此種獨特宗義流傳數代而形成的獨立思想體系或教團。隋唐時代各個宗派，大多是以某一佛經或教法爲依據，來解釋佛教，像毘曇宗依佛流傳的修證方法來瞭解佛教；俱舍宗主張「我空法有」；唯識宗主張「心外無境，萬法唯識」；成實宗主張徹悟世界爲空，解脫生死；三論宗直接用三論，間接依據般若諸經，把「空」字從破邪與顯正兩方面來說明；天台宗以「法華經」爲中心，做爲判教，理論基礎和修持觀法的依據等等。這樣的宗派在基本上沒有脫離佛教的原旨。

佛教傳入中國後，最大的變異傾向就是逐漸與中國文化相揉合，代表這種中國化的宗派，就是禪宗。達摩初來中國所傳的禪法，是理行並重，以「楞伽經」爲主。在慧能之前，禪宗一直保持「藉教悟宗」的傾向，而參禪時往往借助於《楞伽經》和《金剛經》。到了慧能，方才明白主張「直指人心，見性成佛」，以爲我輩學佛，不宜拘於文字之末，而是應該把佛法的根本精神加以直接體驗與實踐。因此，這一種「禪」超越經論之上，由釋迦牟尼以心傳心，由祖師傳祖師（西天二十八祖，東土六祖），不依憑語言經教，又稱爲「教外別傳」。禪宗的各代祖師隨著他們不同的性格、工夫及誘導弟子的手段，形成種種不同的禪風，他們打破文字語言概念與思維迷執、直接開展佛心、呈現自己的本性而證入解脫境界。因此，禪宗可說是最直覺的把握心性而成佛的宗派。

五祖弘忍有兩位大弟子，一是主張漸修的神秀，一是主張頓悟的慧能。神秀於西元七〇一年（唐中宗嗣聖十八年）奉武后之詔入京，又經弟子普寂等人繼踵宏揚，到了玄宗天寶初年，在當時的政教中心——長安和洛陽，擁有深廣基礎。同時，慧能在嶺南的廣州，韶州一帶傳化。慧能的弟子神會於開元、天寶、至德年間，不斷的在洛陽附近開無遮大會，攻擊北宗神秀一系，最後獲得勝利。使慧能的南宗禪確立正統地位。禪宗的發展，到了慧能及其弟子，無論是在思想特徵、規章制度，都次第完成。慧能的再傳弟子，湖南的「石頭希遷」和江西的「馬道一」更把「慧能禪」發展到頂峰。同時，「百丈懷海」更創立「叢林制度」；使禪院獨行於傳統的律院之外。「希遷」與「道一」以後，經四五傳，「慧能禪」趨向分外，乃有「臨濟宗」、「潙仰宗」、「曹洞宗」、「雲門宗」、「法眼宗」等宗派分化。各宗分頭並傳，各自發揚祖師的禪風，直悟本心，見性成佛，終於避過「會昌法難」的摧殘，成爲中國最盛的宗派。

禪宗之盛行在中國宗教發展史上的意義，是它開啓了後世人們能夠依憑自己對宗教的參悟和瞭解，自由詮釋佛道經典或者是另創新說，同時也開啓了人們可以自由的改革儀式，依照自己的理想去禮讚神明。這種風氣一開之後，使得自宋以後，歷代都有傑出的宗教家或改革儀式，甚至另立新說，使佛教思想徹底中國化，也就是把印度式思想用中國材料和方式充分表達出來。

當佛教盛行師承道統之說時，一批反佛崇儒的人也提出了儒家的道統說，以資料對抗。這就是韓愈所提出「堯、舜、禹、湯、文、武、周公、孔子」這個道統說。

四、宋明時代的宗教改革

佛教的發展到了慧能禪可說是到了頂峰大功告成。但是中國宗教的發展腳步並未在此停住。禪宗所揭示以悟道爲主旨的風氣，引導人們雜用三教經義，來闡揚宗教哲理，這樣的宗教哲理，非佛非道亦非儒，是三者混合體。因此，接下去的演變就是儒、釋、道三教合一和佛教本身在儀式方面的簡化運動，兩方面的變動都出現在宋朝。

宋朝時，民間流行以經懺儀式爲主的方便法門。當時，「慈雲七懺」是最通用的懺法。但它太過繁雜，因而有白雲菜、白蓮菜的改革運動出現，但不見容於正統佛教。在華北金人統治地區，則有「全眞派」興起，標榜三教合一，以《孝經》、《道德經》和《心經》教人，風行一時。元朝時，「全眞派」在邱處機的領導下，達到頂峰。只是在邱處機歿後，全眞派走上迷信之路。

慧能禪帶給中國人在宗教方面的啓示是「直悟本心，見性成佛」，歷代禪宗大師的傳法風範，更啓導中國人往自由詮釋和闡揚教義這個方面發展。因此，明朝中葉有羅祖教出現。羅祖教源出佛教禪宗的臨濟宗，羅祖以三教經典來闡釋修道精義。更提出無生老母作爲信仰的核心。後來，羅祖教化作各種教門，各寫經典，各提修持辦法。只是明清兩代僅承認佛教與道教是正教，以致這種新興的教派一直屈處於「邪教」地位，屢屢遭禁。

根據以上的分析，我們大致可以明瞭一貫道的道統說是怎麼形成的。它意味著千百年來的佛、道、儒三家相互爭勝。最後相互融合增益的形成了這個道統。它究竟在何時形成，已經很難考證了。再加上它流傳於社會的中下階層，信徒缺乏足夠的歷史知識，使得這個道統說產生了更多的疑竇。

一貫道的道統說中，慧能以後的第八祖作羅蔚群。其人生平不可考。在嘉慶二年上海翼化堂刊行的「勸世修行歌」就提到「蔚群祖」，沒說他姓什麼。後來比附作八祖，遂與羅祖混爲一談。

五、道統說中的真歷史

從這個道統中，我們能肯定的一點，就是一貫道是乾隆、嘉慶時盛行於長江流域的先天派的一個支派。由於沒有具體可信的史料流傳下來，這些祖師的生平都只是口耳相傳而已。

一貫道的眞正始祖應當是十五祖王覺一。自幼家貧，替人看牛，十七歲走山西，遇十四祖姚鶴天，求道，後在山西、四川、貴州一帶傳教。不知是何原因，後來又回到山東老家，以算命測字爲生，並設壇傳教。建東震堂憑扶鸞壇論，於光緒三年接祖位，光緒十年歸空。現外界傳言王覺一是義和團總首領。按義和團興起是光緒二十幾年的事，那時王覺一已死了十幾年，怎麼可能做義和團總首領？

十六祖劉清虛改東震堂爲一貫道。生平不詳。十七祖路中一是在光緒十二年向十六祖求道。接祖位年代不詳。民國十四年歸空，終生未婚。十八祖張天然於民國二年求道，民國十九年接祖位，民國三十六年歸空。此後無祖。但在台灣，有馬永常、吳瑞元等自稱十九祖。不爲正統一貫道信徒所承認。

六、道統說的啓示

雖然道統說並不合乎實際的歷史記載，但是它確實存在，而且又爲後人說得活靈活現，彷彿是眞的一樣。我們在瞭解這種說法的成因之後，可以得到一點對中國宗教發展史上的啓示。那就是說：儒、釋、道原本是三套不仝的哲學觀和宗教觀，經過近千年的角鬥與相比，終於融合成一體，提出了一個「道」——

至終最高的宇宙運作原則——的觀念，認為三教的各種說法，只不過是從某一個角度在解釋這個「道」，因而三教是平等的，是可以相互融通的。一貫道中的道統說，在象徵的層次上，就是在表達這種融合的趨勢與最終的結果。

第十四章 薪火相傳

在前面各章曾經說過，一貫道不該是一個現今這個時代方才出現的新興教派，相反的，它是一個具有深厚歷史傳統的教派。祇是歷來研究中國宗教史的學者把全副精力都放到傑出的和尚、道士身上，忽略了廣大俗民的宗教信仰的演變，以致不知道中國宗教發展究竟是循著那一條軌跡前進。在另一方面，也正因為是俗民的信仰，它的歷史是靠口耳相傳，它的經典也因文筆粗俗而不受知識份子所注意。以致現今所能得到的資料可說是殘缺不全。在這一章中，將先就既有的材料，理出中國民間宗教發展的軌跡。再就田野調查資料來整理一貫道的源流。

一、三教薪傳在於融通

首先，先談中國民間宗教發展史上的軌跡。

在中國宗教發展史上，佛教的傳入是件值得大書特書的事。在佛教傳入之後的兩千年時光中，佛教為了適應中國的文化環境，不斷的修正教義、儀式和組織，經過數次重大的變化後，完全達到中國本土化的地步，成為中華文化的重要支柱之一。

佛教的東入中土，帶來了瑰奇宏偉、曲折多變的宗教內容與理想。直接刺激秦漢之際原已相當活躍的方士道術，使之更向前邁進，終有道教的產生。道教代表中國本土原有的宗教思想，佛教是外來的宗教觀念，這兩股力量在魏晉南北朝以及後來各地曾掀起相當壯觀的競爭場面，時而道勝，時而佛贏，終無定論。前面提到東晉時道士王符作《老子化胡經》，聲言「老子西出函谷關，到西域勸化胡人，佛為侍者」，引起佛徒的不滿，便把佛陀出生年歲提前三百四十五年，以壓道士氣燄。就是這方面佛道角鬥的最佳例證。

佛教傳入中國，且能在中土發揚光大，乃是因為它的文化特質有許多可與秦漢之際流行的宗教觀念相通的緣故。譬如：佛教有天堂地獄之說，而秦漢方士有神仙、蓬萊仙島、泰山府郡主人先死等的說法，使得天堂地獄之說很容易與仙境泰山之說相互融通，產生了後世所熟知的天堂地獄的觀念。這種例子多得不勝枚舉。

從唐朝時候起，舉國上下都慢慢的接受三教融合的事實。甚至皇帝還故意大力促成這種融通的趨勢。唐代皇室每有慶典時，常在宮內設立三教講談，延請儒釋道三教的飽學之士，就某個講題各抒己見。相互發明。儒釋道三種哲學與宗教信仰在這種著重融通的時勢潮流下，混合成另一種新的宗教信仰與宗教哲學是遲早的事。

二、佛教的中國化歷程

佛教傳入中國之後，由於經義深奧瑰奇，相比較之下，中國原有的宗教信仰就顯得貧瘠寒傖。漢末三國與魏晉南北朝時期，戰禍連年、殺人如麻，佛教的天堂地獄果報之說正好適合時代的需要，讓飽受戰火蹂躪的人們有心靈上的寄託。同時，天堂地獄因果罪報之說也讓那些嗜殺成性的胡人逐漸馴服，終至全盤皈依，頂禮朝聖。因此，佛教傳入中國之後的最初五、六百年，可說是個全盤接受的時期，引發了中國人對佛教信仰的狂熱。如今我們看這一時期所遺留下來的龍門以及敦煌石窟的造像，仍可體會那時期宗教狂熱的一斑。

等到隋唐時代，佛教在中國社會不但生了根，而且到了開花的階段。我們研讀這時期的文獻史料時，首先映入眼簾的是百家爭鳴的「教派林立」時期，一時所見的是各大宗派，各自依憑某一部經典、或某一種研究方法，來研究討論佛陀的經義。在隋唐兩代，經義方面的大師輩出。其中以玄奘三藏法師不辭辛苦遠赴印度求法十九載，回國後從事譯述，影響最爲深遠。

在社會活動方面，隋代的信行法師可說是這方面的佼佼者。他創立「三階教」，寫《三階經卷》，倡言佛教的末法時代（佛法已盡的衰敗時期）要普遍施捨。於是在洛陽設立無盡藏院，廣受各方信善施捨，所收積的錢糧分作三分，一分留作日常經費，一分供養天下伽藍，一分布施天下貧困。這個教派在唐太宗、唐高宗時期盛行一時，武后及玄宗時則屢遭詰難，不許他們自成單位，必須與普通佛寺合在一起，安史之亂後勢衰。唐末五代戰禍連年，三階教也就完全絕滅了。

三、禪學的影響

這種根據某一部經義來詮釋佛教教義的時期，大約有三百年。接下來就是從中國本土思想的立場來詮釋佛教的時期也就是佛教中國本土化時期。它的開路先鋒，同時也是黃金頂峰就是禪宗。禪宗的最大特色是擺脫了印度文化的影子，完全按照中國文化的立場，追問「人是什麼」「該怎樣修道」等問題，提出「明心見性」的修持理論與北漸南頓的修持方式。在教團組織方面，揚棄印度以托缽（寄生）的方式，主張自力更生，自食其力，而有「叢林制度」的產生。禪宗可說在中國民間宗教發展史上居於一個非常重要的地位。純就現象方面來說，它賦予中國人可以獨立自主的探索宗教問題的權力，不再依附既有的權威——佛和佛經；而是依附修行者個人對宗教、人生問題的體悟。主張人人都有佛性，只要能開悟就可以成佛。有了這一種解放法門，往後的中國民間宗教就有能力自由穿梭於儒釋道三教經典之中，擷取所需的材料來編織新的宗教理論體系。像五代宋朝的陳博、呂純陽、王嘉、張三丰。元代的邱長春等人，在北方遼、金、元人統治的疆域中，創立全眞教，以道教的《道德經》、《清淨經》、佛教的《心經》和儒家的《孝經》來教民，保存並發揮中華文化於異域。這一派人士所提出的「無極而太極、太極而兩儀、兩儀而四象……」以及「先天、後天」的說法，對往後的宋元明清四代發生過非常鉅大的影響。在知識階層中，產生了名垂千古，且流傳至今的「理學」。對一般大眾則產生一套新的宗教哲學思想。那就是起自明朝中葉的「無生老母」信仰。

自唐末武宗會昌年間詔毀天下佛寺之後，隋唐之際盛行一時的各大宗派，大都歸於寂靜。只有禪與淨土兩派繼續興盛。禪宗的影響已如前述，再來談談淨土宗的影響。

四、淨土的影響

淨土宗主張唸佛，認爲只要精進唸佛，唸得一心不亂，就可以往生西方極樂世界。唸佛就成了成佛上西天的捷徑。從宋朝起，中國民間就流行這種以唸佛拜懺爲主的方便法門。換句話說，佛教的發展經過隋唐時期以研究經義爲主的時代之後，中國民間開始流行以儀式爲主的佛教法門。這種著重儀式活動、不再注重經義的現象，可以看成是佛教在中國的發展陷入了僵化的困境中逐漸只剩下華麗的外表，卻缺少了智慧的心靈，一般人徒知唸佛而已，不再追求對深奧經義的瞭解。每次舉行懺法儀式都需要投入大量的人力、時間和物力，確非每一個人所能承受。因而就出現了一些改革運動，提倡簡單的唸佛方式和簡單的認識教義辦法，可是卻遭到守舊派的阻擾和誣害，歷史上著名的「白蓮教」就是其中的一支改革派。

五、白蓮菜創簡便法門

南宋度宗咸淳五年（西元一二六九年）僧人志磐所著《佛祖統紀》卷四十七及五十四記載：

（高宗紹興初）吳郡延祥院僧茅子元者，初學於梵法王，依仿（天）台宗，出圓融四土圖，晨朝禮懺文，偈歌四句，唸佛五聲，勸諸男女同修淨業，自稱白蓮導師，坐受眾拜，謹蔥乳、不殺、不飲酒、號白蓮菜。受其邪教者，謂之「傳道」。與之通婬者，謂之「佛法」。相見，傲僧慢人，無所不至。愚夫愚婦轉相誑誘，聚落田里皆樂其妄。有論於有司者，正以事魔之罪，流於江州。然其餘黨效習，至今爲盛。

有關白蓮教眞正涉及其教義、儀式的可靠資料來看，南宋初年茅子元所創的白蓮教只是天台宗的一個改革派，主張嚴守五戒中的殺酒兩戒、持素，簡化禮拜唸佛儀式，認爲唸佛不需千百聲，只要五聲就夠了，用偈語短歌來講解經義。信奉這種改革派的人相當多，引起其他人士的妒忌，告之於官，茅子元被官府流放到江州（今江西九江）。但他的教派依然盛行。一百多年後，到南宋末年仍是擁有相當多的信徒。

六、白雲菜的改革

另外還有一個「白雲菜」情況與「白蓮菜」大致相同。《佛祖統紀》卷五十四：

徽宗大觀年間，西京寶應寺僧孔清覺居杭之白雲菴。立四十果地，造論數篇，教於流俗。亦曰「十地菜」。覺海愚禪師辨之，有司流恩州，（寧宗）嘉泰二年（一二〇二年）白雲菴沈智元自稱道民，進狀乞額。臣寮（僚）言：道民者，喫菜事魔，所謂姦民者也。既非僧道童行，自植黨與，千百爲群，挾持袄教，聾鼓愚俗。或以修橋砌路、斂率民財。創立私菴，爲逋逃淵藪，乞將智元長流遠行，拆除菴宇，以爲傳習魔法者戒。奏可。

在這條記載中，「白雲菜」只是將佛教的經義作了些改變，也許是改得較淺，才能「教於流俗」。結果和尚和官府聯手迫害，孔清覺被流放到恩州（湖北恩施縣）。一百年後曾有沈智元者企圖使這個教派合法化。但由於朝臣誣指爲另一個教派「喫菜事魔」而遭責罰。雖然這個教派修橋補路，卻被誣爲斂財。信徒們自立菴院又被誣成收容流亡犯人的場所。

七、摩尼教（明教）的影響

在《佛祖統紀》的「事魔邪黨」項下，還記載從西域波斯傳來的摩尼教和火祆教：

唐正（貞）觀五年（西元六三一年），其徒「穆護何祿」詣闕進祆教。敕京師建大秦寺。武后延載元年（六九四年），波斯國「拂多誕」持二宗經僞教來朝。

大歷三年（七六八年），敕回紇及荊揚等州，奉末尼，各建大雲光明寺。六年，回紇請荊越揚洪等州置摩尼邪寺。其徒白衣白冠。

會昌三年（八四三年），敕天下末尼寺並廢，京城女末尼七十二人皆死。在回紇者，流之諸道。

梁貞明六年（一九二〇年），陳州末尼反，立「母乙」爲天子，朝廷發兵禽斬之。

其徒以不茹葷飲酒，夜聚婬穢。畫魔王踞坐，佛爲洗足。云：佛止大乘，我乃上上乘。

摩尼教是混合波斯拜火教（祆教）、佛教和基督教的教義，由波斯人摩尼於西元五世紀所創。七世紀中葉傳入中國，後來回紇人信奉摩尼教，遂以摩尼教的保護者自居。唐武宗會昌毀佛時一併被禁。在五代時，曾興兵叛變。到了宋代，摩尼教被指爲「喫菜事魔」。或許因曾經有叛亂記錄，朝廷一直對它另眼相看。屢屢下詔禁止。可是，摩尼教由於力行持齋茹素、戒除葷酒、相互幫助等特色，使得民間易於富足。宋代時，摩尼教一直流行於福建一帶。

志磐在《佛祖統紀》（卷五十四）總論這二個教派時說：

……大抵不事葷酒，故易於裕足；而不殺物命，故近於爲善。愚民無智，皆樂趨之，故其黨不勸而自盛。

八、同病相憐的三個教派

從以上對白蓮、白雲、摩尼三教的記敘，我們看到前兩者對於政治上的壓迫和其他教派的欺凌，只有默默的忍受，可是摩尼教由於是外來的宗教，再加上曾受回紇民族的保護，回紇又因協助唐室平定安史之亂有功而驕橫一時，摩尼教對於外來的壓迫就沒有逆來順受的氣度，它會挺身起而反抗。歷史上有摩尼教的重大叛亂記錄，除了上述後梁貞明年間的記錄外，還有宋徽宗時的「方腊之亂」以及元末韓山童等人的一場大革命運動。

白雲、白蓮、摩尼三教在南宋時可說是三個同病相憐的教派，一方面因迎合社會需要而廣受百姓歡迎，另一方面卻又不能見容於執政當局，同時佛教僧侶也極力排斥他們。

這三個教派對於後世的影響，可分成兩個方面來看。

第一，是他們改革了佛教的佈教方式和禮拜儀式。佛教到了宋代走上偏好以經懺爲主的方便法門之後，實際上就是只剩下了僵硬的外表。繁文褥節的禮拜儀式和深奧難懂的經義，使得信徒產生茫然困惑之感。於是就有人提倡要簡化儀式，用簡單的圖表和淺明的偈歌來說明教義。這些改革雖然不能見容於和尚和執政當局，但是從中國民間宗教發展的角度來看時，就會清楚的指出，它們的出現實際上是打破了佛教僵化的局面，引導中國人的宗教繼續向前發展，使得後世的宗教家可以依照自己的理想，提出一套宗教哲學和禮拜儀式。不過後世新興教派同樣碰到政治上的不容忍和佛教僧侶的排斥。

其次，是他們力持茹素，過著儉樸的生活、自成社會單位，彼此互相幫助。這種生活方式對於向來並不富裕的中國農村生活有莫大的幫助，尤其是到明清時期，中國農村經濟一直不佳，這種簡單樸實的生活方式更容易受到一般俗民歡迎。後來的各種新興教派（包括一貫道在內）和祕密會社皆以這種現實生活利益作爲發展的基本條件。

九、無生老母信仰的產生

蒙古人的殘暴統治，引發了一場以摩尼教（明教）爲核心的宗教革命運動。在南北各地的反元革命陣營中，都奉摩尼教（明教）爲國教（註：一般書上均訛作「白蓮教」）。這場革命運動的最後勝利果實爲朱元璋所得，他爲了保持皇位，永固江山，就一方面改國號爲「明」，宣稱他是眞正的明王，一方面他深知教派的載舟覆舟作用，就無情的殺害當年的革命伙伴，並立法嚴禁這些教派。由於他已是明王，不能再誣摩尼教爲邪教，就只好找個替代品，改而誣指他們是白蓮教徒作亂，加以鎭壓殺害。後世史書上說的「白蓮教」，指的是這種情形下的所謂「邪教」。

這些民間教派雖然遭到明太祖恣意摧殘，但是他們所走出來的中國民間宗教發展軌跡並沒有因而斷裂或停頓。宗教發展的腳步繼續向前邁進，本著先前已經開拓出來的可以自行創立禮拜儀式和宗教哲學的原則，在明朝中葉就出現了「無生父母」或「無生老母」的信仰。

這個新興宗教信仰的出現，是揉合了全眞教所揭櫫的無極、先天等宇宙觀、和白蓮、白雲、摩尼三教所具有的由俗家組成的教團組織，儉樸持齋的生活等要素。當然也摻入了佛教的「空」「彌勒救世」等觀念，以及自宋以降民間流傳的宗教信念——例如把人生看成是「陷於紅塵」、要求返璞歸眞，以及用河圖洛書讖緯易學解釋各種現象等等。並且認爲宇宙之基本在於「道」。道是先天地而存在，是無形無相，又是孕育萬物之根源，儒釋道三教只是各從一個角度來闡釋這個道。這種說法是徹底的融合三教精義之後，又提出更上一層的概念。

最早提出這個信仰的人是明武宗時代的羅因（後世尊爲八祖）。他創立的教派世稱「龍華教」。到了明朝末年，政治黑暗，官宦橫行不法、荼毒天下；加上連年欠收所造成的飢荒，餓民挺而爲盜。同時，日本出兵侵韓，明朝派兵援韓，打了七年的戰爭，明朝國力耗盡。形成了天下大亂的局面。「無生老母」信仰在這種時局中完成了發展工作，強調現實社會是多災多難，天上的無生老母眼看著世間的子女陷入紅塵兵力浩劫，在天呂中悲傷不已，屢屢派使者或自己親身降世來渡化陷在浩劫中的「原佛子」。最足以代表這種思想和信仰的是萬曆十六年方始刊行的《古佛天眞考證龍華經》。（註：一貫道把這本經當成是天賜寶書，民國三十年時發現，獻給師尊，現行的本子是個不分品的抄本。由於沒有見到分二十四品的原本，不能確定現行的龍華經是否完全正確。）

十、古佛天真考證龍華經

考證龍華經不但純熟的運用「無生老母」（或「無生父母」）的概念，同時更配合上彌勒《下生經》中所說「龍華三會」概念和由邵雍《皇極經世圖》而來的「青陽、紅陽、白陽」的「三期末劫」說，共同形成一套完整的宇宙觀和救世觀。因而有：

初會龍華老君公　二會龍華釋迦尊
三會龍華彌勒祖　龍華三會願相逢

的說法。同時，把初會比作青陽期，二會比作紅陽期，三會比作白陽期。經中就明白的說明朝末年是白陽期。

考證龍華經不能算是最早在談這些觀念的經書，羅八祖所著，明朝正德四年（一五〇九年）出版的《苦功悟道寶卷》《正信除疑寶卷》等五部六冊經中，最先提出「無生父母」概念。金幢教的創始人王佐塘於明萬曆七年所著的「多羅妙法經」就已經在闡釋「龍華三會」和「三期」之說了。

十一、明末清初的新興教派

《破邪詳辯》引龍華經提到明朝末年這種新興的教派多達十六派，它們是：

紅陽教，飄高祖；淨空教，淨空僧；
無爲教，四維祖；西大乘，呂菩薩；
黃天教，普靜祖；龍天教，米菩薩；
南無教，孫祖師；南陽教，南陽母；
悟明教，悟明祖；金山教，悲相祖；
頓悟教，頓悟祖；金禪教，金禪祖；
還源教，還源祖；大乘教，石佛祖；
圓頓教，菩善祖；收源教，收源祖。

有關在明末清初，以「無生老母」爲核心信仰的各個教派實際發展情形，由於目前在台灣地區欠缺有關的「寶卷」——即這些教派的經典，以及相關的資料，無法多言，只有待日後蒐集較多資料時再作說明。

十二、黃德輝與先天大道

明末清初時，河南人李廷玉曾創「先天道」，後來李廷玉及七弟子遇害，先天道衰落。到了清康熙年間，江西饒州府人黃德輝又創「先天大道」。相傳他曾出家爲僧，在鄱陽湖一帶弘揚禪法，後來領悟到在家禮拜修禪，一樣可以升登西方極樂世界的道理，遂另立「先天道」，著玉皇心印經、破邪宗旨、八字覺源、日用表、三九表、大梵王經各一卷，並且制定「禮本」「愿懺」「電唵」等。他後來被尊爲「九祖」。

黃德輝創先天道之後，仍在江西一帶弘法，他的門第子徐吉南、楊守一等人西入四川，建堂弘法，曾盛行一時。後來因避乾隆時的教難，向東順長江而下到上海盛觀亭，不久傳入福建。咸豐十一年，有黃昌成者來台傳道，建報恩堂於今省立台南醫院現址。是爲台灣的齋教先天派。

先天道的齋堂布置相當簡單，中祀觀世音菩薩，在長案桌中央放置一盞明燈，稱之爲「老母燈」，燈下置一淨瓶，盛裝清水。長案上另置有燭台、香爐等物。初入教者授三十六字內經，而後在佛堂卜筊，得准後，再授以修行要訣，稱之爲「眾生級」，以後視修行情況逐次升遷，經歷天恩、證恩、引恩、保恩、頂恩、十地等級，到最高的「師位級」。平日齋徒禮佛時，以兩拇指包於掌內，餘下四指互抱，稱「兩儀手」，行跪拜禮。每日朝夕兩次，唸日用表、三九表。這套齋堂設置和禮拜儀式非常類似今日一貫道所採行的擺設和禮拜儀式。且一貫道也奉黃德輝爲六祖，徐、楊爲十祖。因此，我們可以肯定的說，一貫道是胎源自先天道。

十三、清末在家修行蔚為風氣

乾隆皇帝在位時採取遠離佛道的態度，並且加強對各種新興教派的箝制。後來繼位者大多遵行他所立下的規矩。這種態度卻逼反了許多教派，乾隆中期是處罰和取締各種教派最力的時候，基督教也在禁止之列，這時期的法令對於各種教派的處理相當嚴酷，規定「爲首者絞，爲從者發交回部，交與有管帶能力之回子爲奴」。乾隆末年政法逐漸鬆懈，但因仍照以往方式查緝新興教派，因而自嘉慶元年起，宗教性的叛亂不斷發生。其中以太平天國爲最大。

太平天國動亂十四年，所過之處，寺廟庵觀在所必毀。而曾國藩、左宗棠、李鴻章等人所率領的湘軍與淮軍又經常佔用佛寺做爲辦公處所，在這雙重的摧殘下，佛道兩教益形衰落。佛道的重心由出家人手中轉移到在家居士手中。民國初年，太虛大師爲挽救佛教的衰蔽，曾大聲疾呼，要求改革佛教內部的各種弊端。但是言者諄諄，聽者藐藐。對振興佛教並未有太多的助益。

因此，從清末民初到今天，中國宗教活動的重心是在一般在家修行者的身上。從中國民間宗教史的發展軌跡來看，正統的佛教自從步入「重儀式而輕經義」的地步之後，就停滯不前。不再推陳出新，呈現墨守成規的態勢。相對的在一般信眾之中出現了一些有相當深厚宗教素養的人士，他們各抒己見，各組教派，各創儀式，配合時代的所需，發展出各種新興教派。宋朝時已有新興教派出現，明清兩代更呈風起雲湧之勢。雖然正統佛教力斥其妄謬，明清法令對他們百般箝制，仍是在民間蓬勃的展開。從這個角度去看，今天台灣的民間宗教界正是鮮明的寫照。齋教雖然衰落了，立刻由同一來源，但屬後起之秀的一貫道取而代之。佛教僧侶雖然憑藉法令接收了齋堂，而一貫道卻是根據傳統成功的接收信徒。政府雖一再取締一貫道，但一貫道卻能有相當良好的發展。當我們弄清楚這個民間宗教發展軌跡之後，對於一貫道能在逆境中求得發展的原因，就能豁然明瞭了。

第十五章 一貫眞傳

當我們約略的明瞭中國民間宗教的發展軌跡之後，在這一章中，將要記敘一貫道的緣起、發展和目標在台灣的發展狀況。

在前一章中已經說明一貫道與齋教先天派有近親關係。兩者在佛桌擺設、禮拜儀式和祖師傳承方面頗多雷同之處。在祖師傳承方面，從九祖到十四祖都一樣，從十五祖起才分道揚鑣，各自發展。因此，我們將一貫道的歷史從十五祖王覺一算起。

一、十五祖王覺一

十五祖王覺一是山東青州府益都縣石佛口人，諱希孟，號北海老人。自幼父母雙亡，家境清寒，以替人放牛爲生。廿七歲到山西，經人引介，拜在十四祖姚鶴天的門下求道，得到姚祖的眞傳，是爲西乾堂弟子。其後他一直在四川一帶傳道。姚祖在漢口遇害之後，始由四川回到山東，繼續傳道。並且將姚祖時的名號「西乾堂」改爲「東震堂」。王覺一於光緒三年繼祖師位，是爲十五祖。光緒十年三月歸空於天津楊柳青鎭。

王祖回山東以後，頗多著作，重要的有：《理數合解》、《三教貫通》、《歷年易理》、《一貫探原》、《三易探原》、《談眞錄》等。

由於王祖是石佛口人。而石佛口有明代天啓年間「聞香教主」王森的後人居住。在清代嘉慶二十年（一八一五年）十一月初三日那彥成查辦邪教案奏摺中曾提到「……有石佛口王姓、自稱王古佛者，傳習大乘教、清茶門，預知反情一案……」。一般人遂據此推論王覺一是石佛口王家的後人，世代辦道（見《一貫道源流考》，《現今華北祕密宗教》）。這種說法在邏輯上有其缺失之處，因無確實的證據顯示王覺一「必然」是石佛口王家的後人。即使是，也只是支派很遠的疏族。因爲王覺一幼年時生活很苦，替人放牛爲生，不像是系出名門的樣子。在中國傳統的祕密社會中一向保護首腦人物的家人，供應其較好的生活，斷不至於讓他們的子弟淪落到以牧牛爲生的地步。

二、義和團並非「邪教」

其次，又有人說王覺一是「邪教」義和團的總首領（見《中國邪教禍源考》），這種說法更加荒謬。因爲：

1.義和團的興起是光緒二十年以後的事，而王覺一在光緒十年就已逝世，兩者相差了十年，一個已死的人怎能再來領導一大群活人呢？

2.義和團是烏合之眾，頭目眾多，從未在那一條史料中看到有「總首領」的出現。如果眞有總首領的話，那人就是慈禧太后。唯有她才能指揮全部義和團。

3.義和團在本質上並不是反政府，而是極端的愛國主義者，打出「扶清滅洋」的口號，支持當時統治中國的大清王朝，對抗西洋列強勢力的入侵。所以他不是「邪教」。義和團興起的時代背景是列強佔奪港灣，劃分勢力範圍，意圖瓜分中國。西洋人到中國內地，恃條約爲護身符，爲了建教堂和鐵路，恣意侵佔民地、拆毀田宅墳墓；地痞流氓與西洋教士勾結，魚肉鄉里；地方官因怕得罪外國，在民教糾紛中一味袒護洋人和教民。在這種外力侵凌的情況下，爆發了一場帶有濃厚宗教色彩的「復振運動」，企圖假藉本國神明的力量以趕走入侵的西洋勢力。從十九世紀中期到二十世紀中期，在亞洲非洲和大洋洲各地都曾爆發過類似的宗教復振運動，以冀求打退西方列強，振興自己民族的聲威。如美國西南部印地安人的「鬼舞」運動，大洋洲上的「船貨運動」，非洲肯亞的獨立運動等。大多數的例子都歸於失敗，只有肯亞的獨立運動得到成功，脫離英國而獨立。義和團也是個失敗的復振運動例子。雖然它失敗了，爲中國人帶來更深一層的災難，但是原始的愛國愛鄉、保家衛國的動機是不容歪曲與抹煞的。義和團其行雖愚，但其情可佩，批評一貫道的人爲了達到目的而不擇手段，故意歪曲事實，先誣指義和團爲「邪教」，再拿來比附一貫道，這種棄民族大義於不顧的行爲，眞不知天理正義、是非公道安在？

三、十六祖與十七祖

十六祖劉清虛，是山東青州益都人。於清光緒十二年承接祖位，將「東震堂」改名爲「一貫道」。取法《論語．里仁篇》：「參乎，吾道一以貫之。」的精義。劉祖時的一貫道並沒有什麼重大的開展，佈道活動的範圍大致在山東青州一帶。光緒二十四、五年時，因年老力衰而解散教團，各弟子分別辦事，各求發展。

十七祖路中一，是山東濟寧人，生於清道光廿九年四月二十四日，歿於民國十四年二月初二，享年七十六歲。自號「無線痴人」。幼年時父母棄世，只有胞妹一人，相依爲命。住在濟寧城外五里營的兩間破屋裡，生活很苦。清同治九年，政府招募兵勇，發給安家費，二十二歲的路中一就到直隸小站投身軍伍。直到光緒二十一年，方才離開軍隊，從事傳道工作。

根據道中前輩韓雨霖所講的《祖師列傳》，路祖求道、傳道的經過大致如下：

光緒二十一年二月初旬，（路祖）接連三夜得到老中托夢云：「你應該辦你的事去，速往山東青州，訪求清虛老祖之處求道，不可貪戀紅塵之事。」路祖隔日遂辭去職務，收拾行李，將多年積蓄所得紋銀壹佰兩帶在身邊，起程南行。沿途住店，夜間夢中均有神人指引前行。有天夜裡夢中又云：「明日去某某山拜訪明師求道。」劉祖在這夜亦夢神人指點云：「明日早上有大賢上岸，你可往山前迎接。」夢醒之後，劉祖早起，就往山前等候。

正在觀望之際，見一位又矮又胖，頭戴大圈毡帽，身穿破短襖。背著行李前來。劉祖看見此人並無出奇之處。心想：「就是此人嗎？」心中正猶疑之際，路祖已經走到面前，劉祖說：「此處有求道的地方嗎？」劉祖說：「你要求道啊？可是求道要一百兩銀子才行。」

路祖毫不猶豫的說：「一百兩就一百兩，俺要求道。」

劉祖一聽這人眞的要求道，就說：「你就跟我到佛堂去，我就是傳道的人。」遂帶領路祖到山上的佛堂。

到了佛堂，路祖打開行李，取出一百兩紋銀，雙手奉上。劉祖心想：「剛才我說要一百兩銀子才能求道，不過是隨口說說的戲言而已，沒想到他倒認眞起來。」心中過意不去，就預備了香供，指點玄關一竅。求道完畢之後，劉祖說：「道已經傳給你啦，可以回去了。」

路祖說：「俺當兵多年，存下百兩紋銀，均交與老師。俺又無家可歸，就跟老師修道好了。」

劉祖一聽，心想收了人家一百兩銀子，實在不能不收留他。於是又問：「你會做啥？」

「我不識字，只能做粗工。」

「那麼你就打柴挑水好了。」

從此，路祖就在劉祖家中一面做苦差事，一面修道。有學識的弟子都上堂研究性理心法，參禪靜坐。沒學識的路祖就天天打柴做飯，苦修多年。

到了光緒二十四年，路祖時年五十歲。而劉祖鑒於年事已高，心想道運將轉，不知由何人承接，就開壇請示。得到老中批訓云：「大賢就在眼前。」

劉祖不明白，又問：「此人是誰？」訓曰：「若問彌勒在那裡，曲江池內觀仔細，頭戴羊絨帽，身披俗家衣。張口吐眞話，常將仁義施。瞪眼分雙路，中間一點機，日月合明鑑，人人手中提。」

劉祖還是悟不出來。遂又問：「此人是誰？」

「時機未至，難對爾提。」

劉祖暗想此人會是誰呢？忽然心有所悟，叫大眾洗手燒香。在佛前，叫每人攤開雙手，逐次檢查，看看誰的手心紋路作「合仝」二字。看完眾徒手掌並無「合仝」二字，正在呆想之際，路祖從廚房將手洗淨，飛奔到佛堂，說：「看弟子手中有沒有？」劉祖沒有細看，隨口就說：「你還會有這個嗎？」

過了一段時期，劉祖對大眾說：「吾年事已老，道運已衰，這兒的環境無法再維持下去，你們各領天命，各奔前程，下山去吧！」大家一聽，知道無法挽回，遂各自收拾行李下山，也有回家的，也有開創道務的。

劉祖孑然一身，無家可歸。想起山東濟寧老家還有一位妹妹，於是就前往濟寧。好不容易打聽到妹妹的下落，按此前去，兄妹倆相見又不敢相認。這位妹妹不敢承認有哥哥。因爲二十多年不見面，路祖當兵在外，毫無音信，乍然相見，實難相認。後來路祖說出幼年時家庭貧困，兄妹在莊前撿菜葉等情形，才敢相認。這時，路祖的妹妹已經嫁到陳家，生二子。長名興隆，次名興海。因丈夫生性愚憨，家境也不甚好。

兄妹相聚，暢談修道辦道的事情，並且設立佛堂，普渡眾生。道務慢慢開展出去。後來，二位外甥也幫著辦道，稱陳大老師、陳二老師。路祖於光緒三十一年正式憑乩命而爲祖師。

路祖終生未娶，於民國十四年歸空時，大約有弟子數千人，重要的門弟子有八位。十八祖張天然是其中資歷最小，後學也少的一位。另外，相傳張祖的妹妹是陳興隆的妻子。路祖與張祖之間有一層拐彎抹角的親戚關係。

四、十八祖張天然

十八祖張姓，名奎生，又名魁生，字光璧，道號「天然子」。山東濟寧城外南鄉雙劉店人。生於清光緒十三年七月十九日。歿於民國三十六年中秋，享年五十九歲。

父諱玉璽，母喬氏。世代務農，家道小康。先有二子一女，奎生居長，么妹嫁作陳氏婦，二十二歲到南京、上海一帶，隨姑父爲一小軍官。後來父親病危消息傳來，就辭職回家。不久，父親病歿，隨著母親操持家務。奎生先娶朱氏，生一女。朱氏早喪，繼娶劉氏，生二子，長子名英譽，次子早殤。張祖的母親到民國二十五年才過世。

民國四年，張祖二十七歲，遇見一位耿老師闡揚孔孟一貫之道。起初不敢相信，先請母親去求道，看個究竟，再定主見。張祖的母親求道，又研究道理之後，認爲此道甚好。又聽說求道之後，若能再渡一百人來求道，就可以超拔亡故的父母，出苦海，上天堂，張祖鑒於父親早逝，未曾克盡人子孝道，於是他發心求道。並跟隨耿老師到各處開荒辦道。

數年之間，渡了六十四人，無法再多渡他人入道，不能達到路祖所要求的百人之數，甚是苦惱。耿老師爲此向路祖求說，路祖經過乩壇請示之後，准許以六十四人就可超拔父母。這一點對於往後一貫道的發展甚有幫助。因爲孝順父母是中國社會人倫之首要，大家都不希望自己的父母在地獄受苦，都希望能早日超拔上升天堂。一貫道以渡人入道爲功德，渡六十四人即可超拔父母亡靈，對於信徒是種莫大的鼓勵。激發起積極勸人入道的熱忱和動力。這也就成了一貫道能夠快速成長的原因之一。

耿老師於民國九年歸空。張祖此時尚未見過路祖。等耿老師歸空後，路祖聽說張祖之名，才派人去找他。從此，張祖就跟隨路祖修道。

有關張祖接位的經過，有好幾種說法。由於無法認定那一種說法爲正確，姑且並列。

《祖師列傳》云：

民國十四年二月初二日，祖師歸天後，修道多年的大領袖共有八位。以師尊（張祖）年歲最輕。各大領袖倚仗功高德重，請老祖師臨壇，問以後大道如何辦理。老祖師批訓說：「待等百日後：自有消息對爾聞。」又過了一段時日，有幾位大領袖請老㚲臨壇，又問此問題。老㚲一怒之下，批訓云：「各有天命」，於是各大領袖各自辦道，唯獨師尊不敢多事。等到百日後，老㚲到壇批訓，命令由老姑奶奶代理天命十二年。各大領袖各辦各事，並不交給老姑奶奶。唯有師尊遵從老㚲及祖師之臨壇乩命，把所辦之功德向老姑奶奶交代。至民國十九年，各處仙佛臨壇批訓云：「天時緊急，老㚲有命，普渡三普，人鬼仙一齊普渡，上天不留一佛子，西天不留一菩薩，都降臨凡世打幫助道。」因天時緊急，以陰陽合曆計篇，將十二年改爲六年。民國十九年，師尊與（孫）師母拜領天命，共同擔荷普渡三曹、辦理末後一著收圓大事。二人同領天命，才能大開佛門，男女平等，皆可得道。吾門師尊師母必須有夫婦名份，謂「天作之合」。各領袖的後學一聽，大家哄傳「自古那有修道修成夫婦之名」。吾們師尊師母眞是痛心疾首無地自容。但是祖師作主，老㚲有命，重新另立道盤，各找有緣之人。

也有幾位來自山東或上海的早期道親卻不是如此說。他們說：

民國十四年路祖歸空之後，道務有老祖師的妹妹老姑奶奶掌理，大家也都聽從這種安排。老祖師歸空百日，臨壇批訓，指明道務將由張祖承接。引起老姑奶奶不悅，才有代理六年之說。張祖怕跟老姑奶奶起衝突，除了交功德費之外，不去老姑奶奶處。到了民國十九年。仙佛借竅，要張祖去向老姑奶奶要回天命。張祖起初不敢去，經不起竅手一再催促，只好硬著頭皮到老姑奶奶處。被老姑奶奶趕了出來。眼看濟寧是沒有作爲，就到濟南，另闖天下。

同年，張祖到山東單縣去傳道，碰到一位修道相當虔誠的孫姓婦人。相談之下，頗爲投機。兩人就共同辦道。引起濟寧地方父老和家人的極端不滿，張祖無奈，只得離家到濟南另求發展。

曾爲「天才」乩手的張德福在他的回憶錄中提到，張祖遇見孫師母是在民國二十三年，地點在西安。此說與前兩者大不相同。

五、濟南開荒成功

張祖到濟南的活動情形，說法也不一致。韓雨霖說：「在濟南原本就有一些道親，張祖借他們的佛堂辦道。」張德福在回憶錄中說：「先渡義弟宿志眞，再渡盟兄李鴻臣。李鴻臣曾爲山東鹽務局長，辦事極爲幹練。一貫道早期的重要幹部大部份都是由他引保求道的。以徐衡甫、齊鳴周、董玉泉三位道長最爲重要。徐衡甫曾是前清嘉祥縣的縣令，求道之後，出任忠恕小學校長，並掌管各地繳來的功德費和一切事務。民國二十八年北平舉行順天大會，他擔任總務。以後別人遂稱他「徐總務長」。齊鳴周，原是入聖賢道，家世富有，才學傑出，求道之後，襄贊處理日常事務。他的太太人稱「王老引師」，渡人無數。他的兒子丙寅（又作秉英），女兒齊大姑娘都擔任天才。董玉泉則是出身青島的警察界。

在濟南一年時間共設立了五個佛堂，第一個佛堂設在城中，原稱「忠恕堂」，後來改作「崇華堂」，由張祖自己掌理。東壇仍稱「東震堂」，負責應付日本人騷擾。南壇稱「離化堂」，由徐衡甫總務長主持，設「中華善書局」「忠恕小學」等社會服務單位。西壇稱「金剛堂」，由宿志眞主持。北壇稱「天一堂」，由齊鳴周道長主持。

六、向天津發展

濟南開荒傳道成功之後，下一步就北上到天津開荒。天津是華北水旱碼頭北方第一大鎮，人文薈萃，經濟繁榮。因此，選擇了天津作爲第二個開荒的目標。有關到天津開荒傳道的說法，也不一致。來自天津的韓雨霖老前人說：

民國廿四年有一位劉向前老先生，河北大名府人，到天津渡人開荒。前三個月時間，天天都是一個人到公園，讀《理數合解》。沒人理他。後來有一位在公館打雜的小伙計任希舜，看他天天唸一本書，就上前詢問。劉向前就跟他談三曹普渡的道理。任希舜又介紹一位懂易數的于洪洲，于洪洲又渡了梁耀光（以測字算命爲生）等六人。於是，劉向前到濟南請張老師來天津點道。張老師到天津後，住在亞東旅館，點了七個人。這七個人又去渡了二十多人，就請張老師第二次到天津點道並由潘金生等五人，各出一塊錢大洋，租個房子，成立佛堂。從此，天津的道務逐漸宏展開去。張老師不再前來，改由其他點傳師來點道。

張德福的回憶錄則說：張祖到天津之後，投宿一家旅店，每天帶著佛像到街市上佇立或行走，希望能引起別人的好奇而來詢問。但因布衣布鞋，一副鄉下人裝束，引不起天津人的好奇。每天都是早上高興的出去，日暮厭厭而回。旅店老闆頗覺奇怪，就搭訕著問原委，經過一番說詞之後，就渡了旅店老闆求道，並設立佛堂。當時沒有香燭天燈之器，權且用日常油燈充作佛燈，供上素果，就算是佛堂。旅店老闆忙於招呼生意，沒有太多的時間聽他講道，就介紹對面的國術團體「道德武學社」。當時社長是孫錫堃（公俠）。經過幾番暢談之後，說服道德武學社全體社員，統統求道，設立佛堂，是爲「道德壇」。從此以後，天津地區的道務逐漸宏展。孫錫堃後來也成爲道長。

天津地區的道務宏展開去之緻，張祖指派昔日同門師兄弟，改拜在他名下的胡貴金代表他，長駐天津，處理事務。其下有百餘個佛堂。重要的有孫錫堃、楊灌楚的「道德壇」；王義常去點道，設在法租界的文化壇，劉萬興、劉夢榮的浩然壇等。重要的講員有楊灌楚、孫克忱、張文運、韓雨霖等四人，往來各地講道。

七、繼續向外發展

民國二十五年，張祖曾被國民政府招標百日於南京。有關事情的起因，說法也不一致，韓雨霖《祖師略傳》云：

> 民國廿五年南京國民政府下令調查山東濰縣的——心天道龍華聖教會，因爲這會的頭頭馬思偉，自稱馬皇帝，信教的都姓馬。調查人員到山東濟南，不知龍華聖教會在何處，到處打聽，有人說「可去問問張老師」。調查人員隨即到師尊佛堂，將師尊、齊鳴周、齊丙寅、王星五等人，不分青紅皂白的帶到南京問話。帶錯啦。俗話說：「有錯拿，沒有錯放。」直到民國二十六年春才具結釋放。

但是，一般的傳言則是：民國二十五年，日寇侵華步調日益緊急，在這種風聲鶴唳的情況下在從濟南到南京的途中，由於身邊有數名隨侍人員，服侍殷勤。引起我方治安人員的懷疑，以爲是敵方高級人員，遂拘留起來，加以偵訊。獄中伙食甚壞，有胡德慶者日日送飯。拘留百日之後，因查不到具體事實而釋放。

張祖被囚禁期間以及往後一兩年中，都由孫師母往來於濟南、天津各地辦道。這一點的說法則相當一致。

一貫道的發展，主要是從民國二十七年開始。地點是在日軍佔領下的華北天津、北平一帶，並向南及東北、西方方面開荒。

首先是培養傳道開荒人才。民國廿七年在天津，立「純陽爐」，參加者六十多人，爲期十六天。次年，再立「紫陽爐」，有四十多人參加，爲期九天。民國二十八年二月，在北平舉行順天大會，參加者有三百二十人，爲期一個月。在濟南，舉行理數道德會，一百五十人參加，爲期十五天。在鄭家口，有爐會十二天，百餘人參加。這些參加過訓練的人員，出爐後，都立下到各處開荒辦道的大願。一貫道從此迅速發展。但是，爐會也出了些小差錯，引起不少風言風語，以致從民國廿九年起就不再舉行。

民國二十七年，北平方面有六、七處佛堂，都是由天津的道親開荒去設立的。起先沒有特定的點傳師，由楊灌楚、薛洪、韓月川等人來往點道，後來便由張五福負責北平地區的點道工作。才逐漸有「天津胡道長」、「北平張道長」的稱呼出現。

民國二十八年，鑒於行禮的方式不統一，執禮的口號文言氣息太重，於是，張祖制定「暫定佛規」，以統一合全的抱法，改原有執禮的口令「升」「俯」爲「作揖」「跪」「叩首」「起」。也規定各種場合的行爲禮節。

八、上海開荒

同年，天津道德壇的張寰影、馮悅謙、張葆經、張士逢等人到上海做生意，順便渡了幾個人，就在上海新城隍廟邊上，租了一間十六席大小的二樓房子，設立「基礎壇」。這就是現今台灣基礎組的由來。

繼之，有「金光壇」的設立，主持人是楊灌楚的後學徐書印，他的副手是陳金標。從山東濟南也有人到江南來開荒。例如：齊鳴周的後學何玉山到無錫、常熟一帶成立「天一壇」。張繼勤在安徽六合成立「慧光壇」。

這些佛壇成立之後，由於主持人都有一股宗教熱忱，推展道務不遺餘力。一年的時間，一貫道就傳遍了江南。同時，爲了應付需要，各壇都訓練乩手。像基礎壇就訓練了張德福、王銳、胡寶琳等人作「天才」。

九、三十年前後的形勢

民國二十九年春節，平津地區的道親都備置房舍，迎接張祖與孫師母去過年。雙方爭執不下。張祖不忍拂逆道親們的盛情，在兩地各吃一次年夜飯，謂之「過雙年」。是道中前輩所樂道的事。在此之前兩年，張祖鑒於戰爭動亂，把家眷從山東濟寧接到天津。一貫道的發展重心也就移到天津。

日人窪德忠的「關於一貫道」一文就記述這一時期一貫道發展情形。他說，一貫道基本上是反日的，日軍控制鐵路和城鎮，而一貫道則分布在廣大的鄉村。日軍勢盛時，一貫道的活動就沉寂下去。日軍勢蹙時，一貫道的活動又興旺起來。

據一位當時住在山東濟南鄉下的退伍軍人李先生表示：民國三十年前後，在山東蘇北一帶，一貫道是很受歡迎的教派。每逢趕集時，就有一貫道的講員到趕集場找塊空地開始講道，類似現在政見發表會或野台戲，講員上台後，台下也開始散發小冊子，讓聽道者更能瞭解內容，幾乎每次市集中講道是不可少的活動，每次講道都要一整天大約隨市集結束，有將近十位講員輪流上台演講。鄉下老百姓一聽說有一貫道的講員在講道，扶老攜幼扛著長條板凳去講。講得精彩時，會讓繁忙的交易活動都停頓下來，大家都去聽講道。有好幾位來自河北、山東的退伍軍人也都說一貫道在他們的家鄉是很盛行的教派。燕京大學的李世瑜就在此時做華北一貫道的調查。

由於道德壇的前身是道德武學社，孫錫堃道長又是國術界的長老，國術界求道的人相當多，也因這一層以拳會友的關係，南京汪偽政府中的幾位重要人物，如外交部長褚民誼、軍委會主席孫祥夫、稅警團司令李麗久等也發心求道。特別是李麗久夫婦在一次墜機事件中倖免於難之後，信道益加虔誠。民國三十一年孫師母首次到上海，先住在金光壇，不久就移住李麗久宅。後來張祖到上海時，李麗久設宴洗塵，褚民宜、孫祥夫等人作陪。並且發給特別通行證。

張寰影在上海開荒成功後，就另去青島，由前吳化文部隊參謀長胡壽庵繼任，胡辭卸此職之後，是由馮悅謙繼任。馮病逝之後，由李廷崗繼任。基礎組在江南一帶發展相當好，開設佛堂無數。今日台北基礎領導前人張培成就是在民國三十二年由商界朋友引保而求道，四個月後領命，回到崇明家鄉從事講道傳道工作，開設佛堂百餘間。

這時候基礎組的信徒眾多，其中有不少的人捐輸家產，從事佈道及善事，例如：吳萼偉設立熙光善書局，所出的書都印上「上海崇華堂」字號。張德福的母親許兆英女士捐十萬元，設立上海忠恕小學。並且將先前北方的「爐會」改名爲「仙佛研究班」，各處舉辦，培育講道及辦事人才。

抗戰勝利後，由於一貫道是在淪陷區內開始發展，就有人譏之爲「漢奸」。爲了擺脫這種譏諷詛稱，民國三十六年前後，才有分區改名之舉，天津地區改爲「發一大道」、北平及東北地區改稱「孔孟大道」、上海地區改稱「眞理大道」。各有主持人。天津是胡貴金道長主持，北平地區是張五福道長主持，上海地區先是由文以質負責，後改由王子欣繼任。此時，共有八位道長，他們是天津的胡貴金道長、劉夢榮、北平的張五福道長、濟南徐衡甫道長、齊鳴周道長（後來移駐南京三茅宮）、青島有董玉泉道長、南京有孫錫堃道長、鎮江有張自忠道長。

十、寶光的由來

民國二十九年，天津的邢捷三到上海開荒，設立寶光壇。等到寶光壇的道務開展之後，就同三才孟憲章去漢口開道，請天津方面派人來接辦。經幾商量，就推派潘華齡帶領陳文彬、韓蘭盈爲副手，是爲今日寶光組的起源。

潘華齡係民國二十四年求道，家中經營金鋪，以龐大家私投入傳道行列，到上海開荒辦道並且得到天津「有興鐵工廠」「老仲記五金行」的老闆陳文智的大力協助，在上海開設「老仲記五金行」分行，資助道親。由於先前基礎壇已立下很好的規模，寶光的發展相當迅速。兩三年間，寶光信徒足跡遍及十省。

在民國三十三年前後，江南各支線一貫道信徒憑著一股宗教狂熱積極對外開荒。像何云才去廣西辦道，潘紹光去福州辦道，吳信學（孫錫堃點放的義光壇壇主）、劉俊德、張德福去溫州辦道。

寶光壇創設人潘道長遺像

十一、到台灣傳道

民國三十四年八月十五日寇投降，台灣重歸祖國懷抱。江南地區及北方的一貫道信徒紛紛籌募經費，準備到台灣傳道。民國三十五年初，就有好幾波人馬陸續搭船來台灣。重要的有：

1.蘇秀蘭、鄭德祥、張德福、吳信學等四人結伴由上海來台灣，由早先在台灣做生意的平陽人張公鐸做翻譯。後來又有吳信學等人在溫州時所渡的鄧明坤加入。蘇秀蘭是滿清旗人，姓葉赫那拉，與慈禧太后同宗。在上海寶光壇求道。求道後發心到外地傳道，三十三年時曾到溫州開荒傳道。三十五年攜帶部份家財，拋夫別子隻身到台灣傳道，在台南市老松町設立天德壇，向台南附近各鄉鎮開荒。現今台南寶光組前人王壽就是在民國三十五年在布袋鎮求道，是蘇秀蘭的後學。吳信學、鄧明坤等人在台灣沒有什麼成績，後來去了日本，反倒是辦開了。

2.孫路一、聞道弘、賈慶仁、商明軒、陸南犀等人從天津文化堂來，在台北市大安町設立文化壇。

3.陳文祥、楊紅綢夫婦原係台灣人，隨日軍做通譯到江南一帶。在浙江寧波寶光壇求道。回台灣後，在台北市太原路設立寶光佛堂。由於陳文祥是本省

蘇秀蘭前人（中立者）與後學們郊遊合影

人，又到過大陸，民國三十六年被推舉爲台灣地區的總聯絡人。

4.基礎組的張培成、黃文漢、袁翥鶚、袁翥鴻等人從江蘇省長江口崇明島來台。李浩然從海門來台。在台北市南昌街開設基礎佛堂，並設立食品雜貨店，維持生活。張培成爲台灣地區副聯絡人。

5.劉彩臣（振魁）、郝晉德等從天津來台灣。由於他們兩人曾在日本大阪住過十年，所以通曉日語。來台灣開荒傳道有語言上的便利。

這幾批一貫道先鋒開荒部隊都在基隆港上岸，先到台北市區尋求一個安定的歇腳處，然後再沿縱貫鐵路逐漸南下，到中南部農村。這幾批開荒著都帶有三才乩手，而扶乩與無極老母信仰原本就已經普及於台灣社會，因此，他們的開荒傳道的工作就借用既有的宗教成績而順利的展開。同時，他們以及以後陸續來台灣的一貫道道親們都能入鄉問俗，勤學閩南語，逐漸消除掉語言不通的障礙。這方面的優異表現可看成是一貫道後來終能成爲台灣第一大教派的主要因素之一。

十二、張祖歸空

民國三十六年八月中秋，張祖歸空於四川成都王桃心花園別墅。距張祖生於清光緒十五年，得享年五十九歲。在外界傳言，張祖是被槍斃的。可是找不到足以採信的證據支持這種說法。在求證一件事時，可資佐證的不外是證人與證物。今天在台灣五十五歲以上從大陸來台的「前人」之中，像張文運、韓雨霖等當年都參與辦喪事，張德福在上海參與迎靈及安排火車運送靈柩到杭州事。而且還有一張遺像和周年祭時的團體合影。因而，我採信這些人的說法，認爲張祖確實是病歿於成都。在黨國元老居正的協助下，專機空運靈柩到上海虹橋機場，然後安排滬杭鐵路的火車，專程運送到杭州西湖畔安葬。

張祖死後，道務由孫師母承接。

民國三十七年中秋，在杭州西湖畔張祖墓前舉行周年祭，由張自忠道長主祭，徐衡甫、董玉泉、孫錫堃三位道長陪祭。當時從台灣去的代表有周詩章、曾阿古（烏山頭壇主）、謝含隱（基隆壇主）、黃水旺、黃火燚（宜蘭壇主）和張公鐸等人。祭典之後，全體合照。此照片現存台中天道三佛院。

民國三十七年前後，大陸上剿匪戰役戰況轉緊。

師尊遺像

繼西竺千秋聖業

開南屏一脈正宗

師尊這張像片是於民國36年丁亥中秋戌時在四川成都王桃心花園別墅病逝後身着壽衣坐在蓮台上攝影留念時師尊忽然雙眼睜開猶如生時

重要的大事有：孫師母升潘華齡等爲道長和各地道親紛往台灣避禍。

潘華齡是寶光組的開創人，數年時間，寶光信徒遍及華東十省，可見發展神速。升任道長後，曾來台灣視察道務發展情形。不久，又回大陸。大陸淪陷時未能逃出，很快爲共黨殺害。

十三、避難海嶼

民國三十六、七年時，華北的局勢已呈風雨飄搖

之勢。許多一貫道信徒紛紛避難來台灣。這時期來一貫道的有：

1.安徽六合的慧光壇派人到台灣。慧光壇的張前人與周輔成、黃修餘等人到台灣後，在台北市開設慧光照相館。安頓好生活之後，張前人就回大陸去，道務由周輔成主持。

2.從哈爾濱來的有何宗浩，偕同「三才」到台南六甲一帶開荒。

3.從上海寶光壇來的楊永江。在台中、豐原一帶開荒。不久歸空。主要的後學是豐原人呂樹根和吳瑞源。

4.漢口的曹聚豐派了一位劉點傳師來台灣傳道。

5.廈門的唐肇其派解昭武、劉遵三等人來台灣傳道。

6.天津同興壇的張玉台、李鈺銘、陳鴻珍、趙惠湘四位女士於民國三十六年來台，陳、趙二人因言語不通於三十七年春回天津。三十七年八月陳鴻珍偕同陳耀菊（浩然壇）、梁華春（浩然壇）、祁裕修（同興壇）等搭乘美信輪來台灣。

7.民國三十七年七月，天津的張文運、韓雨霖抵達台灣。

8.南京孫錫堃道長，定居高雄。

此外，還有劉長瑞、林夢麒、谷椿年（以上爲寶光）、劉漢卿、戴菊卿（以上爲天津乾元壇）、徐昌達（常州）、劉全祥、劉學錕與陳俊清夫婦（發一）、孫德椿（南京紫光壇）、屠國光（上海金光壇）等等。

一貫道在台灣的發展相當迅速，主要是憑藉簡單肅穆的儀式，仙佛的借竅批訓，以及領導前人的刻苦自己，厚施於人和口若懸河的講道等。有幾位前人確實有語言天分，像基礎組前人張培成是崇明人，來台灣後不久就學會講閩南語，如今可以用閩南語講「莊子」，可見其能力於一斑。

十四、發展迅速，謗亦隨之

發展迅速的結果，侵犯到社會上其他團體的利益，毀謗也就隨之而起。像民國三十九年，基礎組在竹南地區發展得很快，道親求道以後大多發清口愿，持齋茹素，不再沾口葷腥。這項清口行動引起豬肉商的恐慌，見一貫道的道親不吃肉，卻吃鴨蛋（當時鴨蛋多且便宜，雞蛋少且貴），於是譏稱爲「鴨蛋教」。同時也籲請警察取締吃素的人。

另外某些道中前人，點傳師的行徑因迂腐或過分執著的關係，惹來一大堆的謗言，甚至惹來治安單位的注意，以致有取締的舉措。像是自認爲是「辦上天的大事」，不許閒雜人等在場，引起外界人士的猜疑，遂傳出「裸體禮拜」「男女雜處」等不實的傳說。又有某一支線的前人過分強調「清修」的重要性，認爲終生不娶（嫁）是修道的不可缺少之條件，而他所傳道的對象是空軍。空軍的政策一向是主張鼓勵飛行員結婚。再加上「持齋」不符合空軍注意飛行員營養的要求。於是，引起軍方的注意。這一支線前人被捕入獄。從此，在政府情治單位的印象中，對一貫道的印象惡劣。再加上其他教派及團體的密告和一向對民間聚會的恐懼，一貫道就成了非取締不可的「邪教」。在民國四十二年，內政部就宣佈要查禁一貫道。到了民國五十二年，張國彊任警務處長時展開全面的取締行動。雖然有陳文祥、張培成、鄭邦卿等人登報澄清誤解，以及四星上將前總統府參軍長、國大代表劉士毅從中調解，終不能挽回遭到取締的命運。

而在同時由於教義和爭奪信徒，佛教仍一再地到處宣揚一貫道是包藏禍心的邪教，再加上當時又有一些自國外傳入的宗教，發生了與治安及中國社會倫理觀念不合的消息，於是以訛傳訛地幾乎把所有怪異現象及罪行都加諸於一貫道，弄得一般人根本搞不清什麼是一貫道，只以直覺判斷它是邪教的代表。甚至傳出因爲一貫道崇拜鴨蛋，脫衣禮拜便是象徵剝鴨蛋殼的荒謬說法。

但是一貫道的成長並沒有因此而稍息，反而逼使他們的組織更嚴密，衛道心理更堅強，訊息傳遞更迅速，信徒們也都逐漸地學會了如何周密地保護自己。

十五、孫師母隱居台中

民國三十八年底，三十九年上半年間，孫師母停留在香港，大陸將要全部淪陷時，她曾回大陸，要與眾道親共存亡。後經諸位道長苦勸，方在齊鳴周道長的護送下，經澳門，抵香港。齊道長、潘道長、張自忠道長等都相繼遇害。張五福道長則在香港，後病逝香港。孫錫堃道長來到台灣，卜居高雄，民國四十年間逝世。留在大陸上的一貫道道親不堪共黨奴役，奮起反抗，結成游擊武力，奉青天白日爲正朔。因此，一貫道與共產黨有不共戴天之仇。

孫師母幾經周折，最後由劉士毅將軍設法接到台灣，隱居於台中雙十路，除了少數前人之外，不見外客。孫師母晚年患了中風，不良於行。除了梁華春曾替她照了一張相片之外（當時孫師母七十三歲），沒有其他的照片留世。民國六十四年病逝，卜葬地點不詳。

十六、五十二年的取締

在民國五十二年以前，一貫道的發展一直以家庭爲重心，所追求的是在家中設立佛堂，供附近道親禮拜及講道之用。開設佛堂的人就是壇主，統領某一地區幾個壇主，又得到張祖或孫師母點放任命的人則是點傳師。往來各佛堂講道的人是爲講師。可以由點傳師或壇主充任。

民國五十二年張培成、陳文祥等人對於「解散一貫道」一事所發表的聲明，明白的說：

此次政府決心要禁絕本道的活動，因爲我們沒有在政府機關辦理合法登記手續。希望各同仁從今天起，絕對遵從政府命令，切實停止活動，自動解散，表現守法的精神。今後如再有繼續活動者，其責任應由各同仁自負。

由於在這次事件中，治安單位以「因爲不公開活動，所以要取締」，為主要的取締理由，張培成、陳文祥等人在解散聲明中就說「沒有辦理合法的登記手續」。從此以後，一貫道的發展就朝「有可以公開活動的場所」「爭取合法登記」兩方面發展。

十七、開始建廟

在「有可以公開活動的場所」這方面，分兩條途徑進行。第一是開始籌建廟宇，作為公開的活動場所。像台北基礎組籌建「先天道院」，台南寶光組建「天帝聖堂」「關帝聖堂」，雲林發一組改組斗六鎭龍華派的崇修齋堂等等。民國六十五年以後，隨社會經濟繁華和信徒人數的增多，新建的大廟日漸增多，達五十多間。

第二是加入省道教會或縣市佛教會，以取得合法的資格。民國五十二年底，張培成與趙家綽、徐榮等人共同籌組台灣省道教會，獲得政府允許登記。在五十三年六月十四日「中央日報」刊登啓事，呼籲一貫道道親加入道教會。基礎組和一部份寶光組的寺廟或佛堂都加入道教會。彰化、雲林、嘉義一帶的一貫道公共佛堂則加入當地縣市的佛教會。陳文祥的寶光組和一部份文化組則與軒轅教有密切關係。

十八、大學生的加入

民國五十七年暑假，逢甲工商學院合作系三年級學生吳景山求道。是為第一個信奉一貫道的大學生。爾後三年，一貫道在大專院校中的發展一直是在逢甲學院之內。一個學期之中由合作系推展到機械系，進而紡織系。紡織系學生對道的信仰特別熱衷且出了許多優秀人才，如今各區的負責辦事講師大多是逢甲紡織系出身。到了民國六十一年，由逢甲開始傳播到北部各大專院校。再一年，中南部地區各大專院校也有了一貫道信徒的蹤跡。從六十二年起。各大專院校信奉一貫道的學生開始在校外租屋自組持齋的伙食團，仿效基督教校園團契的方式從事聚會。從六十二年起，到六十九年秋，可說是一貫道在大專院校發展的黃金時期。每逢春假和暑假，為大專學生連續不斷地舉行三大法會，而且是在不同的廟裡重疊的舉行。據現今負責台北道務的講師估計，從吳景山開始求道後，十二年之間，大約有六、七萬大專青年曾先後求過道，六十八年時，台北地區的學生持齋伙食團更多達六十六個。

這段迅速發展時期所憑藉的方式，一直是以在逢甲學院就讀的中南部農村子弟為原始動力，他們透過所能觸及的人際關係，向在北部各大專院校就讀，昔日的同學們傳道。換句話說，一貫道在各大專院校的發展一直是以來自中南部農村的青年學生爲主。

民國六十九年九月底，發生了一次信心上的危機，懷疑仙佛借竅的眞實性。台北的道場大受影響，半年後方才穩定下來。從此以後，這支線的發展方針就不再完全仰賴仙佛的臨壇批訓，轉而注重對三教經典的研習和闡釋。由幾位服務於教育界的道親，包括一位專科學校校長，兩三位大學教授和中學老師在內，在陳大姑的主持下共同商定一套周詳人才培育計畫，規定一位講師必須要讀完十一本經書，而這些經書大致就是國學大師錢穆所指定做爲一個中國知識份子所必須熟讀的典籍。換而言之，這種轉變是帶有相當濃厚的人文色彩在內，強調追求人間淨土的實現，對於復興中華文化工作更向前跨出了一大步。所以，這兩年來，陳大姑名下所屬的佛堂或大廟，都依照政府推行中華文化復興運動的基本方針，向各縣市民政局登記立案，興辦國學（四書）研習班。

同時，鑒於以往過分強調仙佛靈驗而忽略教義與經典的缺失，擬定長程計畫，希望用二年半到四年的時間，藉著七個不同層次的訓練班，以培養可以登台講道的講師人才。這七個班次是：

1.求道者：介紹簡單的道義和一些基本禮節。

2.率性進修班（以前稱爲「法會」）：爲期兩天，參加者都是新求道者。第一天講道統、道的尊貴、人生眞諦、持齋的意義等題目。第二天講佛規禮節、十條大愿、孝道、內外功條持、信愿行證等題目。

3.新民班：訓練對象是參加過率性進修班者，目的在於訓練基本辦事人員。爲期八個月。所講授的內容包括佛規禮節、善歌教唱、素食研究、八德等。前四個月主要是講道內書籍「性理釋疑」，後四個月主要是講「論語」。

4.至善班：新民班畢業者升入至善班。此班的目的是在訓練初級的講員。所以特別著重經典的傳授和研究。這階段所要研讀的經典包括：大學、中庸、心經、清靜經、孝經等。這個班也爲期八個月。

5.練講輔導班：訓練講員的口才，爲期兩個月。教材是明德新民進修錄。

6.準講師班：到此階段要求參加者能夠清口茹素，而且是要挑選儀容端莊、練講合格者。主要課程是暫定佛規、六祖壇經、孟子、和箴言集成等。爲期六個月。

7.講師班：爲期十個月。主要研讀的經典是《金剛經》和《道德經》。

大專學生寒假班營火晚會實況

第十六章 現況

目前，一貫道各國支線在台灣的發展與分布狀況，可說是呈現疊床架屋的態勢。各個支線在這三十年中，由於早先的來源不一，再加上自民國五十二年的取締之後，採取「化整爲零」的生存辦法，各求發展，各組教團，以致形成目前「群雄並峙」的局面。

一般來說，依照規模的大小，可以將各個支線歸納成大、中、小三大類。

大型的支線包括：基礎組張培成支線，發一組陳鴻珍支線、寶光組的王壽支線和呂樹根、邱耀德支線，哈爾濱何宗浩支線等。這五條支線的道務都相當宏展，佛堂及信徒遍佈全省，並且在海外也有相當良好的發展。

中型的支線包括：浩然組陳耀菊、梁華春支線，發一組的祁裕修、李鈺銘、張玉台三支線，寶光的陳文祥支線，台中天道三佛院的正義輔導會等。在規模上，雖然不能像大型支線那樣普及於整個台灣地區，但也在台灣西部重要市鎮建立起道場。同時也逐漸向國外傳道。其中以正義輔導會在日本的發展情況最爲良好，總壇設在神戶，在本州、九州各地有佛堂二百八十五間。

小型的支線包括文化、金光、明光、慧光、紫光、常州、安東各組，以及寶光組的林夢麒、劉長瑞、侯伯篪、谷椿年等。另外還有一些零星的個人，如張文運道長、戴菊卿、劉漢卿（天津乾元壇馬老前人的後學）等。

今天這些支線在台灣的分布，就像一張張大地毯，蓋滿了整個台灣，大型支線不但分別在北、中、南三區舖了五塊地毯，更把他們的觸角伸展到海外。使得一貫道成爲目前在台灣是根基相當穩固的教派。三十多年來，由於外在的環境一直不利，這些大小支線所屬的道場都是極爲小心謹慎的活動，唯恐稍有不愼，會引起無謂的糾葛。

以下就一一介紹各支線目前的概況以及隸屬於各支線以廟宇型式出現的大廟與各位領導前人。

道長　張文運

張文運，天津人，現年七十四歲，民國二十三年求道，未求道之前是從事五金生意，求道之後，在天津總佛堂襄助胡貴金道長，往來各地辦道，極受倚重。民國三十七年來台，一直住在台北市，由於生性恬淡，來台之後就一直深居簡出，很少外出。可說是處在隱居狀態。但是仍受道中各支線前人尊重。

張文運道長玉照

張道長平易近人，對於太極拳有相當好的造詣，每天早上在附近國民小學操場以拳會友。他對中國古代的河圖洛書、易經八卦等數理問題有很深的造詣。又廣讀各種宗教的書籍，有獨到的見解。

發一大道同興壇

「發一」原是天津地區一貫道佛堂的總代號。今天，在台灣仍是用來指從天津地區過來的各支線，不過是以「同興壇」來台人員爲主體，再加上其他佛堂人員而成。

發一組的領導人是韓雨霖老前人。在他的名下又分成祁裕修、張玉台、李鈺銘、陳鴻珍、郝晉德、劉振魁、劉全祥、劉學錕等支線。其中，郝晉德與三位劉前人都已歸空，他們的後學或併入前面四支，或單獨存在。就目前的發展狀況來說，以陳鴻珍這一支線最大。

道長　韓雨霖

韓老前人，名恩榮，號雨霖。天津人，現年八十

韓雨霖道長玉照

三歲。民國廿七年求道。

未求道之前，是在天津開設「大德隆紡織廠」，擔任總經理職務。三十九歲時，因罹患肺病而辭職休養。民國廿七年求道之後，就積極的參與各項辦道活動，往來各地講道，協助籌設天津忠恕小學、天津崇華堂善書局，並在天津總佛堂擔任司帳之職。

民國三十七年來台灣，先在台北市東門市場開設「同德商行」，後來到台中定居，開設「同德機麵廠」，維持生活。

韓老前人自奉甚儉，每次在台中或彰化祖師祠見到他時，總是見他一襲布衣、粗茶淡飯而已。

今日在台灣地區的發一組，可說是在韓道長多年的策劃與領導之下，逐漸成長茁壯，成爲當前台灣地區最重要的支派。韓道長早年從天津同興壇帶領不少道親到台灣來開荒辦道。三十多年來，不畏險阻橫逆，獻身於道者，至今都已成獨當一面的前人，在後面會一一介紹。也有一些道觀，早年曾共同胼手胝足的經營同德商店做麵條出售，以維持生活與起碼的辦道開支，中途離開道場各自謀發展營生，成家立業，他們現今雖已不常在道場走動，但仍保持一貫的修持作爲。發一組的幾位領導前人與資深點傳師對他們昔年的辛勞與貢獻，諸多緬懷。

民國四十三年，孫師母在香港，決定要到台灣隱居，韓道長受命辦理有關手續，與前總統府參軍長劉士毅上將商量策劃，幾經周折，終於將孫師母接到台中，由於奉命不得公開孫師母的住處，韓道長承受了各支線前人因見不到孫師母而發的許多埋怨。

等到發一組的道務已奠定規模之後，韓道長就特別關心慈善事業。民國六十九年籌措百萬元資金，創辦雲林第一家孤兒院——西螺信義育幼院。民國七十一年底，有院童卅一人。托兒所幼稚園收學生一百二十多人。是年全年經費達五百萬元。

韓道長第二步又籌劃在風光明媚的鯉魚潭畔興建

⬆西螺信義育幼院

⬅信義育幼院的遊樂場

⬆育幼院內圖書室一角

⬆西螺信義堂

埔里光明仁愛之家。並出任董事長，發一各前人都爲常務董事，集合全部發一組的力量，興建這所規模龐大的養老院，安置各方孤苦無依的老人，預計經費七千萬元。目前正在鳩工興建之中。

⬆彰化福山祖師祠

由於發一組擁有最多的大專學生，而教團發展方面又是以三教經典爲主，爲了積極培養可以登台講經的人才，每有重要的師資訓練班時，韓道長都會親自講課。一次數小時，而無倦容。

前人　劉全祥

劉全祥，河北省寧河縣人。生年不詳，卒於民國六十一年九月廿九日。民國廿九年求道。民國卅六年，與劉振魁、郝晉德、張玉台等一同來台灣。

求道之前，曾在東北經營買賣。求道後，白天做生意，晚上從事佈道工作。初來台灣時，住在台北東門市場的同德商行，經商以維持生活與辦道之所需。卅八年，因遭警察機關的取締，而有三個月牢獄之災。後因查無實據而獲釋。此後，他就卜居台南市開元路。獨立謀生。沿街叫賣五香豆干，晚上辦道。到他逝世時，已開設佛堂數十間，點傳師近十位。

劉前人剛毅木訥，忠厚誠篤，自奉甚儉，頗受後學敬重。

近幾年，他的後學逐漸開展道務。更有一位點傳師余文德，舉家移居美國，在紐約成立了佛堂。

劉全祥歸空後，所建立的道場，分由幾位後學承

劉全祥前人遺像

接。在屏東方面，先有張瑞青，張瑞青逝世後，由陳海庭、雷連珍、魏綏群等人共同主持道務。

在岡山方面，由劉明德承接。

在台南方面，由崔盛德、黃招治承接。

前人　郝晉德　劉振魁

民國三十五年，郝晉德、劉振魁由於在日本住過十年，通曉日語，就在韓道長的鼓勵下，從天津到台灣來開荒辦道。一年後，他們回天津報告在台灣傳道開荒情形。使得更多的天津道觀，發心到台灣來開

劉振魁前人遺像

郝晉德前人遺像

荒，如前一章所述。

郝晉德爲人忠厚，待人如己，他在雲林莿桐一帶開荒，都是以幫大家做莊稼的方法建立良好的人際關係，而後再講道，給大家聽。他憑這種辦法，感動了許多人，因之而求道，最後是讓「莊仔村」地方全村求道，全村吃素。並建立了「恩德堂」。民國五十年前後，郝晉德歸空，道務由吳定承接。

近幾年，這一支線的道親又在雲林崙背鄉建立「慈化堂」。

由於這一支線的道親都是種田做活的莊稼漢，平時很忙，一般活動就附在陳鴻珍支線中。

前人　祁裕脩

祁玉鏞，字裕脩，男，河北靜海人。民國五年生，現年六十八。民國二十九年在塘沽求道。民國卅七年八月與陳大姑、梁大姑等一同搭乘美信輪來台灣。

年少時，經營買賣，擔任棉布莊經理，因而遍歷華北各地，見識也隨之廣博。民國三十七年，正當三十三歲英年之時，放下家業，隻身來台灣傳道。不久，大陸淪陷，遂與家人斷了音訊。

祁裕脩前人玉照

初到台灣時，爲了便於講道傳道，就苦學閩南語，至今，可以講一口流利的閩南語。民國三十八年，因在台南傳道而招牢獄之災。同時入獄的有劉全祥、張瑞青、李鈺銘等人。三個月後開釋。民國三十八年底，跟隨韓老前人，在台北市東門市場的同德商行擔任經理職務。由於性格平易近人，經營商店時，與店中同仁一起工作，以身示範。他也用同樣的方法來領導道場，贏得後學們的尊敬。

祁前人擅長書法，經常寫一些格言章句勉勵青年子弟。對於家貧而能勤奮向學的青年子弟，更是大力

⬆康莊佛堂外觀

支助提攜。

由於三十年來一貫道一直處於身份未明的境地，爲了避開不必要的麻煩，從事慈善救濟活動時，通常都用「無名氏」名義。也常以「康莊佛堂」名義支持地方活動獲得獎牌無數。

祁前人的道場以台北市爲主，台中、高雄、花蓮、北港等地都有道親。點傳師近二十位，佛堂一百五十多間，以在新店市的康莊佛堂爲中心。近來，除了全力支持韓老前人領導下的「光明仁愛之家」興建之外，更在台北市近郊鳩工興建他們的第一座廟宇。

前人　李鈺銘

李鈺銘，女，現年七十三歲，民國二十八年在天津同興壇求道。一直隨韓老前人修道。

在大陸上，家中環境小康，開設樂器店，賣各種弦樂器，來台灣之後，就在同德商店內燒飯打雜。並且幫著劉振魁前人辦道。劉振魁前人於民國五十年逝世。他的後學就敦請李鈺銘去主持台北的道務。而今，名下有二十多位點傳師，在台北三峽有濟公廟。同時，常以「無名氏」名義，支助各種社會慈善活動。

➡台北市黨部關主委頒贈榮譽獎狀

服務

台北市民衆服務社榮譽獎狀

(72)北市民服字第一五六六號

康莊佛堂祁主任委員玉鏞先生
出錢出力支持社會服務
工作績效卓著特頒榮譽
獎狀以資表揚

理事長 關中

中華民國七十二年二月

⬆⬅康莊佛堂所獲得的獎牌

➡立法委林鈺祥致詞

⬅致贈社會福利金，由台北市黨部代表接受

⬅聯誼節目表演

李鈺銘前人遺像

在她名下的點傳師中，以陳金蓮和劉炎兩位老太太最爲得力。李前人於七十二年四月廿日晚七時許歸空。

前人　張玉台

張玉台，女，天津人，現年七十二歲，民國三十年求道。夫家姓曹，開設織染廠，家道小康。

求道之後，對道的信仰虔誠且熱心。民國卅五年時就夥同郝晉德、陳鴻珍、李鈺銘一同到台灣來開荒辦道。民國三十七年時，因華北已動盪不安，帶了一個充作三才的兒子再來台灣。初到台灣時，人地生疏，爲了維持生活，就做一些像賣麵條、種菜之類的工作。一方面做粗工以維生，一方面仍從事佈道的工作。她雖然識字不多，可是對於三教經典知之甚詳，對她的傳道工作頗有助益。

在張玉台的名下有十多位點傳師。公共佛堂有兩間，一是山崎的關公廟，一是台中清水的觀音堂。

張玉台前人與後學們討論道務

前人 陳鴻珍

韓道長（左二）與發一組的祁裕脩（左一）陳鴻珍（中）張玉台（右二）李鈺銘（右一）等四位前人合影

陳鴻珍，女，天津人，現年六十歲。民國二十九年求道。民國三十六年來台灣，中間曾一度回天津，三十七年八月再來台灣。

陳大姑自求道後就一直追隨韓老前人修道辦道。初來台灣時，由於人地生疏，言語不通，又因出身於富有家庭，不擅於做粗工雜活，確實遭到許多困難，但憑著一股宗教上的熱誠，逐漸克服這些障礙。先學會聽閩南語，而後再慢慢的佈道渡人。

她這一支線最早的活動地區是在雲林斗六。民國四十幾年時，韓道長就帶陳大姑到斗六，先渡化了龍華齋教斗六崇修堂的堂主林書昭，又成全太和旅社老闆娘詹籤及眞一堂菜姑彭普成。從此，以崇修堂爲根據地，逐步在雲林縣的農村展開傳道工作。到今天成

陳鴻珍前人玉照

為規模宏大的教團。在雲林縣，更有一些村子，像莿桐鄉的小莊村（莊仔），古坑鄉的棋盤村、斗六市湖山里的欉仔坑等，差不多都是全村求道。

目前，陳大姑這一支線共分成七個道場：

一、台北道場，包括從新竹以北到羅東一帶的廣大範圍。其下再細分成台北市、新莊、板橋、桃園、新竹、士林、永和、基隆、宜蘭、中壢等十區，共有一百五十三個佛堂，廟宇型式的公共佛堂只有鶯歌妙善堂一間。有點傳師八位，講師四百多位，壇主二千三百多位。這一區以大專青年，工廠作業員為主。原先在大學時代求道，一直熱心道務的大專青年，現今因工作關係在台北工作，他們大多成為講師，並參與到道務的興革。因而，台北道場是目前各支線一貫道教團之中最富於發展潛力的。

二、台中道場：包括台中縣市和彰化縣的一部份。公共佛堂是設在彰化和美的媽祖廟，家庭佛堂有一百多間。點傳師有十多位，講師二百四十多位，道親約有數萬人。

三、彰化道場：是以彰化二林的觀音堂為首，當年先由曾炳元開荒，在他歸空後，由邱鴻飛承繼，他憑著一股宗教的熱忱和針灸行醫到全省各地傳道，逐漸建立起以二林觀音堂為中心的道場。如今除了觀音堂本堂之外，還有大埤的贊天宮與道濟禪院、溪湖的慈音堂、台南佳里的忠義宮、高雄燕巢的天聖宮、台東池上的闡德宮等。其中天聖宮規模宏偉，設計甚佳，現為高雄道場的主要活動場所。這一支線有家庭佛堂兩百多間，點傳師十多位，講師近百位，道親數萬人。

邱鴻飛於六十八年歸空，道務由洪學禮、劉雲鳳、謝恢弘等人負責。

四、苗栗道場，是以頭份、苗栗一帶的客家人為主。以苗栗頭屋鄉紫明宮為公共佛堂。有四位點傳師，四十多位講師六千多道親。

五、斗六道場：是以斗六崇修堂為基礎。有二十多間廟宇，九百多間家庭佛堂，點傳師一百二十多位，道親有十多萬人。以廟宇型式出現的公共佛堂計有：

1. 雲林斗六崇修堂
2. 雲林西螺信義堂
3. 雲林莿桐聖德宮
4. 雲林莿桐興修宮
5. 雲林莿桐恩德堂
6. 雲林崙背慈化宮
7. 雲林大埤濟善堂

⬆鶯歌妙善堂

⬆二林觀音堂

⬆紫明宮

8. 雲林大埤彌勒佛院
9. 雲林麥寮道濟禪院
10. 雲林虎尾三寶堂
11. 雲林虎尾濟公禪院
12. 雲林古坑回春寺
13. 雲林林內武聖宮
14. 雲林元長武聖宮
15. 嘉義市慈善堂
16. 嘉義大林普濟宮
17. 雲林斗南懿德堂
18. 彰化二水贊修宮
19. 彰化員林玉皇宮
20. 南投草屯靈隱寺
21. 南投南投明善寺
22. 彰化花壇北玄宮
23. 彰化鹿港濟慈堂
24. 高雄鳳山佛園
25. 嘉義溪口開元殿

六、台南道場，以逢甲和成功大學的畢業道親負責道務。講師四十餘位，佛堂廿餘間。

七、高雄道場：是中部三個道場道親分別到高雄

正在重建中的斗六崇修堂

崇修堂所獲得的公益活動獎牌

日本高村點傳師證道後陳大姑總結提示

大林普濟宮

即將完工的道濟禪院

崙背慈化宮夜景

崙背慈化宮內景

莿桐聖德宮

虎尾濟公禪院

⬆嘉義慈善堂

⬆慈善堂的法會

古坑鄉回春寺 ➡

⬅ 回春寺前觀音像

⬇ 林內武聖宮

⬆員林玉皇宮

⬇和美天佑宮

⬆大埤濟善堂

⬇莿桐恩德堂

⬆虎星三寶堂

⬇元長武聖宮

花壇北玄宮➡

⬅草屯靈隱寺

莿桐與修宮➡

⬅田中道濟院

⬆南投明善寺

⬆高雄燕巢天聖宮

發一組各廟宇公益慈善事業成績一覽表

72年5月止

	寺廟名稱	冬令急難救濟金（元）	冬令救濟米（斗）	國防基金 中秋勞軍金 冬防慰勞金	推動興辦公益慈善事業及文化地方建設	國學研習班		獎狀（張）
						期數	人數	
1.	斗六　崇修堂	2,511,864.-	456			3	356	70
2.	二水　贊修宮	127,160.-	40			2	110	4
3.	員林　玉皇宮	34,300.-	120			2	116	
4.	西螺　信義佛堂	10,000.-			2,700,000.-	3	300	2， 匾額1
5.	嘉義　慈善堂		315	（勞軍） 12,000.-		2	113	3
6.	莿桐　聖德宮		800			1	100	2
7.	林內　武聖宮	203,992.-				2	95	7
8.	元長　武聖宮	46,800.-				1	43	
9.	溪口　開元殿	144,800.-	588			1	30	10
10.	大林　普濟宮	15,000.-		（冬防）6,200.-		2	59	
11.	草屯　靈隱寺	154,370.-	765	（國防）5,000.-		2	152	17
12.	二林　觀音堂	32,000.-		（國防）5,000.-	125,000.-	1	51	3
13.	田中　道濟禪院	（義診） 320,000.- 10,000.	10	（國防）9,381. （冬防）4,560.-	（獎學金） 39,800.-	3	167	23
14.	頭屋　紫明宮	163,535.-				3	103	2
15.	鶯歌　妙善宮					2	400	
16.	池上　闡德宮	10,480.-	30			1	20	1
17.	燕巢　天聖宮	5,000.-						
18.	鹿港　濟慈宮	43,900.-	5			1	11	
19.	南投　明善寺	10,045.-				1	80	
20.	大埤　濟善堂	30,000.-	21					
	合　　計	3,873,246.-	（斗） 3,150	42,141.-	2,864,800.-	33	2306	144， 匾額1

拓展道務之後，新成立的一個混合區。

除了國內道場之外，在國外也有道場。在日本有二千人，民國七十一年農曆正月初六正式任命日本琦玉縣天一堂高村女士爲點傳師。在菲律賓、新加坡、馬來西亞、泰國也有佛堂。另外、在韓老前人帶領下，嘉義慈善堂的點傳師到美國建了六間佛堂（聖地牙哥、紐約、華盛頓、洛杉磯各一間、休士頓兩間）。

陳大姑這一支線除了道場大、廟宇多之外，更吸引了許多大專青年加入。至今，信奉一貫道的大專青年之中，有百分之九十五是集中在這一支線。她對大專道場投擲了十五年的心血。

前人　陳俊清

陳俊清，女，五十七歲，天津人。民國卅七年與先生劉學錕一同陪伴母親來台灣辦道。劉學錕原先是經營綢緞莊，由於他的母親信道虔誠。劉學錕就收了綢緞莊，變賣家財，陪同母親到台灣。從事開荒佈道的工作。

來台灣後，倒是歷經了相當艱苦的生活。劉學錕於民國五十二年八月染疾逝世。道務遂由妻子陳俊清承接。這些年辦道不多。有三位點傳師。民國七十年在屏東佳冬成立慈濟宮。

前人　劉明德

劉明德，河南開封人。原服務於空軍。民國卅六年隨部隊駐在四川成都時，在簇橋求道。民國三十七年隨軍來台，駐於岡山空軍機械學校。

劉先生原是一位喜好宴樂之人，吃喝玩樂等情

劉明德前人玉照

事，無不精通，又有抽大煙（鴉片）的毛病。求道之後，並未稍改。

民國三十八年，在岡山火車站偶然間遇到劉全祥、祁裕脩兩位先生。相談甚為投機。就到台南的佛堂走動，「接續佛緣」。不久，就清口茹素，戒除煙酒等不良嗜好。以迄於今。

劉明德的服務單位後來查知他參加一貫道活動，軍方就把他開革了。民國卅九年五月十八日夫婦兩人攜帶子女搬出眷區，暫時棲身於空軍機校旁邊的草棚內。他就以手頭僅有的一些錢作為資本，從事生產豆芽、豆瓣醬、豆腐乳等物品，挑到岡山各眷村叫賣。夫婦倆刻苦耐勞，誠心買賣，逐漸建立了「岡山辣豆瓣醬」的聲譽。如今，他的產品暢銷寶島，並遠及海外。回想當初被開革的情形，確有「塞翁失馬、焉知非福」的感慨。

在道務方面，全力支助劉全祥前人，開創發一組在台南岡山方面的道務。對於社會公益方面，更是不遺餘力。曾多次獲得省政府及地方的表揚。在鄉里有「善人」之美譽。

發一大道興毅壇

老前人　何宗浩

何宗浩老前人所領導的這一支線，各方對他們的

何宗浩前人玉照

名號說法不一，有說「法一組」，「發一組」或「哈爾濱組」等，事實上「法一」是個訛稱，應該就是「發一」。因爲「發一」是天津地區一貫道的總代號，而這一支線是源自天津。稱「哈爾濱組」則是就他們來自東北哈爾濱而言。

這一支線最早是起源於天津道德壇，有張武成者從道德壇領命設立「興毅壇」。後來興毅壇的邱鴻儒和盛鴻斌兩人到哈爾濱開荒辦道，開創出這一支線的道務。因此依仿「基礎」、「寶光」等命名原則，以及避免與道長韓雨霖所領導的「發一組」相混合，似應稱「興毅組」較爲恰當。

何宗浩老前人是長春市人，現年七十八歲，早年在哈爾濱經商，開設「祥榮大染廠」有員工一百多人。當時在哈爾濱的印染界有舉足輕重的影響力。由於商務關係，認識了盛鴻斌老先生，受盛老先生感召，民國二十八年求道於哈爾濱。

當時的東北，完全在日寇的控制下，何老前人不忍看中華兒女在異族的統治下，斷了中華文化的傳承脈絡，求道後就立志開荒傳道，爲維繫中華文化於異族桎梏之下盡一份力量。數年之間，輾轉到東北各地行道渡人，足跡遍及長春市、吉林省、牡丹江市、錦州市、安東省、合江省、遼寧省、瀋陽市、四平街、鐵嶺和開原等地，開設佛堂無數。

民國三十六年初，共匪流竄於東北各地，叛國作亂，他毅然放棄家業，南下到台灣另謀發展。先以台南爲根據地，苦心經營，逐年擴展道務。民國三十六、七年求道的早期信徒也秉承他的意志，致力於個人靈修和教團的成長，分別隨緣辦道，致使這一支線遍布全省，連偏遠的台東、花蓮等鄉下地區，也都有他們的佛堂存在。民國六十年起，更將道務宏展於國外，如今新加坡、馬來西亞、菲律賓、泰國、澳洲、日本、巴西、加拿大、美國等地，都有眾多的道親。這一支線在新加坡、馬來西亞和美國的道場稱「孔孟聖道院」，在新、馬地區是向當地政府正式立案，且有當地部長級的人物求道爲信徒，估計這一支線國內外信徒總人數在五十萬人以上，佛堂有四千多間，地方領導前人有三十多位，點傳師數百位，規模爲一貫道各支線之冠。但他們以家庭佛堂爲主，一直很少建廟，不過充作公共佛堂之用的佛堂都相當宏偉，像台北的公共的佛堂就是買下新北投的美多樂大飯店改裝而成。

何老前人自奉甚儉，三十多年來一直以道務爲念，各處奔走，方贏得如此眾多道親的尊敬，近年他身體狀況較差，道務由薛微通前人代爲處理。

⬆簡單樸實的佛堂擺設

⬆清靜莊嚴的佛堂內景

台北新北投的私人佛堂外觀➡
（原美多樂大飯店）

⬆何老前人接受馬來西亞沈部長及王部長之歡宴

⬆實地勘察馬來西亞政府撥下的孔孟聖道院院址

⬆何老前人於馬來西亞孔孟聖道院講道之神情

⬆泰國曼谷佛堂

⬆何老前人聽取孔孟聖道院簡報

張培成前人講道

基礎組

現今基礎組分成張培成與王自然兩支線。他們兩人都來自江蘇崇明。原先在一起辦道，後來分開。王自然的規模小，只有幾十個家庭佛堂，總佛堂在台北縣三重市。

張培成，現年七十歲。原先是在上海從事鴨絨鵝毛的外銷生意。民國三十二年求道，四個月後升任點傳師。自此，就把生意交給其他人員經營，就回到崇明島一心一意從事佈道教化的工作。

民國三十五年帶領幾位道親到台灣從事開荒佈道，爲了維持大家的生活，就在台北市南昌街開設泰康食品公司，製造及販賣餅乾糖果。利用工作之餘和休閒時間做些傳道的工作。

民國三十六、七年時張培成曾受在台各支線前人的推舉，擔任過台灣地區各支線之間的副聯絡人。這二十多年來，他一直在這個崗位上盡其職守。

道教會成立後，就參與其活動，擔任常務理事職務。基礎組較大可供講道之用的佛堂，以「先天廟群」名義，加入中國道教會。以民國七十年的登記冊爲準，那時一共有三百六十四間佛堂。各地分布的情形如下：

台北市八十九間　台北縣九十六間
宜蘭縣三間　桃園縣三十二間
新竹縣十七間　苗栗縣八間
台中縣十六間　彰化縣六間
雲林縣三間　嘉義縣四間
台南縣九間　高雄縣五間
屏東縣四間　台東縣六間
花蓮縣十三間　基隆市三十三間
台中市二間　台南市八間
高雄市九間

據張培成估計，未向道教會登記的家庭佛堂大約有三千間左右。以廟宇型式出現的公眾佛堂只有兩間，一間是台北市雙園區寶興街的「先天道院」建於民國五十六年。一是位於桃園縣龜山鄉縱貫公路旁的「全眞道院」。建於民國六十五年前後。基礎組的信徒人員，估計約在二十萬左右。有點傳師三百多位。

先天道院所做的社會慈善活動相當不錯。根據他們帳簿上的記載，從民國五十六年先天道院成立起，到民國七十年底爲止，所發放的冬令救濟白米和所施捨的棺木數如下：

年度	冬令救濟白米	施棺數
五十六	六、五〇〇台斤	五付
五十七	六、九〇〇台斤	八付
五十八	六、七〇〇台斤	七付
五十九	六、八〇〇台斤	九付
六　十	六、八五〇台斤	十付
六十一	七、一五〇台斤	七付
六十二	七、一〇〇台斤	六付
六十三	六、七〇〇台斤	八付
六十四	六、八〇〇台斤	七付
六十五	七、〇〇〇台斤	六付
六十六	七、五〇〇台斤	四付
六十七	七、七〇〇台斤	五付
六十八	八、〇〇〇台斤	一付
六十九	六、五〇〇台斤	二付
七　十	七、〇〇〇台斤	三付
合計	一〇五、二〇〇台斤	八十八付

從民國六十五年到七十年，先天道院的捐款數如下：

年月日	金額	
六十五年	五〇、〇〇〇、〇〇	贈台北市垃圾箱一百個
六十六年二月四日	一三六、六九一、〇〇	台北市社會局安康基金
六十六年七月	一一〇、〇〇〇、〇〇	捐助塞洛瑪風災救濟金
六十六年七月	五〇、〇〇〇、〇〇	廣慈博愛院安樂椅一百張
六十六年七月	一五〇、〇〇〇、〇〇	贈殘障輪椅三十台
六十六年七月十九日	一一五、〇〇〇、〇〇	捐贈中國社會福利事業協會
六十六年十一月	一五〇、〇〇〇、〇〇	捐贈中興醫院、和平醫院、仁愛醫院
六十七年	一〇一、五〇〇、〇〇	愛國自強捐獻
六十八年	六三、四二二、〇〇	愛國自強捐獻
六十八年十二月	五〇、〇〇〇、〇〇	愛國自強捐獻
六十九年四月	一三、五〇〇、〇〇	永安煤礦災變捐助
合計	一、〇〇〇、一一三、〇〇	

⬆台北先天道院

⬆桃園全真道院

⬆先天道院講道情形

⬆先天道院冬令救濟的白米

⬆基礎組佛堂

⬆學術界訪問工作情形

發一大道浩然壇

從天津浩然壇來的陳耀菊和梁華春兩位大姑，經過三十多年的艱苦奮鬥，也建立起頗具規模的道場。如今以桃園市中路街的育德講堂爲中心，在中壢、桃園、新竹、頭份、台中、台南、高雄、林園、鳳山、屏東等地建立佛堂。

前人　陳耀菊

陳耀菊，女，天津市人，大學肄業。民間二十七年求道，是現今台灣一貫道界坤道之中資歷最長的。

民國廿七年時，潘華齡引保陳耀菊全家在天津浩然壇求道。她的父親陳文智開設「有興鐵工廠」、「老仲記五金行」，五金行在上海設有分行。求道且爲點傳師之後，確實做到財法雙施。只要潘華齡領導下的寶光後學有了什麼困難，求助於老仲記五金行，一定全力資助。

她的家人信道虔誠。她的母親擔任壇主，兩兄兩嫂，三弟三妹兩姪都持長齋，擔任壇主或三才等職務。她的二妹耀蓮在上海崇明一帶辦道有相當不錯的成績，開設寶光佛堂無數。

陳耀菊前人玉照

陳耀菊終生清修。來台灣後，爲了傳道，歷盡各種艱辛。四年前，因中風而纏綿病榻。全由梁華春侍奉照顧。

前人　梁華春

梁華春，女，天津人，現年五十六歲。民國二十八年求道。是陳耀菊的後學。

梁大姑於十三歲時就求道，在浩然壇擔任三才中的「地才」。職司抄字。道長張文運教她讀書寫字。如今，她是道中寫對聯、賀辭或唁辭等方面的能手。

民國三十七年來台灣開荒辦道時。憑著她在語言方面的天才，很快的學會閩南語，對於辦道大有助益。梁大姑精明能幹，而且能操持各種粗工雜活，三十多年中，她擺過地攤，賣過油條，現今在永和市大新街開設「勞工福利品供應中心」。

梁華春前人（左）講道由黃塗城（右）翻譯。

桃園育德講堂

梁大姑爲人古道熱腸。薄待於己而厚待於人。她的義舉善行足夠成爲當今社會的楷模。在我兩年的調查經歷中，她那長期資助各地孤兒院、養老院的作爲，讓我印象深刻，永難磨滅。

桃園育德講堂的道親們，多年來，在梁大姑的領導下，一直默默的從事各種社會慈善活動。平時，每隔三五天就爲北部地區各育幼院、養老院送一次蔬菜水果。起先是拿錢到桃園菜市場去買，後來菜販們知道是要作慈善濟助之用，就紛紛改成半買半送或免費供應，以襄盛舉，每逢過年過節時，通常要送上四卡車的果菜。

爲了證實育德講堂道親們所做的慈善活動，曾多次跟隨他們的車隊，到各孤兒院、養老院送菜送餅。第一次是在民國七十年的中秋節前，育德講堂做了一萬個月餅，分成四個梯次，送到全省各地的慈善機構。不論這個機構是教會辦的、私人辦的，或是政府辦的，全在贈送的名單之內。

大部份的育幼院、養老院都不知道這位長期贈送蔬菜菓餅的女士來自何方，反而向我探詢梁大姑的姓名、地址。也有幾家慈善機構知道梁大姑的姓名住址。像台北的愛愛救濟院負責先生表示，愛愛院成立三十二年，梁大姑送菜送衣服棉被等日常用品給愛愛院的時間也有二十六年。院中老人們身上所蓋的棉被還是梁大姑十五年前送的。她鑒於棉被使用了十五年，棉絮變硬或破爛了，蓋起來不夠暖和。於是，梁大姑在民國七十一年春節前，又發動道親們捐募了四十幾萬元，以一千零三十元的單價，打製六台斤重純棉的棉被三百五十床。送給愛愛院二百四十五床。剩下的送給了越南難民和其他的養老院。

像台北市天母的體惠育幼院，自民國五十二年成立開始，梁大姑和她的道親們就一直是該院主要的資助者之一。碰到像沒錢替孩子們交學費，短缺糧食等困境時，都是由梁大姑幫忙解決。

七十一年春節，她又準備了二十萬元現款，裝成二百元的紅包二百個，再搭配上兩卡車的洗衣粉、糖菓、瓜子等，分送各育幼院和養老院。

每次跟著他們送完東西回來，覺得已經疲憊不堪。而他們晚上仍然照舊工作，招呼商店的生意。所吃的，往往只是沖泡幾包生力麵，煎上幾個荷包蛋而已。平時，到梁大姑那兒去，見她和道親們所吃的只是粗茶淡飯而已。

這些年來梁大姑帶領一些道親經營雜貨店和成衣加工，賺來的錢除了維持自己生活所需的開支之外，多下來的盈餘都做了慈善事業。

浩然組的道場規模，比起發一、基礎、寶光等大型支線來，是小得很多。只有育德講堂一處，而且還只是蓋了一半，但是他們所做的慈善事業卻絕不下於其他各組。

寶光組

寶光組源於上海的寶光壇。這個壇是道長潘華齡建的。也是最早到台灣來傳道的。

除了前一節所提到的陳文祥之外，寶光壇潘華齡道長自己在民國三十七年到台北來。在後火車站的太原路九十二巷五號之七買了一棟房子，成立「親德堂」。就回上海。是年中秋，在聚會的時候，爲軍警所抄查，帶走八十多人。陳文祥被關在台北看守所，與死囚關在一起。後來無罪釋放。可見一貫道被取締是很早就有的事，同時也說明一貫道在這時候的台灣發展很快。到了民國三十九年大陸淪陷之後，與上海的聯繫中斷，台灣的寶光壇系統開始獨立運作。分成四個單位：台北是由陳文祥、谷椿年領導；台中是由楊永江、劉長瑞領導；台南由蘇秀蘭領導；宜蘭由林夢麒、張志祺領導。在最近的二十年中，陳文祥這一系稱爲「寶光崇正」，楊永江這一系稱爲「寶光建德」，蘇秀蘭這一系爲「寶光玉山」，都有很好的發展。

前人　王壽

王壽，男，嘉義布袋人，民國三十五年在嘉義布袋求道，是蘇秀蘭的後學。經營營造包工業，也曾一度從事醬菜製作。

據他表示，他當年求道的動機，主要是出於對中

王壽前人玉照

南化鄉玉山村寶光聖堂

國傳統文化的仰慕。在日據時代，日本人推行所謂的「皇民化運動」，冀希徹底摧毀台灣同胞對中國文化的認識，以鞏固日本在台灣殖民統治的基礎。在這種政策下，台灣的寺廟遭到破壞的爲數不少。等到台灣光復，重回中華懷抱時，有人以四維八德爲基本教義，到布袋鄉村傳道，頗受鄉民們歡迎。認爲能重溫祖國文化的普照是無上的榮幸。王壽對他求道動機的自述，似乎更可以看作是一般鄉村地區人們肯接受一貫道的基本原因之一。

王壽這一支線主要是分布在台南高雄一帶，分布在其他縣市的佛堂較少。統計資料如下：

台北市：六間	高雄市：四十九間
新竹市：七間	台中市：三間
嘉義市：十四間	台南市：一百一十四間
宜蘭市：一間	台北縣：二十六間
桃園縣：四間	台中縣：五間
南投草屯：一間	嘉義縣：七間
雲林縣：十七間	台南縣：七十四間
高雄縣：八十六間	屏東縣：二十六間
台東縣：三間	花蓮縣：十二間

以廟宇型式出現的公眾佛堂有四處：台南市北區北園街的天帝聖堂、安平路的關帝聖堂，南化鄉玉山村的寶光聖堂，以及最近才自佛教貫過來的香光聖堂。另外，在高雄市鹽埕區有一處很大的私人佛堂，

⬆精美的「洛水神龜」

⬆寶光聖堂的「九龍壁」

⬆壯觀的「香客大樓」

⬆台南市關帝聖堂

⬆省民政廳廖福本科長在國學研究班結業典禮中致詞

⬆台南市天帝聖宮

⬅台南香光聖堂內景

香光聖堂外景➡

可供公眾集會之用。

南化鄉玉山村的寶光聖堂建於民國六十四、五年間，先建靈骨塔，次建正殿。而今，已成為南部橫貫公路沿線一處遊覽勝地。寶光聖堂在建成香客大樓之後，更成為當地縣市政府舉辦員工自強活動或訓練班的場所。中國民族學會也於民國七十一年青年節組團訪問寶光聖堂。每當有這種政府機構或學術團體造訪時，寶光聖堂莫不竭誠招待。

前人　陳文祥

陳文祥老前人家世

最先到台灣傳道的人，首推寶光組的陳文祥（陳志浩）老前人。

陳文祥，字豪禧，在上海寶光壇由上天老母賜與道號「志浩」。台灣省高雄縣彌陀鄉人，生於一九〇六年，歸空於一九八八年，享年八十三歲。（有關陳文祥老前人的生平主要參考《一貫道故樞紐諡妙極大帝陳公文祥道號志浩先生行狀》，崇正寶宮陳三龍前人提供，手稿。）

陳文祥前人玉照

他的祖父全意公，以經營糖業為生，因而致富，平時在鄉里就樂善好施，捐地興學，是大家公認的善人。等到祖父過世的時候，祖母就秉承祖父慈善周濟的心意，把手頭所掌握的借據全部焚毀，讓欠錢的貧苦人家可以抒困。父親財公，為家中獨子，謹守父親的庭訓，繼續造福鄉里。

陳文祥老前人生於丙午年夏曆九月十六日，也是獨子，九歲的時候，父親就過世了，由母親蔡太夫人撫養成人。

陳文祥老前人小的時候就很聰明用功，以第一名的成績畢業於彌陀公學校。那個時候，台灣割讓給日本人已經二十多年，日本殖民政府正在逐步推行日文教育，企圖完全斬除中華文化在台灣社會的根苗。陳老前人目睹這種情形，感到相當難過，立志要在異族的統治下，設法保留中華文化於不墜。於是就在自己家中，開班講授漢文，一時從讀者頗眾。日本警方發覺後，就嚴加取締，不准陳老前人私自在家講授漢文。

負笈東瀛

陳老前人那時相當崇拜　國父孫中山先生，於是仿效　國父的所爲，專攻醫學，以爲懸壺濟世之用，兼以宣揚中華文化。一九二七年，陳老前人留學日本，進入愛知縣的愛知醫學院。一九三三年畢業。那時，日本軍閥在中國東北三省發動著名的「九一八事變」，建立「滿洲國」（一九三二年），又進攻上海（一九三二年），繼之又進軍熱河，我國軍奮起抵抗，四十萬英靈捨身戰場（一九三三年）。陳老前人對日本人侵略中國深感痛心，在一股愛國情操的驅使下，前往上海，找尋爲苦難的中國人服務的機會。

一九三五年，陳老前人三十歲，在上海，與畢業於台北女高而在上海留學的楊倚文小姐成婚，楊小姐是台北富商楊解的次女。

在上海行醫

婚後，在上海華人聚居的地方，創立「愛華醫學院」，這是陳老前人濟世活人的開始。一九三七年七月七日，日本軍閥正式發動侵華戰爭，七七抗戰從此展開。九月，上海淪陷。陳老前人只好把愛華醫學院，搬到法租界的四馬路（現在的福建路）成立診所，爲中國百姓治病。不久，獲得上海富商葉鵬遠先生的資助，在大馬路（現在的南京路，當年有「十里洋場」之稱）的哈同大樓成立「愛華醫院」，並兼任華僑醫院和華英藥房醫務部醫師，後來又受聘爲國際療養院的醫師。

在那時候的上海，吸食鴉片，或其他毒品，相當流行。任何人一旦吸食上癮，便很難自拔，終至將家財敗光，淪落街頭。陳老前人於是專心研究如何可以迅速有效，又廉價的戒毒方法，終於發明了只要七天就可以完全戒除毒癮的方法。爲了嘉惠貧苦大眾，特別規定，每個星期免費爲二十位貧苦的病患治病。於

民國75年邱創煥主席頒發公益績優獎

是轟動上海的平民百姓，有心戒毒的人紛紛登門求診，絡驛於途。

抗拒日本特務的脅迫

日本特務偵知陳老前人曾經留學日本，又是臺籍人士，於是就來找他，要陳老前人為日本效命，派出部長級的人士前來威逼利誘，甚至揚言要暗殺陳老前人。陳老前人終不為日寇所動，浩然正氣，貫透日月。

一貫道是在一九三九年從天津傳入上海。那一年，天津的道德壇派張葆經、馮悅謙、劉在田、薛士誠、劉樹桐、張士逢等人到上海，一邊經商，一邊傳道，在法租界的呂宋路新城隍廟邊上，設立上海第一所一貫道的佛堂，最初是叫「基本壇」，後來才改為「基礎壇」，前青島稅務司副司長張寰影等人也從山東前來襄助。

寶光壇的成立

潘華齡、邢捷三、劉瑞貞、孟憲章等人在山西路，向山西會館租一間廂房，成立「寶光壇」。不久之後，邢捷三偕同乩手孟憲章等人，到漢口去傳道，寶光壇就由潘華齡（河北人，一八八七至一九五三）一人獨立主持。潘華齡得到商人陳文智的資助，投入鉅大的人力與財力，五年之間，寶光的道務傳遍了南北十省，連雲南、四川等內陸省份，都有寶光信徒的蹤跡。山東的齊鳴周道長也南下到南京，在棲霞山三茅宮設立「天一壇」。

民國二十八年（一九三九），汪精衛在南京成立臨時政府。高級官員中有不少人求道，特別是民國三十一年稅警團司令李麗久夫婦在空難中因使用三寶，兩人安然無恙，這個奇蹟立即轟動上海和南京的官場。汪精衛政府的外交部長褚民誼、軍事委員會委員長孫祥夫等人相繼求道，在家中設立佛堂，一時冠蓋雲集，道務宏展。可是，天下的事情禍福難料，這段時間的尊貴榮顯，卻成為往後歲月中的多災多難的根源，這豈是單純的修道者所能逆料。

求道

陳文祥老前人在上海行醫，聲譽蜚然，孫祥夫將軍請他出任軍職，交付給他督導醫療傷病軍人的重任，於是陳老前人赴南京任職。在孫祥夫和李麗久的引保下，於民國三十一年（一九四二）七月十五日，在南京三茅宮天一壇求道，由齊鳴周道長點道。齊鳴周道長又帶陳老前人去寶光壇見潘華齡道長，不久，成為寶光壇的十大壇主之一。第二年，陳老前人領天命成為點傳師。

一九四三年，孫祥夫將軍又請陳老前人到浙江寧波，主持陸軍醫院，出任院長職務。當時，在寧波已有馬毓琳老前人在那裡傳道，可是由於游擊隊和土匪狼狽為奸，魚肉鄉里，以致地方人心惶惶，道務不易拓展。當馬老前人正要結束道務，整理行囊的時候，忽聽門外有人在呼喚他，出去一看，杳無人影，心裡納悶。再回到房裡，只見桌上有書信一封，紙色已經發黃，信的大意是說，即將有高明人士前來相助，道務一定會有發展，這個時候千萬不要遽然離去。馬老前人心知這是神跡顯化，於是打消了回上海的計畫，等待高明人士的來到。

第三天，陳老前人來到寧波，還沒有到軍醫院履新，就先到佛堂來報到。由於陳老前人是陸軍醫院的院長，德高望重，在他的引渡下，寧波地方的各級首長紛紛求道。最多一次有三百六十多人前來接受點道。在陳老前人的《行狀》中說：「嘗有報端登載詆毀一貫道之報導一小則，公（陳老前人）迅即查明該記者姓名，翌日再由渠在該報登出贊揚一貫道一大篇，以正視聽。又有一佛堂被游擊隊所佔，壇主且被毆打之事，公即致函其隊長，但請其對壇主妥爲照拂，而隱諱壇主受辱事，該隊長懾於公之威望，迅即遷出佛堂。公能廣結善緣，於此可見一般。公在大陸時期，協助發展道務，績效蜚然，可謂牛刀小試耳。」

在《行狀》中又指出，陳老前人頗有語言的天賦，每到一個地方，就可以學會當地的方言，而且講得很道地，使得陳老前人在江浙等省傳道無往不利。

一九四五年八月，日本戰敗投降。九月，日本軍閥在南京向何應欽上將呈遞降書，台灣重回中國的版圖。同時，汪精衛的維新政府也隨之消失，陳老前人無官一身輕，就立志從事傳道工作。

回台灣傳道

陳老前人心中懸念台灣故鄉在日本皇民化的高壓政策下，不知變得如何。想起年輕時，爲了在日本人的統治下保存中華文化於不墜，曾經私下傳授漢文的那份豪情壯志，現在台灣重回祖國的懷抱，他更要把中國大陸所得到的「眞理大道」傳回台灣，與他的鄉親好友共享。

陳老前人請潘華齡道長帶他去見張天然師尊，陳述這個願望。師尊聽了陳老前人的陳述，大爲嘉許，對他說：「台灣乃一片乾淨土，汝有此志，不啻東方出太陽。」當下責成潘道長在三天之內籌足旅費，讓陳老前人回台灣開荒傳道。陳老前人在感動之餘，立誓要爲道犧牲一切。往後四十多年的折磨，似乎正是上天在考驗陳老前人的願力。

民國九十四年黃世妍前人攝於台北光明佛堂落成

《行狀》上記載，原先三天要完成的籌備基金，竟在一天的時間內就達成了，沒有來得及參加捐款的人還爲此自怨自艾，平白失去一次行功了願的機會。

當時，台灣與上海之間的交通，乘坐輪船需要一星期，搭乘軍用飛機，則要兩個星期以後才有位子。陳老前人心裡急著想回家，就選擇搭乘輪船。十一月中旬，陳老前人與鮑炳森及夫人楊倚文兩位老前人，共同搭乘元正輪，從上海十里鋪碼頭啓程，回轉台灣家鄉。

驚濤駭浪海上行

沒料到，船才出長江口，就碰上颱風，巨浪滔天，船漏桅折，驚險萬狀。三十多名旅客，全都吐得滿地狼籍。輪船在海上勉強航行了兩天，掙扎著開進舟山群島的沈家門港，進行檢修。所有的旅客都上岸，到旅社中休息。陳老前人一上岸就聽到有人在呼叫他的道號。相問之下，才知道是曾經在寧波聽陳老前人講道的道親。這位道親非常熱情的代替壇主邀請陳老前人等三人到佛堂居住。陳老前人在盛情難卻的情況下，就和鮑、楊兩位老前人一同來到沈家門的佛堂。當地的道親聽到陳老前人來到，都趕來問候，一時之間，聚集了將近一百人。這時候，陳老前人已經兩天沒有進食，又因暈船而精神恍惚，可是在眾人的盛情之下，勉強打起精神，向這些道親宣講道義將近兩小時，深入淺出，聽者莫不動容。於是各位道親爭相邀請到家中做客。陳老前人只好請各位道親各自烹調一道菜，拿到佛堂來共享。即使是如此，場面仍是相當壯觀，勝過一般筵席。

陳老前人家中開糖廠，從小就喜歡吃糖果。他在港口散步時，有小孩沿街叫賣糖果，他就選購了一些，沒想到這個小孩說什麼都不肯收錢，他對陳老前人說，他也是道親，盼望老前人接受他的奉獻。從這些小故事，可知在民國三十四（一九四五）年的時候，一貫道在各地的盛況。

過了幾天，船修好了，颱風也過了，於是離開沈家門港，航向台灣。在舟山群島外海，又碰到有海盜船尾隨。全船人員大爲警張，且聽到群盜高聲喝令停船的聲音。正在驚慌莫名的時候，海盜船忽然掉頭離去，全船人員才從驚恐中慢慢的安靜下來。

陳老前人回鄉之路，眞是多災多難，一波未平，一波又起。船上的羅盤突告失靈，在茫茫大海中盲目漂流了將近十天，船上的糧食和淡水眼看快要用完了，正在愁雲慘霧之際，忽然聽到船長歡呼：「基隆港已經在望！」原來船隻在漂流時，剛巧配合上正確的航道。又逃過一劫。陳老前人返鄉的路上一共碰上三次劫難，都能化險爲夷，誠然是上蒼的庇佑。

展開傳道工作

十二月初，陳老前人在基隆上岸之後，先去宜蘭礁溪，找同學親友傳道。再回台北，找楊倚文老前人的同學王美玉，大談天道的尊貴，專門醫治人的心病，王美玉女士被說動。

一九四六年元月十三日，在宜蘭礁溪的德陽村，設立一貫道在台灣的第一座佛堂——天德佛堂，堂主李文德。首日就有八人求道。元月十八日，在台北市大龍峒（現在的伊寧街）設立第一座公共佛堂「歸元佛堂」。十九日，王美玉女士求道，成爲在台灣最早求道的「前人」。

陳老前人的老家在高雄，母親的娘家在屏東。於是又南下到高雄和屏東，向親朋好友傳道。四月十二日，在屏東市復興路萬年里成立第三座佛堂——守德佛堂，爲公共佛堂性質。寶光建德的呂樹根老前人就是在一九四六年的夏曆六月初十日在守德佛堂求道。引師是陳乘龍，保師是陳朝枝，由陳文祥老前人點道，功德費舊台幣五十元，其他求道者所奉獻的功德費只有幾元。四月二十八日在高雄縣岡山鎮石螺潭成立第四座佛堂——廖氏佛堂。

民國三十五（一九四六）年一年之中，一共設立了十一處佛堂，計有屏東四處，高雄二處，宜蘭二處，台中二處，台北一處。以台北的「歸元佛堂」爲本堂。

編號	堂號	壇主	地址	設立年代（民國）
一	天德	李文德	宜蘭礁溪德陽村	三五年一月十三日
二	歸元	公共	台北市大龍町	三五年一月十八日
三	守德	公共	屏東市復興路萬年里	三五四月十二日
四	廖氏	廖曲	高雄岡山可螺潭里	三五年四月廿八日
五	明德	公共	台中市村上町	三五年七月四日
六	峻德	高玉朱	屏東東港延平路	三五年七月十日
七	眞德	林澄科	台中潭子鄉	三五年十月十三日
八	玄德	郭平安	高雄岡山前峰里	三五年十一月六日
九	道德	公共	宜蘭羅東忠義里	三五年十一月廿一日
十	許氏	許濟雲	屏東永福路	三五年
十一	溫氏	溫坤山	屏東成功路	三五年

由於發展很快，人力和財力不敷分配，於是陳老前人向潘華齡道長請求加派人手來台灣。潘道長在一九四六年五月，派出十位人才來台灣襄助陳老前人，他們是：

點傳師　李浩然、楊永江、郭繼周
三　才　季秀山、劉長瑞、谷椿年
人　才　林夢麒、張志祺、許篤敬、張嗣良

民國三十七（一九四七）年，又成立了廿四處佛堂，台中五處、宜蘭四處、新竹二處、台北市一處、台北縣淡水鎮一處，彰化一處、南投一處、高雄一處、台南一處，沒有地址記錄的六處。

編號	堂號	壇主	地址	設立時間（民國）
一	善德	林煥	台中潭子頭家村	三六年閏二月廿九日
二	憲德	梁有土	宜蘭西門	三六年三月七日
三	彰德	蔡金華	新竹南區西大路	三六年四月十日
四	信德	章維運	台中豐原南村里	三六年四月十二日
五	欽德	張金柱	新竹北門街	三六年四月十六日
六	中德	游太平	宜蘭外員山	三六年四月廿日
七	文德	張清文	宜蘭羅東五結鄉	三六年
八	聖德	易其有	苗栗苑里	三六年五月廿三日
九	王氏	王傳茂	彰化	三六年五月廿五日
十	至德	黃兩儀		三六年六月一日
十一	浩德	張小銀		三六年六月二日
十二	范氏	范濟炎	南投	三六年
十三	仁德	蘇晉順		三六年六月二日
十四	史氏	史耀	高雄壽星街富野里	三六年六月十日
十五	隆德	王森淼		三六年六月十日
十六	義德	吳瑞源	台中東勢社寮角	三六年六月十五日
十七	宏德	公共	台北縣淡水	三六年六月十七日
十八	大德	盧乖		三六年六月
十九	純德	陳塗	台北市延平路	三六年六月廿八日
二十	和德	鄭明	台南新營	三六年七月二日
廿一	濟德	游杜明		三六年七月十二日
廿二	中信	朱連茂	宜蘭外員山	三六年七月廿二日
廿三	禮德	陳連慶	豐原	三六年八月二日
廿四	中德	林福祿	豐原	三六年八月十日

由於佛堂分散南北各地，各地求道的人日益增多，需要有更多的點傳師來主持儀式，於是向潘道長推薦了四位人才，轉請張天然師尊任命爲點傳師。一九四七年六月六日，由陳文祥老前人代表師尊任命林夢麒、張志祺、張嗣良和許篤敬等四人爲點傳師。不久，又在台北市的歸元本堂開班訓練辦事人才，有二

十人結業（這二十人名單是：王美玉、王森淼、黃兩儀、劉秀雲、黃仲火、簡月蓮、陳比、陳塗土、張東華、黃粲眞、鄭明、蔡九五、潘蓮登、李文德、盧乖、游杜明、林清揚、楊明儒、曾約、王清鑒）。在這二十人中，不乏大企業家，如張東華是台灣省五金公會理事長、黃仲火是伸鐵鋼鐵廠有限公司的董事長。這二十位人才都發大虔誠心，每個月都出錢出力，立願要在全台灣各大城市開設佛堂。

在這段期間，陳文祥老前人最得意的事當屬渡化呂樹根，並向潘華齡道長極乃推薦領命成爲點傳師，成爲楊永江老前人的隨行得力助手，隨時可將楊老前人的上海話翻譯成閩南語。民國三十九年（一九四九）農曆五月初一日楊永江老前人逝世後，陳老前人指派呂樹根繼起領導楊老前人這一系的道務，終而發展成爲今天的「寶光建德」這一支線。

受難

陳老前人在台灣傳道，前後被治安單位拘禁一百多次，可說是受「官考」最多的一位前人。民國三十七年（一九四七）春，在台北歸元本堂舉行法會的時候，隔壁茶行的老闆娘向警察派出所密報，說是有一大群人在祕密集會。警察接到密報，不敢怠慢，立刻大批人馬前往歸元本堂，將主事的陳老前人捉拿起來，帶回派出所偵訊。各種酷刑如灌冰水、坐老虎凳、鉗手指甲等，全都用上，一直拷問：「是不是共產黨派來的間諜？」問來問去，所得到的回答都是說在教中國傳統的儒家經典，台灣人剛脫離日本統治，想多學習中華傳統文化，所以就找場地，講給同胞聽。陳老前人被關了六個月，一直查不到有什麼間諜的嫌疑，才釋放了他。

潘道長安排道務

由於陳老前人遭冤獄，台灣的道務失去了龍頭，在上海潘華齡道長再來台灣，分派各地才能之士分區主持道務。這時候，已經有不少一貫道支派到台灣來傳道，形成了所謂的「十三組十八支線」的規模。於是潘道長就以陳老前人爲正樞紐，基礎張培成老前人爲副樞紐，以台北市的歸元本堂爲台灣一貫道十八組線的道務運作中心，由陳文祥老前人負責台灣全省的道務，寶光一系分成四區：宜蘭道務由林夢麒老前人負責，羅東的道務由張志祺老前人負責，台中的道務由楊永江老前人負責，台南的道務由蘇秀蘭老前人負責，屏東的道務由劉長瑞老前人負責。這樣才把局面穩定下來。

民國三十九年（一九五〇），由於各地佛堂日漸增多，道親人數增加，需要有較大的場地，於是王美玉老前人在桃園龜山鄉尖山關公嶺建立元德寶宮。同年，有參軍長劉士毅求道。不久，陳老前人任命谷椿年和劉士毅將軍夫人湯秀卿爲點傳師。

同年，陳老前人和呂樹根前人一起在屏東被治安單位捉拿。陳老前人被關了五個多月，呂樹根前人則被關了整整六年。兩人在接受審訊時，都被打得死去活來。陳老前人被槍托從背後打下去，一口鮮血和門牙應聲而出。又和死刑犯關在一起，規定其他犯人不可以跟陳老前人說話，可見當時治安單位是如何看待一貫道的信徒。那時正值白色恐怖最厲害的時候，任何有「匪諜」嫌疑的人都很可能因而喪命。在那個獄中，每天清晨天色將亮的時候，都有人被抓出去槍斃，因此人人自危，不知什麼時候輪到自己被殺。陳老前人在那種情況下，反而是將自己的生死置之度外，只掛念獄外的道親的安危和道場的發展情形。

陳樞紐與劉士毅參軍長合影於劉府佛堂前。右一為黃世妍前人。右三為楊倚文老前人。左一為王美玉老前人。左二為饒點傳師。左三為湯秀卿前人。

開釋

有一天，陳老前人對於自己的前途沒有任何把握，不知何時可以有個了結，心裡在想：「老母慈悲，如果上天無需要我的話，就讓我早日回天吧。」當天晚上，他就做了個夢，夢見師尊師母緩步向他走來，師尊對師母說：「這仔不耐煩了，你去跟他說說。」師母就過來對陳老前人說：「你責任重大，往後還有很多事要做。」

過了幾天，香港的潘道長向孫師母報告「文祥在台灣受官考很嚴重，酷刑受傷很重。」孫師母就向上天祈求：「這個孩子受苦了，老母慈悲罷。」

說也奇怪，當時獄方就更換了審理的法官，調陳老前人出庭問話。

陳老前人問法官：「我犯了什麼罪？」

法官說：「你沒犯什麼罪。但是你是醫生，爲什麼不開業行醫？只會教人一叩再叩？」

陳老前人立即回答說：「一貫道乃是集儒釋道三教的大成，可以淨化人心。比行醫更能救人性命。」

法官又問：「你是台灣人，爲什麼會出任一貫道的樞紐？」

陳老前人說：「一貫道向來不分省籍。」

法官再問：「金線大道，三教合一又是如何說起？」

陳老前人說：「金線大道的『線』字，是出於儒家的三綱五常，綱字的左邊是個『糸』字；佛家講三皈五戒，皈字的左邊是個『白』字；道家講三清五行，清字的左邊是個『水』。三個字合起來，不就是一個『線』字，所以說是三教合一。」

「你爲什麼有那麼多的名字，在大陸上，還有個別名叫『治輝』？」

「我兄弟少，所以名字比較多。『治輝』兩字紀念我是台灣人。『治』是表示過海的台灣人，『輝』是表示在大陸做軍人很光榮。」

法官與陳老前人一問一答，應對如流，陳老前人認爲是仙佛爲他加靈，才能如此得心應手的對付法官。最後，法官對陳老前人說：「我也知道一貫道很好，可是你要瞭解政府也有不得已的苦衷。大陸三十五省全都丟光了，只剩下台灣一省，再過去就是太平洋了，不得不謹愼。以後反攻大陸回去，不要說是一貫道，就是萬貫道，也讓你去傳。」

當下判決無罪，諭令交保釋放。交保的時間跟孫師母開口向上天求情的時間一致，陳老前人相信一代聖母開金口，就有神明來護佑。也就因爲如此，終陳老前人一生，從來沒有怨恨過政府的取締和刑罰。反而把取締看成是一種「考驗」，是在替他消孽障。

第一次申請合法登記

民國四十八年（一九五九），陳文祥老前人和張培成老前人、國大代表鄭邦卿等人，共同爲一貫道合法登記而努力，籲請內政部依照憲法所列「人民有信仰宗教之自由」條文，准許一貫道登記立案，成爲合法的宗教團體。怎奈當時的政府完全不顧憲法上「信教自由」的規定，不但不准所請，反而嚴厲取締各地一貫道的活動，強行解散組織。

當時的治安單位嚴密監視陳老前人的一舉一動，來往信件都要檢查。不過，陳老前人自認爲傳一貫道並不會有害於國家社會，反而是有助於人心之向善和風俗之改良，因而不屈不撓，大有「粉身碎骨，萬死不辭」的氣概。

民國五十二年以後，道場不能公開活動，於是改成「吃會」的形式，由各佛堂的道親輪流作東，在自己的家中擺桌宴客，藉機宣講道理，以及辦理各種相關儀式，藉以避開警方的耳目。

後期的發展

民國五十九年（一九七〇）在屏東南州另建一座大型佛堂「精明寶宮」。民國六十三年（一九七四）以後，陳老前人常住台中的中和總堂，是爲道務中心，道務才逐漸宏展。爲了便於督導，陳老前人將他的道場分成八個單位，分別是台北市由黃崇雲前人、張連和前人領導，台北縣由唐和男前人領導，台中市由林三龍前人、黃世妍前人領導，台中縣由何仲川前人領導，彰化縣由林金鐘前人領導，高雄市由陳梅前人領導，屏東縣由張崑力前人領導，台東縣由林坤池前人領導。同年陳老前人收林三龍前人爲義子，並改姓陳。

民國六十六年（一九七七）設「經理會」，每兩個月開一次會，檢討道務的得失。

一九八三年在台中太平鄉設立「崇正寶宮」，連先前在南部的「精明寶宮」和在北部的「元德寶宮」，成爲目前寶光崇正的三個道務中心。民國七十七年（一九八八）陳老前人歸空，享年八十三歲。由義子陳三龍前人繼起領導。現今是由他的夫人黃世妍前人領導，道務突飛猛進。

前人　呂樹根

寶光建德這一支線在台灣的第一代是楊永江，江

呂樹根前人遺像

蘇海門（崇明島）人。大學畢業。因肺病三期，無藥可用，母親帶他到佛堂求道。濟佛爲他治病，方才延命，多活了七年。民國三十五年七月奉潘道長之命來台灣傳道。

初到台灣時，經濟有限，生活非常清貧。每天醬油湯配飯，加上一盤鵝仔菜或空心菜。鵝仔菜是一種野菜，學名爲Lactuca indica，是菊科大屬萵苣屬（Lactuca）的成員。有些品種苦味，有些品種較不苦。是很廉價的蔬菜。沒錢買香，就到木材行買鋸木頭時的木屑來點。因而結識在木材行工作的呂樹根，成爲他的得力助手。講道時，呂樹根即時翻譯成臺語。楊永江的身體本來就不好，加上在台灣由於傳道沒有太多的成就，不敢有口腹之慾，日子過得非常清貧，營養不良，於民國三十八年五月一日歸空。上天封爲「顯化大帝」。道務由呂樹根接任。

民國77年3月15日一貫道總會終於成立，趙守博說：恭喜各位前人，這是千秋萬世的大事。

呂樹根，台中豐原人，生於民國八年，歿於民國七十一年。上天封爲「圓覺大帝」。道號「建德」，於是他領導下的系統現在稱之爲「寶光建德」。

呂樹根在年輕時被日本人拉去當夫，送到南京，學了普通話，也就是現在所謂的「國語」（其實在日據時代，「國語」是指日本話。光復後，大家不明究裡，繼續延用這個名詞，把中國各地通行的普通話也稱作「國語」。現在台灣的國語不等於是北京話，無論音調、用詞、詞彙、乃至尾音，都不相同。北京話有很重的「兒」化尾音和濃濁的鼻音，台灣國語就沒有這些特徵。北京話每一句的尾音上揚，以第二聲收尾。台灣國語的尾音下沉，以第四聲收尾。）。因此，可以爲楊永江作口譯工作。

呂樹根於民國三十五年五月在陳文祥的守德佛堂求道，以後就一直跟隨楊永江辦道。民國三十七年爲點傳師，次年，楊永江歸空，他就承接起道務重責。

民國三十八年在張永心點傳師的資助下，到印尼傳道。在台灣，主要是在台中、潭子、豐原、社口、西屯一帶傳道。民國四十五年在豐原成立「化德總堂」，作爲全省道務中心。四十六年，開立東勢報本堂。四十七年二月，建立彰化天倫本堂。五月初一在高雄建天臺本堂（現在改名爲天臺聖宮）。四十八年中秋開立苗栗天泉本堂。五十年，派邱秋東點傳師赴日本傳道、陳炳煌點傳師到南美的巴西傳道。六月建立台東天照本堂。六十二年建南投天祥本堂。六十六年重建豐原化德總堂。六十七年，台南柳營佛山觀音巖奠基。七十年二月十三日落成。七十年籌建基隆佛山觀音巖天輝佛堂。六十八年把原來的觀音禪寺改建爲天和本堂，又名大香山慈音巖。於七十四年落成啓用。

宏偉的寶光建德道務中心外觀

民國七十四年初，一貫道各組線成立聯誼會，共謀一貫道合法立案。終於在七十六年二月促成一貫道的合法化。次年三月五成在大香山慈音巖成立中華民國一貫道總會。

在呂樹根前人的時代（一九四九～一九八二），奠下良好的道務基礎。在施慶星擔任前人的時代（一九八三～二〇〇一）呈現飛躍的進步。全台灣有六千多壇。目前，寶光建德在台灣，以高雄天臺聖宮和神威道場爲道務中心。全臺分成十五個單位。各單位的主要道場如下表：

1	道務中心─天皇宮	台中縣石岡鄉九房村建德街8號	(04)2572-3176
2	基隆天本道場	台北市四維路182巷15號	(02)2425-6872
3	台北天和道場	台北縣新店市長春路252號	(02)2217-4255
4	台北天合道場	台北市林森北路259巷15號2樓	(02)2558-0121
5	新竹天成道場	新竹市西大路643巷20號	(035)219-409
6	苗栗天泉道場	苗栗縣公館鄉仁安村9鄰117號	(037)227-378
7	豐原天遵道場	豐原市水源路7巷51號	(04)2527-7637

⬆新店大香山慈音巖全景

⬆台北市黨部關主委致詞

➡
慈音巖落成典禮中的人潮與傘海

8	豐原天律道場	台中縣石岡鄉豐勢路929-20號	(04)2572-2121
9	東勢天寬道場	台中縣新社鄉中正村中正街32-3號	(04)2581-3931
10	台中天一道場	台中縣大里市益民路二段347號	(04)2481-5911
11	台中天恩道場	台中市北屯區東山路2段濁水巷9-6號	(04)2239-6417
12	南投天祥道場	南投市軍功里中興路388號	(049)223-5402
13	彰化天倫道場	彰化市金馬路2段66號	(047)629-086
14	高雄天台道場	高雄縣六龜鄉新寮村三民路81-6號	(07)687-2106
15	高雄天法道場	高雄市前金區自強二路41號4樓	(07)231-6281

呂樹根另一項成就，就是傳道於新加坡、馬來西亞。民國五十幾年時，他要到印尼去傳道。在新加坡誤了船期，也就流落在新加坡。想起台灣道親中有人有親戚在新加坡。於是就按地址去找那位有緣人。成爲第一位新加坡的道親。爲了在新加坡立足，就設立一個當時新加坡沒有，而東南亞、乃至全世界都需要的工業，那就是提煉香料和薄荷精油。於是設立天銀化工。從台灣聘請技師，於是傳道人員都可以技師的身份來到新加坡。

天銀化工連賠十八年，到了一九八四年，全球天候乾旱，薄荷欠收，價格上漲三倍。剛好天銀化工有存貨。於是十八年所賠的錢在這一年都賺回來。從此，以商業方面賺來的錢，投入新加坡和馬來西亞的道務，得到非常良好的發展。目前以新加坡的天國佛堂爲道務中心。

編號	名稱	地點	成立時間
1	天關佛堂	馬來西亞峇株巴轄	一九八二年
2	天品佛堂	澳洲雪梨	一九八五年
3	天帝佛堂	澳洲墨爾本	一九八五年
4	天信佛堂	美國洛杉磯	一九八七年
5	天上佛堂	馬來西亞吉隆坡	一九八八年
6	天國佛堂	新加坡	一九九二年
7	天慧佛堂	新加坡	一九九四年
8	天理佛堂	馬來西亞馬六甲	一九九四年
9	天威佛堂	馬來西亞檳城	一九九五年奠基，二〇〇〇年落成
10	天宣佛堂	馬來西亞柔佛州麻坡	一九九五年

天銀化工的大門

薄荷的結晶過程

薄荷的結晶槽

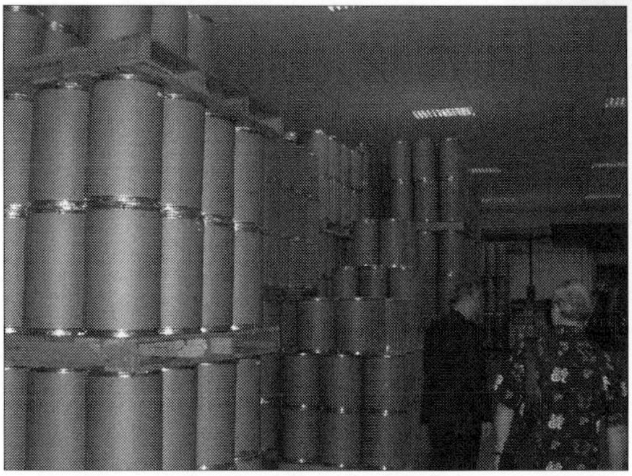

結晶裝筒的薄荷成品

⬆新加坡天國佛堂內景

⬆高雄六龜神威道場

11	天宮佛堂	馬來西亞芙蓉	一九九七年擴建完成
12	李氏佛堂	馬來西亞彭亨州的關丹	一九九九年
13	天下佛堂	馬來西亞新山	二〇〇一年

谷椿年與劉士毅兩位前人

谷椿年與劉士毅這一支線，近些年幾乎是在靜止狀態。谷椿年中風後，已不良於行。劉士毅於民國七十一年九月十八日歸空，享年九十七歲。他官拜四星上將，曾任總統府參軍長。也是國大代表。逝世後，政府爲彰顯他畢生對黨國的貢獻特地爲他舉行隆重的國葬。

民國五十二年取締一貫道時，劉將軍曾多方設法，勸阻有關單位採進一步的行動。

他的兩位夫人也都是點傳師，我曾見他多次，都是在桃園育德講堂。

其他各支線

侯伯篪，台灣嘉義人，與王壽同爲蘇秀蘭的後學。兩人分開辦道。調查期間沒有直接接觸過。只知他的總壇是在嘉義市。大約有一百個佛堂。

劉長瑞，河北武清縣人，民國三十七年來台傳道。三十九年遭到治安單位逮捕。人很老實，永遠是低著頭走路。遭捕釋放之後，就不再傳道。

林夢麒，上海人，已經歸空。道務由妻子掌理。以台中爲中心，現今約有佛堂一百個左右。

發一大道文化壇

文化組源出於天津文化壇。最早來台灣傳道的人是孫路一、聞道弘、賈慶仁、商明軒等人。後來，天津方面派李文錦來台負責道務。不久，李文錦的前人趙輔庭亦來台灣，道務歸趙輔庭掌管。趙老前人歸空後，台北方面的道務歸早期在台灣求道的周益森兄弟和盧姓前人掌管，台中方面歸王樹金掌理，王樹金於民國七十年八月十一日歸空，由顏定繼掌。高雄方面由孫路一負責。文化組目前約有數十位點傳師，幾萬道親。只有家庭佛堂沒有廟。

劉士毅與夫人到育德講堂參加法會➡

⬅谷椿年弔祭劉士毅

蔣總統特頒的輓額

黃杰、王叔銘、劉安祺、馮啓聰等四位上將為劉前人覆蓋國旗

正義輔導會

自張祖在民國三十六年中秋歸空之後，孫師母承接道務。大家爲了表示尊重孫師母，將表文中頂恩引保的名字改寫孫師母的名諱。但也有一些人仍然填寫張祖的名字，以致形成分裂。改填孫師母名諱的，稱之爲「子系組」或「師母道」，堅持填寫張祖名諱的，則被稱爲「師兄組」。不過，他們並不接受這個稱呼。由於來到台灣的孫錫堃道長曾倡組過「正義輔導會」，他們起而響應，因此，他們比較喜歡用「正

王樹金前人遺像

山佳觀音廟

台中天道三佛院

義輔導會」這個名號。

張德福與吳信學於民國三十四年到溫州開荒時，渡了鄧明坤。後來，張德福、鄧明坤到台灣，渡了周兆昌、陳庚金等人。鄧明坤見在台灣難有作為，遂帶了周、陳等人，到日本神戶去，沒想到在日本倒是開荒成功。後來鄧明坤去了美國，周兆昌成為日本天道的領袖。目前，總部設在大阪市都島區中野町。其下設有二百八十五個佛堂遍及日本各大都市，號稱擁有七十萬信徒。

正義輔導會在台灣的寺廟，以台中市台中港路的天道三佛院為總部。其他的寺廟有台北縣山佳的觀音廟、新竹市的聖德宮、新竹縣香山母聖宮、台中縣神岡的大道院、台南市安南區的關帝廟、高雄岡山交流道附近關聖廟等。

群小支派

其他各小組小支線的情形大致如下：

金光組，源自上海金光壇。前人是屠國光、在台北縣五股鄉有個廟。家庭佛堂約有數十個。

紫光組，源自南京紫光壇。前人是孫德椿，以台北市紫光照相館為佛堂所在地。

慧光組，源自安徽六合慧光壇，民國三十六年慧光壇張前人帶領一部份道親到台北開荒，設立慧光照相館，安頓生活。張前人不久回大陸，由周輔成掌管道務。鑑於外在環境不利於一貫道的發展，就採取守成態勢，沒有對外發展。周輔成於民國七十年十二月病逝。另一位資深點傳師黃修餘，精於針灸。王代表於七十一年四月曾患中風，經他針灸治療兩週後，扭

⬆日本大阪點傳師陳金生致辭

⬆新竹香山「母聖宮」

⬆崗山「關聖廟」

曲的臉部回復正常。他並且爲中風四年的浩然組陳耀菊前人治療，原先僵硬的四肢現已會活動。黃修餘的醫術贏得浩然組道親們的敬佩。

明光組，來自寧波。原是馬毓琳老前人領導。馬老前人歸空後，由一位鄭前人承接道務。佛堂設在台北市泰順街。

常州組，來自江蘇常熟。前人是徐昌大。原先辦得不錯，後來因故而散。現今活動已不多。

安東組，來自安東。先傳南韓日本，而後才傳入台灣，前人是高金澄。寺廟有屏東林邊的道一宮。

徐昌大前人玉照

分歧支派

在今天整個一貫道的教團組織中，不僅是支派林立，各自發展。而且，還有一些後起的支派，野心勃勃的想要篡取正統地位，稱師作祖，形成了攪局的局面。這種支派被正統的各支派視爲「背叛師門」，以高雄旗山溝坪萊仔坑的「中華聖教」爲代表。

這一支線的領導人是馬永常，軍人出身。早年在廈門求道。來台灣之後，最早住在員林，認識了寶光的谷椿年，由谷椿年介紹認識基礎組前人張培成。張培成保荐他領命爲點傳師。

馬永常的行徑多有與一貫道傳統儀式不相合之處，又學習靜坐，更常吸收各支線的游離分子，日子長久之後，也逐漸成了氣候。就大肆更易衣著、服飾與行禮儀式，儘量誇張各種儀式動作，例如把「舉眉齊」改成用雙手高舉托盤過頭頂，步行前進改成膝行前進，把步入拜位改成方步舞拂塵入拜位。一貫道的禮拜儀式只是叩首與默念愿懺文，但他們加上了國樂伴奏與「九佾舞」。按「八佾舞」是傳統儒家最尊貴的禮儀，如今只有祭孔大典上才用。他們弄出個九佾舞，就顯得不倫不類。吃飯時的敬飯動作，更改成高舉飯碗，共同高唱「天生萬物以養人，人無一善以報天」，這兩句話取自明末流寇張獻忠的七殺牌，只差沒喊「殺！殺！殺！殺！殺！殺！殺！」而已。

剛開始做調查的時候，中華聖教的羅弘錦、劉悅慧兩人曾主動前來聯絡。談到有關道中事務時，總是閃鑠其詞。七十年十月三十一日，王代表、瞿海源、胡遜與我等人應邀到他們的總壇參觀。那一次，羅弘錦更擅自對外發佈不實的新聞，謂中央研究院的研究人員承認他們是一貫道的領導中心，他們將以「中華聖教」之名向政府申請立案。使我的工作增添了許多困擾。

他們又出了一本雜誌《中華之聲》，反覆強調他們早就爲一貫道合法化而努力，後來又有王代表等人前來相助。這種捏造事實的做法，爲正人君子所不齒。

民國七十一年九月，政府各有關單位正打算爲一貫道究竟如何問題召開討論會時。中華聖教羅弘錦等人，僞作一份有各級民意代表簽署的申請文件，由九十二歲的國代裴鳴宇領銜，親自遞交內政部與中央黨部。引起有關當局新的顧慮而暫時中止討論一貫道合法化問題。讓王代表、道中各支線前人多年來爲合法化所做的努力，意外的遭到挫折。這則消息，雖經「聯合報」在七十二年二月十日予以披露，但是對整個一貫道教團所造成的傷害是無可彌補的。

從一貫道中自立門戶的支線，除了中華聖教之外，還有吳瑞源、洪清根等。由於沒有接觸，也就無法加以敘述。

一貫道的寺廟從來沒有如此簡陋的

第十七章
總論「一貫道」

有關中國人宗教行爲的研究，雖然在世界的學術圈中和對宗教理論的發展方面，並不曾居於舉足輕重的地位，可是，對於像一貫道這種所謂「祕密宗教」的研究，還是吸引了一些有心人投擲下相當可觀的心力和精力。

就拿對一貫道的研究來說，就有好幾個人的工作值得一提。李世瑜曾在民國三十二年到三十五年間，實地調查過華北地區的一貫道活動。可惜他只接觸到信徒層次，沒有接觸到領導層次。他的報告至今仍是最有參考價值的。日人窪德忠於民國四十一年時，根據李世瑜的報告和大陸初淪陷時，北京「人民日報」、「解放軍報」上所刊載有關「鎮壓」一貫道的新聞，寫成「關於一貫道」（一貫道について）一文。民國六十五年，現任美國加州大學聖地牙哥校區人類學系主任焦大衛（David K Jordon）在台灣從事宗教研究，接觸到台南寶光的王壽支線與住在高雄的張德福，以他訪問所得的資料，寫成「天道的近代史」（The Recent History of the Celestial Way, 1982）一文。民國六十七年我曾發表「一貫道的民族學探討」一文於文復月刊。民國六十九年，台北基督教神學院董芳苑牧師因與蘇鳴東法官相熟而研究一貫道，寫了「一貫道——三十年來最受非議的宗教」。同年十二月，兩位記者胡遜和何穎怡在「綜合月刊」發表了「細說一貫道」一文。民國七十年，瞿海源與楊惠南在「聯合月刊」第七期分別討論有關一貫道的問題，而日本駒沢大學教授篠原壽雄根據瞿、楊的文章，在「中外日報」（昭和五十七年九月）撰文介紹一貫道。

今天，回過頭來檢視這些研究工作時，就會發現，它們都止於對表面現象的一般性陳述而已，至於一貫道的歷史淵源如何，它在中國民間宗教發表史上所居的地位，它的本質，如何在現實社會環境中生存，未來的發展傾向等問題，都無法顧及。我寫這本報告的終極目的，就是要回答這些問題，讓世人對一貫道以及其他相關的教派有較爲公正的認識。同時，也提供一份可靠的材料給各有關單位，作爲處理一貫道問題時的參考資料。

一、站在宗教發展軌跡的前端

綜觀世界上近兩千多年來各種宗教的形成，大致都是根據舊有的宗教形式加以興革損益而成，很少是獨立發明的。像佛教是根據印度固有的婆羅門教加以修改而來。基督教又是摻和修正了的猶太教教義和西元後一、二世紀盛行於羅馬帝國的太陽教的儀式。摩尼教是揉合了波斯原有拜火教、佛教與基督教而成。這種現象告訴我們，愈是後起的宗教，愈是摻雜先前的各種教派而成。

那麼，我們要問：在中國人的宗教發展史上有沒有類似的創新活動呢？我的答案是「有」。只是以前的學者沒有注意罷了。

我在第十四章中，就指出中國宗教發展是有一定的軌跡可以遵循。

從祖師傳承、老母燈、儀式行爲等方面來說，我們可以確認今天的一貫道就是台灣原有的齋教先天派的一支，兩者來自同一個源頭——九祖黃德輝於清康熙年間所創的「先天道」。先天道所崇拜的「無生老母」，又是羅八祖於明朝中葉所提出。羅八祖所創立的教派是爲龍華教。「無生老母」信仰的形成，又是揉合了兩宋金元時華北的「全眞教」所揭示的教義，宋徽宗、高宗之際的佛教儀式改革派「白雲菜」「白蓮菜」所提供的儀式簡化、摩尼教的教團組織形式（齋堂），以及南方慧能頓悟禪的臨濟宗所強調對人生的看法和藉棒喝、偈語、明師指點的修持方式。

再往上面追溯，我們又看到禪宗的興起，代表著佛教中國本土化的成功，從此，中國人依照中國文化的觀點來詮釋佛教。相對的，隋唐時代盛極一時的佛教各大宗派，卻是代表著中國人依據某一部佛經或方法來詮釋佛教。像唯識宗以「唯識論」爲依據。天台宗主張依佛陀說法的先後階段認識佛教，華嚴宗依據「華嚴經」等等。再往上追溯，那麼就看到魏晉南北朝時代，西域的佛教僧侶紛紛到中國傳教，翻譯佛經。是個全盤接受佛教的時期。

再從儀式行爲的變革來說，佛教初入中國時，依附於秦漢之際方士所發展出來的「道術」，以後逐漸捨棄道術而創建自己的儀式，有過不少的僧人爲制定莊嚴的禮懺儀式而努力，到了唐末宋初，大家都採用「慈雲七懺」做爲定本。在兩宋時淨土宗流行，社會上偏好以儀式爲達到往生西方目的的方便法門。佛教也就走上偏重儀式，忽視經義的途徑，結果招來某些人士的不滿，希冀用更合於理想的方式來從事禮拜，因而才有白蓮菜、白雲菜的改革。依照龍華教的拜佛表章、先天科儀和暫定佛規來看明清時期龍華教的儀式比起佛教的儀式要來得簡單，先天派要比龍華教簡單，一貫道又比先天派簡單。

把教義和儀式兩方面的發展合併起來，找出幾個分段的指導，劃成一個坐標的圖形，立刻就可以勾勒出中國宗教發展軌跡。我們很清楚的看到，在教義方面，揉合儒釋道三家理論，以創造一個新的理論架構，是個不可避免的趨勢。在儀式方面，不斷的改易舊有的儀式，以更簡單的方式來禮拜神明，也是必然的。

等清楚這個發展軌跡，有助於我們對歷來所謂的「祕密宗教」有較清楚的瞭解。由此知道一般人所用「祕密宗教」一詞是不正確的，正確的說法應該是「新興宗教」。從這個宗教發展軌跡中，我們看到一貫道是站在發展軌跡的前端。它的背後，有很深厚的歷史淵源。

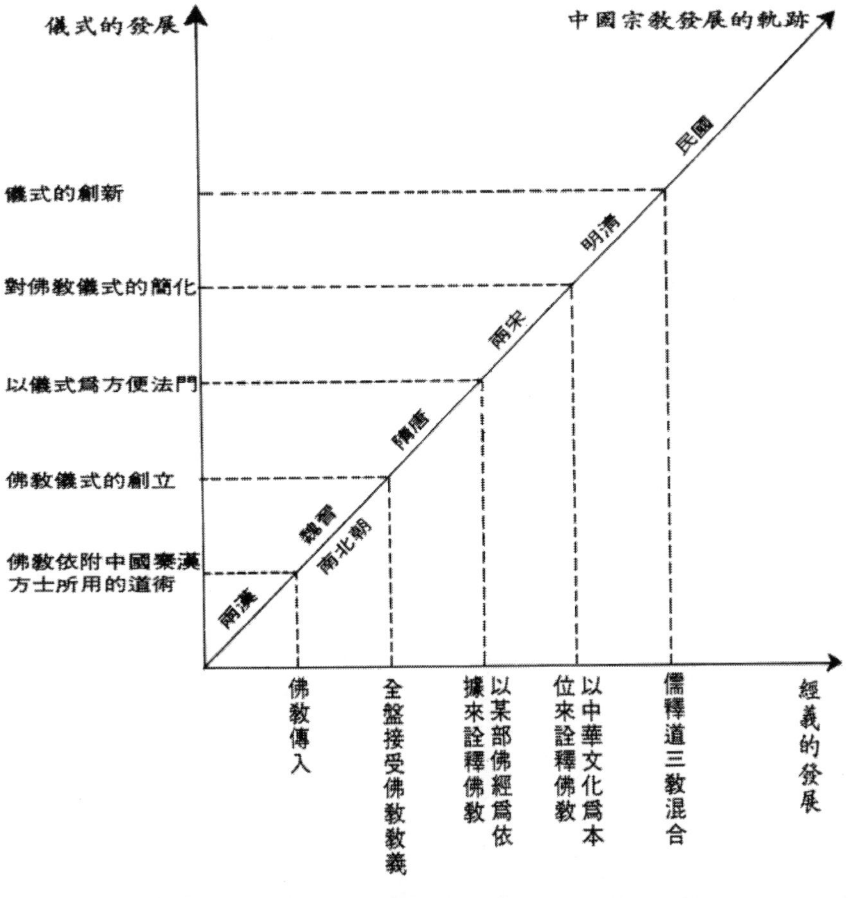

中國宗教發展的軌跡

二、「清教徒」的本質

根據前面的各章對一貫道儀式行為的敘述以及我對這個教團長期的觀察，發覺一貫道帶有很濃厚類似基督教「清教徒」（Puritan）色彩。

這話怎麼說呢？

依照一貫道傳統的道場規矩來說，信徒要能夠隨時隨地注意自己的言行舉止，要儘量做到《大學》書中所講那套「誠意、正心、修身、齊家」行為標準。表現在日常行為上的，是穿著樸實，男不油頭粉面，女不花枝招展；待人接物謙恭有禮，謹守長幼尊卑的次序；重諾言，貴實踐；要能減低外面花花世界各種物質的引誘；捨棄奢侈浪費的生活，過一種簡單儉實的持齋生活；薄待於己，厚待於人，把多餘的錢財用來布施貧窮；不可抽菸、不可賭博、不可喝酒、不可沉迷女色、不追求時髦。

凡此種種，都是在要求一個信徒過一種嚴肅樸實的生活，也要求有「民胞物與」的心胸與情操。這種情形類似十六世紀歐洲宗教革命時的「清教徒」——一種要求人們生活嚴肅、不苟言笑、清心寡慾的教派。

從歷史的眼光來看，一貫道所主張的生活方式，並不是他們所獨創，而是其來有自，且歷史悠久。它的歷史上限大概是在兩宋。

宋代是個承平的時代，除了靖康之難前後遭到兵災之外，大部份的時間是個安和樂利的社會，工商業發達，連帶促使人們生活享受大為提升，另一方面，從魏晉南北朝以迄隋唐的世家大族完全崩潰，繼起的顯赫家族是因科舉而起的仕宦人家。世家門第崩潰後，原有的一套社會道德體系也隨之瓦解。在兩宋時期這種新的社會局勢中，一方面是因生活富裕而放縱於聲色犬馬，在另一方面，卻又逐漸以宗教的力量推動一種本乎倫理綱常的道德體系。這方面是具體的代表作品就是宋代李昌齡的「太上感應篇」。

宋明理學發達之後，理學大師們本乎儒家的精神，倡導生活要能合乎中庸之道，要能做到誠正修齊治平的要求。宗教家更是朝著這方面大做文章，像明朝袁了凡做「功過格」，就是完全假借因果報應之說來條列人們生活處世的基本原則。明清時期這一類宗教書籍多得不勝枚舉。

再者，「無生老母」信仰的基本前提，就是說原佛子陷在滾滾紅塵之中，迷失了本性。人們要認清本性。認識一切紅塵享受俱是空的，及早修道，才能返回眞空家鄉。一貫道既是這無生老母信仰陣營中的一支，當然也就奉行既有的傳統的生活方式。

當前台灣社會也正處在「飽暖思淫」的境界，社會上瀰漫著一股濃厚的奢侈浪費和色情泛濫的風氣。對於某些衛道之士來說，認爲是到了一種極爲混亂的地步，需要另一股淨化社會風氣力量與之對抗。在這種情況下無生老母信仰所揭櫫的基本概念和一貫道所採行的清教徒式禁欲主義，就有發揮長才的機會。

過去三十年中，新聞報導所描繪一貫道「邪淫」的印象，可說是出於杜撰，絕無邪淫之事。它若是有問題，那就是有些道親陷於食古不化，一味排斥現代物質文明而跟不上時代的腳步。

三、溝通不良所引起的困擾

過去三十年中，一貫道一直是遭受各方非議最多的教派。這種情勢的形成，主要是出於政府與一貫道之間缺乏良好的溝通和其他教派的落井下石。

就政府方面來說，基於治安的顧慮，對於聚眾性的集會總是不敢掉以輕心，在基本上是沒有錯。但是錯在不肯也不願主動的深入瞭解那些聚眾活動的本質。只是照著前清時期對付新興宗教的策略和辦法來對付一個他所不清楚的教派。在處理措施方面，又是採取法家那種不信任人民的態度，認爲「拿不出證據來說明無罪，就是有罪」。這種情形對一貫道來說，眞是「投訴無門」。再者，三十年來。治安單位對一貫道的報告大多衹是輾轉相抄，當然也就無法眞正瞭解眞相。

就一貫道方面來說，一直缺少良好有效的對外公共關係，是不容諱言的事實。造成的原因可分兩方面來看。

第一，先有一些拘泥於教義的點傳師過於眼高自是，過分強調道的尊貴，結果否定了世俗法律的約束力，引起治安單位的疑慮，同時也刺痛了其他教派。

第二，長久的壓抑造成一貫道信徒儘量隱藏自己的身份，對於外界的各種批評毀謗，不予辨駁。又讓人產生一種「默認」的錯覺。

就社會方面來說，也有三點原因：

第一，中國社會自五四運動以降，一直存在著一股反宗教的傾向。但只是反中國社會本身的宗教，而不敢反外來的基督教。自民國肇造以來，知識份子對中國民間信仰一直是採取批判和懷疑的態度，像梁啓超在「評非宗教同盟」一文就指稱同善社、悟善社、道院之流都是「低等宗教」，大有「都是這些低等宗教把中國害慘」的責備意味。在這種風氣下，知識份子一直不曾眼看過中國的宗教問題。在我的田野工作經驗中，有許多師長同學不敢相信曾有五六萬大專青年踏進過一貫道的宮牆，在他們的意識中，大學生參加一貫道，太不可思議了。可是，事實俱在，不容我們故意視而不見。所以。在這種知識份子輕視中國民間宗教的情勢下，一貫道得不到好評是很自然的事。

第二，新聞傳播媒體對宗教問題故意誇大渲染與捕風捉影，並且濫用「新聞審判」，在沒有弄清楚事實的眞相前，就輕率的遽下定論。更何況，新聞從業人員又經常以知識份子代言人自居，知識份子既然以批評宗教爲風尚。當他們碰到宗教問題時，也就非要設法批評一番不可。以致使得中國宗教問題一直不能得到公平的處理。

第三，台灣地狹教稠，各個教派爲了自身的生存，都盡力擴張自己的勢力。於是，性質愈接近的教派，所產生的摩擦也就愈大。像基督教的眞耶穌教會早先就大挖長老會的牆角，大約拉走了三分之一長老會信徒，以致兩教會之間關係一度非常惡劣。一貫道在性質上與佛教相近，而它的信徒又有熾烈的宗教狂熱，活動力強，吸引了爲數眾多的民間傳統信仰者，使得佛教僧侶大爲恐慌。於是，和尚們一方面到處宣揚一貫道是邪惡的，一方面頻頻向政府有關單位打小報告，希望假藉政府之手，拔除他們的眼中釘、肉中刺。

今天，我們冷靜的來看政府、一貫道、佛道兩教三者之間的關係，有一好比，好比是美國、台灣，中共之間的三角關係。

美國表面上不承認台灣，但與台灣有良好的實質關係；美國與中共表面上是有外交關係，但雙方互不信任，甚至是勾心鬥角；台灣與中共之間是有不共戴天之仇，中共處心積慮要併吞台灣。在這種三角關係下，台灣唯有莊敬自強，才能維持這種三角關係的均衡，伺機光復大陸。

今天政府表面上是不承認一貫道，但實際上，在推行社會教育、社會慈善活動、端正社會風俗等方面，與一貫道有相當良好的合作關係。政府認可佛教會道教會，但對他們內部黨同伐異，紛爭不已的現象，深感頭痛。佛教會道教會都有併吞一貫道的野心。

把這兩種三角關係比一比，很容易看出兩者有太多相同之處。一貫道唯有像台灣一樣能夠不斷的莊敬自強，才能抗拒外來的壓力。在過去三十年中，一貫道並不因外界環境不利而消聲匿跡，反而是成長茁壯。民國三十五年到三十八年間，有好幾個民間傳統信仰的教派，自大陸傳來台灣。其中大多數都沒有什麼發展，唯獨一貫道成功，原因何在？

一貫道的前人們往往把成功的原因，歸之於宗教因素——天命。但是，站在社會科學的角度，可以指出幾項成功的因素。

在前面曾不止一次的指出，一貫道成功的取代了台灣原有的齋教。雖然佛教依照法令接收了齋堂，但是一貫道卻接收了齋教所留下來的信徒群。

仔細的探討一貫道成功發展的原因，除了上述原因之外，還可以舉出一些理由：

第一，迎合時代的需要。

台灣曾經淪爲日本人的殖民地，長達五十一年之久，日據時期，日本人曾努力促進皇民化運動，以期打破台灣同胞對中國文化的認同。民國卅四年九月，日寇投降，台灣重歸中華。台灣同胞對中華文化是極爲仰慕與渴望。這時候，一貫道的信徒以中華固有文化傳播者的姿態出現於台灣社會，自然受到歡迎。

到了民國六十年代，台灣社會因經濟繁榮而逐漸恢復了失落已久的民族自信心和自尊心。隨之，在社會上，掀起一股尋根的熱潮。學者們稱這種現象爲「文化復振運動」。一時之間，教授傳授文化項目之處都吸引許多青年學生報告參加。一貫道一向標榜傳遞中華文化，在這種時局下，很自然的吸引青年學生加入。一貫道在各大專院校的發展，正好就是台灣社會上文化復振運動流行的時候。

第二，宗教上的靈驗現象

宗教與其他民間社團最大的不同，在於前者強過各種靈驗現象。而這種靈驗現象又往往不是科學所能解答的。放眼看看當前台灣宗教舞台上相當活躍的幾個教派或佛寺，莫不競以宗教靈驗現象做爲吸引信徒的基本條件。像基督教的新約教會重視「靈言」，用它與上帝直接交談；眞耶穌教會注重個人對靈驗現象的見證，佛光山上流傳著許多佛陀顯化的傳說；台北土城承天禪寺因傳說廣欽老和尚會知未來曉過去，能替人解危，而吸引無數信眾。在一般民俗中，童乩做法被認爲是直接影響一個人禍福的因素，陰宅與陽宅風水更是人們津津樂道的話題。

一貫道的扶乩與借竅，不僅解答個人生活上所遭遇到的麻煩，更是宣達天上無生老母的訊息。比起時下社會上一般的童乩作法和其他教派的靈驗現象外，顯得要高出一籌。

再加上一貫道在扶乩或借竅臨壇時氣氛莊嚴，使在現場的人很容易感受那種特殊氣氛，產生一種「仙佛與我同在」「仙佛是可以藉修持而達到」的感覺。

從而產生信心。一貫道能在芸芸眾教之中脫穎而出，這是一項很重要的因素。

第三，現行教育制度上的缺失

在一般人的印象中一貫道只是一個迷信色彩很重的教派，只能吸引一些知識程度不高的人們參加。但是，當我仔細觀察分析現今一貫道組成份子的教育背景時，卻看到有相當多的高等知識份子參與活動。這就值得做詳細的分析。

前面提到過，近五、六十年中，中國知識份子有一股反宗教的傾向，像蔡元培就主張用「美學」來取代宗教、胡適之、梁啟超等人也傾向於用教育和道德來取代宗教。但是，美學、教育和道德並不等於宗教，也就無法眞正的取代。更何況，現代的知識份子只是在自己擅長的知識領域中專精，對這個範疇之外的知識就顯得茫茫然。在這種情形下，現代的知識份子面對神奇的靈驗現象，不是懷疑拒斥，就是全盤接受。

在討論文化復振運動時，曾經提過大專青年對傳統文化的嚮往與熱衷。但是，當前的大專學校教育制度所著重的是專業科技知識的傳授，很少或根本沒有系統化的介紹中國傳統儒釋道三家思想。

當我檢視一貫道在現今各大專院校十五年的發展過程時，發現愈是人文學科薄弱或欠缺的學校，一貫道的發展就愈盛。就拿一貫道在大專院校的發源地逢甲工商學院來說，全校沒有哲學、經學方面良好的師資，學校四周也沒有頗具規模的書店，僅有在文具店裡附帶賣一些解答考題的參考書，很少有思想方面的書籍。而學校的課程都是一些供實際應用的專業科目。這樣的學校環境，處在知識青年熱切追求對傳統思想的認識時，就完全不能提供一個良好的學習環境，有志研究三教思想的學生自然就向外找求。一貫道剛好提供一個接觸三教經典的地方。不但可以學得傳統文化，更可以把自己的學習心得講給別人聽，對學習者來說，確是個理想的所在。於是，大家趨之若鶩。

第四，與農村生活習慣相配合

就基本性質而言，一貫道所秉承的是中國傳統農業社會的文化特質、主張敬天、禮神、簡樸生活、節慾、人際關係和睦有禮等。

在當今台灣社會中，中南部農村地帶仍然保存大部份傳統的中國農業社會的文化特質，因而就比較容易接受一貫道所揭櫫的信念。像雲林嘉義一帶常有全村求道、全族求道的情事，就充分說明兩者間的契合關係。

而且，一貫道在大專院校及工業區中的發展，也一直是以從中南部農村子弟爲主要對象。一般來說，台北地區和各加工出口區是受現代西洋文化影響較深的地區，區中以工商業爲生活重心。而所表現出來的社會現象是人際關係冷漠，工作繁忙緊張，爲了生存不惜勾心鬥角等。這些社會現象不是來自傳統農村的人一時所能適應。這些離家外出求學求職的青年到了五光十色的花花世界，有一些人把持不住，就隨波逐流而告墮落；有一些人則企圖尋求一個與原先生活習慣相近的避風港。一貫道的道場基本具有傳統農業社會的文化特色。特別受到一部份農村子弟或喜好傳統式農業社會生活方式的人們的歡迎。

第五，人事管道的通暢

人總是會有成就動機的。在一個團體中，若是有力爭上游的機會和希望，他就會留在這個團體中。當我們比較一下一貫道與佛教在組織結構上的差異時，就可以瞭解爲什麼一貫道會比佛教更能吸引信徒。

佛教在組織結構上，分成出家僧尼與俗家居士兩個層次。出家人永遠高高在上，受俗家居士的禮敬尊重。俗家居士即使修爲再好，也不可能取代出家僧侶。一貫道則不然，它是完全由俗家人所組成，只要求了道，在道場中一直熱心參與活動，平時的修持爲人得到他人的尊重，他就有上升的機會。今天各支線的領導人，當年也只是個普普通通的道親而已，由於他們信道虔誠，一直在道場中效力，時間久了，也就成了一支線的領導人。從心理學來說，他完成了他所要追求的成就目標。今天，「前人」的經歷，正是「後學」所要仿效的對象。

以上簡單的分析了一貫道能在逆境中求取成功的基本因素。一貫道在現今的社會中的處境，好比是台灣在國際現勢中的處境，一切要靠自己的努力，才能夠在逆境中生存下去，要進而贏得他人的尊敬和讚許。

四、一貫道到底是什麼

這兩年來，往來於各地的道場，承蒙諸位前輩和眾道親們不棄，接納我的訪問，並且常能促膝長談，交換意見，使我能夠獲得一份相當完整的珍貴資料。不僅讓我藉著這份資料，勾勒出有關中國人宗教信仰的概貌，而且也創下對一個現生教派做詳盡記錄的先河。

如果，有人問我：「對一貫道的看法和觀感如何？」我會坦誠的告訴他：「如果沒有像一貫道這種強調傳統文化與傳統道德的教派存在，今天在台灣的中國人有可能成爲『迷失的一代』，台灣社會也不知道會是個什麼樣子。」

近代中國，可說是處在一個苦難的時代。當西洋人憑著堅船利礮叩開了中華上邦的大門之後，中國人的民族自尊心、自信心經歷了各次列強入侵戰役而逐漸崩潰，終於在民國八年五四運動中，宣告全部破產。那時候的思想領導人物，高喊「打倒孔家店」「將線裝書丟到毛坑裡去」，熱切的迎接「德先生」（即「民主」democracy）和「賽先生」（即「科學」science）。傳統文化在這個風潮中倒了下去。二十世紀初期流行的各種思想如水銀洩地一般，無孔不入的滲進中國各個角落。最後，共產思想佔了上風，中國大陸淪陷，國民政府退守台灣。

台灣是海上孤島。在五四風潮熾烈延燒的時候，台灣是在日本帝國主義者的控制下。日本統治者雖然也極力設法砍斷台灣的中華文化根基，但這是一種外來的破壞力量，不同於「五四」那種來自內部的破壞力量。當日本戰敗，台灣重回中國版圖。台灣民間嚮往渴慕中華文化——尤其是傳統文化——的心情，是非常迫切的。

另一方面，因大陸淪陷，也促成部份人士反省與檢討失敗的原因。有許多人認識到，這是因爲喪失傳統文化、喪失傳統的倫理道德。從而，發出重振固有文化與倫理道德的呼籲。在這一方面，民間宗教界表現得尤爲特出。

這二十年來，台灣社會由早先的風雨飄搖，到今日的繁榮富足。其間的歷程可說是在以傳統文化爲底，追求中國社會的現代化。等到民國六十年代，經濟富裕之後，傳統文化在另一股「文化復振風潮」之下，而告發揚光大。

像一貫道這種以發揚傳統文化和倫理道德爲職志的教派，在這二十年中和近十年的文化復振風潮，一直扮演相當重要的角色。這也就是一貫道在三十年備受非議的情況下，仍能成長茁壯的根本原因。

因此，當我仔細的研究這段公案之後，我認爲：

第一、一貫道不僅不是爲害社會的「邪教」，反而是一股龐大的社會安定力量。從本書的第九章中可以瞭解：道親們的基本修持與純淨概念將一個人從內心隱存的動機到外表外顯的行爲作了徹底的約束，使一個人不願也不敢爲非作歹，這種約束力量，在目前正面臨急速變遷的台灣社會來說，是很迫切需要的。

其次，一貫道除了要改造與約束個人以外，更注重群體的利益，在我所訪問過的一貫道廟宇中，幾乎都有類似急難救助基金或互助基金的設置，以全省最貧瘠的縣份之一的雲林縣爲例，發一組的二十多個公共佛堂都由道親每人每個月繳兩百元作互助基金，遇有某一位道親發生困難，立即就能動用這筆錢。雖然這也是政府推行小康計畫其中的一項，然而一貫道是確實做到了。除此以外，逢年過節還要另外募捐大批衣物、食品及現金捐助貧弱孤苦，這些行爲無疑地是解決了許多政府力量所不能及的社會問題。

第三、一貫道不僅致力講求互助合作，更注重精神的享受。國學研究班教導人們從四書五經中尋找一個純中國式的「極樂淨土」，而且在層次與結構上還加以區分；除了樹立一個由三教古籍經典中採擷集成的「理想國」外，還有充實日常生活的方式，像書法、國畫、烹飪、插花等研習班，都是要以純中國式的固有藝術美化現實生活，陶冶心情，讓脫離貧困的人，能過得更充實。

第四、注重精神享受，節制物質享受。一種基本的生活享受是被允許的，但不鼓勵過分奢侈，並且要求道親將節省下來的金錢用於慈善工作。雖然一貫道在這方面的約束，並沒有積極的規定，但是如果一位道親佈施與他的物質享受不成正比，就會受到非議，所以事實上這樣更容易養成社會上節約的風氣，達到平均財富的理想目標。

第五、傳遞文化的薪火。一貫道是中國式的宗教信仰，更可貴的是它包含了全部的中國傳統思想，所以有人曾說「一貫道是民間的中華文化復興運動推行委員會」。目前西方文化與思想正瀰漫整個社會，帶給國人「失根」的感覺，一貫道把整套中華文化思想加上宗教色彩，更有力地加以傳播。而主要的傳播對象又注重在廣大的中下階層，同時還透過各種方式改造國人的生活，像儒家的「孝道」、道家的「清靜」就是每一位道親最基本的行爲準則。這種傳播方法要比政府以傳統方式宣傳來得更實在與有效。

綜合以上幾點來看，可以發現：一貫道完全秉持著政府政策在做；政府推行一項政令一向採取由上而下的傳統方式，因此在基層常會出現死角。而一貫道推行同一件事是由下而上，先要從廣大的基層做起，所以能實施得很徹底。也唯因如此，像雲林小莊村、欉仔坑這些貧瘠小地方，才會出現全村百分之八十以上人口成爲一貫道信徒的現象。

國人對中華文化的渴求，固然是一貫道迅速發展的主因，而對各種生活層次的滿足，也又不斷地刺激出對一貫道的需求。從古籍經典中採擷集成的「極樂淨土」固然是道親們所憧憬的美好未來，而這種爲信徒們設計好了的充實的生活方式及精神享受，卻又是另一種珍貴的「人間淨土」。

五、未來的方向

隨著社會的進步，一貫道的做法也必須逐步地調整，謹就我兩年實地調查後的看法，作以下幾點建議：

一、提升慈善活動的層次：以往對孤兒院、養老院的救濟，固然是行善行動，可是這種活動已極爲普遍，成爲社會上非常良好的風氣，於是有時孤兒院、養老院的米、菜因吃不完而腐爛拋棄，造成無謂的浪費。一貫道既有這麼龐大的力量，可以做的善事還有很多，例如中南部鄉村醫療設備非常缺乏，集合大眾力量，漸漸在鄉村設立醫療中心或在適當地點建立一所大型醫院，將可救渡更多的人。有志於此的道親應該多考慮這方面的問題。

二、確立師資的水準：將來道親勢必愈來愈多，師資的需求也愈來愈迫切，發一組的人才培養計畫，當然是理想的方式，值得推廣。目前各組除浩然組的部份講師由發一組代訓外，其他各組大都只能就信徒中直接挑選擔任，也因此常會出現對同一經典各人有解釋不一的現象。一貫道既要傳遞文化的香火，對神聖的中華文化便不可稍有歪曲，怎樣建立優良的師資是刻不容緩的工作。

三、教義經典的普及化。目前工商社會中要花費大量的時間精力潛心鑽研眾多的經典，是不太可能的事。要各種不同教育程度的人讀同樣一本經典，也是一種苛求。博大精深的三教經典可以用淺顯的白話文改寫成幾種適合各階層道親的讀本，讓每個人對道的眞義與精髓一點一點地心領神會，逐步地潛移默化，再配合優良的師資，自然能收到更宏大的效果。另外教義經典與文化思想不應只及於道親本身而已，也要顧及到下一代。

最後，我要誠懇的呼籲，現在是光明正大從事佈道工作的時候，不必再躲躲藏藏。雖然，道中前輩一再明言「修道的人不過問政治」，但是，政治卻主動的會找上宗教，也就是說，當政者對於他看不到的團體活動，一直深具戒心。若是掌握不了，就會設法除去。二十年前，一貫道一直是當政者眼中，看不清楚又難以掌握的團體，所以才有取締之舉。近年來，由於政教雙方的溝通情形日趨良好，當政者也逐漸明瞭一貫道所做所爲。在此之際，若是能有適當的辦法，表現出一貫道的實際情形和動向，而讓執政當局能夠完全信任，那麼，一貫道的洗刷冤屈，還我清白是指日可待。

第十八章 陳水逢博士與一貫道的「合法化」過程

陳水逢博士是一貫道「合法化」過程中，最具關鍵決定力的人。如果沒有他以曾擔任過中國國民黨中央副秘書長的身份出來奔走協調各方面，一貫道至今能否取得在中華民國的合法地位，並且公開的參與社會各種活動，還是一個未定之數。因此，特別請陳水逢博士親身講述他爲一貫道「合法化」的努力過程。

據陳博士說，他接觸到一貫道是在民國五十七年十二月的時候，當年二月他剛從國外講學回來，擔任中國文化大學教授兼東語系主任，同年十月以青年學者身份被中國國民黨中央黨部找去當臺灣省黨部的書記長，翌年兼任省政府委員，以後又出任臺北市黨部主任委員、中央黨部秘書處主任、中央黨部副秘書長、中央委員等職務，現在是考試院考試委員。

他在擔任省黨部書記長的時候，五十七年十二月中旬某一天，有位朋友邀他去台北松山的一處佛堂聽道理，那天佛堂的講師講一些四書的章句，也講了一些做人的道理。他覺得這種宣揚儒家思想的活動很不錯，留下很好的印象。當天，他不知道那就是一貫道的佛堂，事後向朋友查詢，才知道這就是社會上傳言中的「一貫道」。可是社會上對一貫道的傳言講得很糟糕，他就覺得很奇怪，於是就多參加接觸一貫道的活動，看見他們的信徒都是彬彬有禮，待人接物都很客氣，切切實實的在實踐中國傳統上儒家所傳的倫理思想，於是就下定決心爲一貫道洗刷冤屈。

臺灣的地方首長和民意代表的選舉是一件大事，考驗國民黨在地方的實力，因此每逢一次地方選舉，國民黨的地方黨部就會去拜託一貫道的佛堂，請求支持。邵恩新、林豐正當年出馬競選台北縣長、吳伯雄選桃園縣長時，都曾得到當地一貫道道親的大力支持。民國七十二年的立法委員選舉，台北市黨部創下提名七人全部當選的佳績，更是一貫道大力輔選國民黨籍候選人的具體表現，尤其是大安區黨部所負責輔選的林鈺祥，單在大安一區就得到兩萬零七百多票，超過原先責成輔選的兩萬票。那一年，一貫道在台北縣支持了林永瑞、謝美惠、周書府三人，在雲嘉台南地區，一貫道更是全力支持國民黨籍的蕭天讚、廖福本二人，在高屏澎湖地區支持國民黨的王金平暗中輔選，用來牽制高雄黑派候選人余陳月瑛系統的無黨籍人士林佳容。另在其他縣市共支持二十多人順利當選。

蕭天讚當選立委後曾一度兼任中央社工會主任，在其任職期間，曾經一次由鄭森棨副主任代表社工會，向中央黨部各組會主任參加的工作會議，提出有關一貫道的情況專題報告，並期望能予以合法化，但報告後遲遲未見有任何動靜。一貫道仍然處在被查禁不能公開活動的狀態。

經過這些大大小小的選戰，證明一貫道是一股可資運用的社會力量，時陳水逢已不在中央黨部服務，已轉任考試院考試委員，眼看對一貫道合法化或公開化毫無任何動靜，且無任何單位或個人挺身出面爲一貫道呼籲奔走主持公道，於是陳水逢就自動走訪國民黨中央黨部，向當時的中央秘書長馬樹禮先生報告這種情形，馬樹禮反問一句：「你那麼熱心作什麼？你又不像蕭某靠一貫道支持才當選立委。」陳水逢當時就回答說：「這是一個忠於國家、愛護政府的社會資源，今天您在執政黨中央負責，這種忠實可靠的修道團體的社會資源您要不要？您自己去衡量看看。」

然後他又轉頭去找當時負責督導社工會的副秘書長郭哲。他是基督教徒。陳水逢在學術聲望、黨政資源都在郭哲前面，對陳水逢相當尊敬，但是討論到如何處理一貫道的時候，郭的態度就相當保守。在訪談中，陳水逢只願講到這裡，就不再往下講，顯然有難言之隱。

經過這一番努力，仍是衝不破國民黨若干高層官員對一貫道的刻板印象。有一天，陳水逢就與張培成前人、祈玉鏞前人、高金澄前人、陳鴻珍前人、薛福三前人，以及林枝鄉點傳師等會面商談因應對策。

他說：「先讓我再出面衝衝看，反正我的個性耿直看下不看上，況且由於平常我除了克盡份內之職責工作外，既不應酬亦不穿門戶，不奉承不巴結，敢言人之不言，已有不少人認爲我多管閒事，甚至有些老一輩的對我早已有成見，不諒解就是不諒解，大不了考試委員丟掉而已嘛，回到學校教書還不至於餓死！」

策略既定，陳水逢就去找當時的內政部長吳伯雄。吳在出任內政部長之前，是擔任中央黨部秘書處主任，而陳水逢正好是他前三任的秘書處主任，當時正擔任中央副秘書長，成為吳伯雄的長官。吳伯雄聽了陳水逢的拜訪來意，就對陳水逢說：「老長官，我當年也是靠一貫道道親的支持而當選的，我對一貫道知道得很清楚，他們不是什麼誨淫誨盜的團體，而是男女分座，規矩嚴明。今天的問題癥結不在於內政部，你應該也曉得眞正的關鍵在那裡。」

陳水逢當下就跟吳伯雄講：「謝謝你對一貫道的瞭解與肯定，這個關鍵我也清楚，讓我先再試試看，不過主管官署可是你內政部，你要交代下面的民政司和社會司兩個司長，不能有什麼故意為難的舉動。」

陳水逢心裡明白，一貫道陷入了那種困境，除了有關情治機關外，主要的原因是佛教會和道教會在從中作梗。像張培成前人為了一貫道的生存，不得不帶領他的基礎組寄託在中國道教會裡面，因此，道教會就不願意讓一貫道獨立出去。而佛教會又藉口一貫道有「佛堂」，講佛經，必須歸佛教會來管轄，否則就是「藐視佛法僧三寶」。《天道鈎沈》這本書中已經明白的指出佛教會是如何「誣害」一貫道。另外還有由同善社衍生出來的「中國孔學會」，由鄭燦這位老先生寫了一本《中國邪教禍源考》，把中國歷史上所有曾利用宗教形式反抗當政者的事件，統統說成是一貫道的源頭。書中一再強調，一貫道由於「出身不良」，因此有反叛的顧慮，必須切實取締，才能防患未然。中國孔學會送了好幾百本到國民黨中央黨部的社會工作會去，這是我在中央社工會的辦公室親眼看到的。可想而知，中國孔學會也曾將此書分送各有關情治單位。情治單位的職責就是在保衛國家的安全，只要有任何可能危害到國家安全的小道消息，他們都不會輕易的放過。孔學會的這一招實在夠狠。

十多年前，我開始有關一貫道的調查的時候，曾經跟國大代表王蘭女士一起會見過鄭燦，鄭燦表示他寫這本書的主要目的是要「引導一貫道走上正途」。但是，他所用的手段卻是相當卑劣。到現在我們仍然不清楚，他和中國孔學會為什麼要這麼去陷害一貫道。莫非講四書五經也要申請版權，只能由孔學會來講，一貫道就不可以講解四書？

就來源而言，一貫道與同善社孔學會共同源自清代中葉曾經盛行於大江南北的先天道。如果一貫道是邪教，那麼同善社也好不到那裡去。眞是演出一場「本是同根生，相煎何太急？」的現代版同室操戈悲劇。

至此，我們就明白一貫道遭禁的眞正原因。要想化解這個結，最主要的關鍵不在內政部，也不在於中國國民黨中央黨部，而在於實際負責國家安全事務的警備總部。陳水逢博士當然清楚這一點，於是他就設法找機會來協調各相關單位，共同商量化解之道。

爲了進一步瞭解一貫道在中南部情形，他於民國七十二年十二月間在摯友葉國一先生陪同下，利用兩週時間赴中南部訪問，並親自拜訪王壽前人。當時有人勸他不要拜訪王前人，但陳水逢毅然前往晤談了約一小時，更增加他瞭解一貫道所遭受到的侮蔑曲解，而益堅定他替該教洗刷冤屈的信心與勇氣。

民國七十三年，陳水逢先去找當時的警備總司令陳守山談讓一貫道公開化的問題。他對陳總司令表示，民國三十九年的時候，是有過一兩起一貫道被控宣揚迷信、非法集會的老案子，不過此後至少在中央黨部的記錄中就不再有這方面的記錄。如果沒有任何不良記錄，是不是可以請警備總部考慮讓一貫道公開地活動？陳守山聽了陳水逢的要求只是笑一笑，除談了些其他事情外，並沒有表示任何意見。

民國七十三年，蔣經國總統的身體狀況已經不是很好，不太管事。由李副總統、中央黨部的馬樹禮秘書長、行政院長俞國華等人共同管事。

陳水逢於民國七十三年十二月及七十四年五月另在其所屬小組開小組會議時，先後兩次在會議席上就一貫道有關事情詳爲報告，呼籲政府有關當局應多正視，並讓其公開活動。這一小組成員多爲掌權的黨政實際負責人，有院長、副院長、部長，甚至曾任情治機關首長。在聽取了陳水逢的說明之後，有幾位私下表示政府應早日讓一貫道公開化。

陳水逢經過一番思考後就去拜見當時的李登輝副總統，向李副總統報告說明一貫道是怎麼一回事。那時候正好有新約教會事件發生。新約教會是一個相當極端又激進的狂熱教派，佔據高雄縣旗山鎮小林村的國有林地，稱之爲錫安山。早期的教徒多半爲退伍軍人，對社會充滿了敵意，企圖找尋一個心目中的聖山，過一種脫離塵世的日子。可是他們的行動相當激進，跟小林村的警察和村民處得不好，以致情治單位懷疑其中有什麼隱情，就大舉抄山。新約教會的信徒就跟警察單位起了嚴重的衝突，消息傳到國外，就演變成了國民政府在迫害宗教自由，大大地損傷國家的形象。陳水逢趁這個機會，就向李副總統報告說：「江南案事件及新約教會事件，就已經如此嚴重的損傷到國家的形象，是不是還要再促成另一次相同的事件，再度傷害國的形象？」蓋當時已有人企圖唆使要帶一貫道道親走上街頭抗議，陳水逢得悉後便積極疏導，以免引起大風暴。據悉一貫道的動員能力之強，非國內任何黨派或社團所能比匹的。

那時候，刺殺江南一案，已經讓國民政府在國際上灰頭土臉，再加上新約教會大告洋狀，更讓國民政府顏面盡失，怎堪再來一記打擊？於是在這種形勢下，李副總統聽了陳水逢對一貫道的說法後，當然就傾向於同意設法一貫道公開，成爲在內政部登記有案的宗教團體。

有了李副總統的首肯，陳水逢就去找當時負責文教工作的教育部長李煥。那時候李煥跟李登輝的交情還很好，李煥一聽李副總統已經答應，就鼓勵陳水逢試著再去衝衝看，看看可不可以突破目前的瓶頸。

陳水逢再去找中央黨部社會工作會主任許大路。許大路曾經兩次與陳水逢共事，是陳水逢的部下，對陳水逢的請託不敢怠慢，於是陳水逢請求許大路由中央社會工作會，在全省二十一縣市和兩個院轄市的地方黨部，再作一次普遍的調查，如果最近一、二十年來完全沒有不良的記錄，應該由黨做爲決策，轉請各有關機關可以考慮讓一貫道公開的活動。許大路照陳水逢的吩咐去做一次各地的調查，各地方黨部都回報說最近一、二十年來，沒有任何有關一貫道不良的記錄。

同年一貫道各組線也積極的展開推動「合法化」。七十三年十二月廿六日，由張培成、祁玉鏞、陳鴻珍、薛福三、高金澄、王壽等幾位領導前人，以及林枝鄉點傳師等人並邀陳水逢參加，在新店市大香山慈音巖成立一貫道各組線的聯誼會，爲往後成立一貫道總會預作準備。各組線的領導前人在台北市錦州街光明仁愛之家的台北辦事處多次集會，研究成立總會的各項事宜，訂定組織章程，並且正式聘請陳水逢以及多位民意代表爲顧問，協調各有關單位，以期能夠突破瓶頸，完成合法登記事宜。

民國七十四年六月一日，張培成、祁玉鏞、陳鴻珍、薛福三、施慶星、高金澄、林枝鄉等七人聯名向內政部提出一貫道登記立案的申請。六月十二日內政部函覆，藉口在宗教法沒有完成立法程序之前，有關宗教申請立案事宜均未便核准立案，以致申請立案的行動受挫。

由於現行的法令中，一直沒有「宗教法」。目前唯一可以管到寺廟和民間教派的法規有民國四年北洋政府公布的「管理寺廟條例」，國民政府於民國十八年一月廿五日公布的「寺廟管理條例」和同年十月七日公布的「監督寺廟條例」。這些條例的制定是基於特殊時空背景。那是正值北伐成功，國民政府開始進行各種基本建設，又苦於國家經費短絀，沒有足夠的經費來興辦學校，於是就想到沒收全國各地的寺廟財產，改作學校之用。因此，在條例中特別著重於國家對寺廟財產的處分權力。

這種條例基本上是不公平的。對外來的基督教根本不敢置喙，只敢欺壓本國的寺廟。因此，國民政府撤遷來臺灣之後，一直想要制定一個可以管理各國宗教的「宗教法」，以扭轉以前「重洋輕土」的不正當現象。於是在民國五十八年有了「臺灣省寺廟管理辦法草案」和「維護寺廟教堂條例草案」，民國六十八年再有「宗教保護法草案」等法令草案。但是由於各種宗教同聲反對，以致這些法令都只停留在草案的階段，無法進入立法程序。因此，一貫道要合法登記就形成無法可循的局面，也就成了內政部不准一貫道正式登記的藉口，其實眞正的原因還是因爲警備總部沒有答應。

民國七十四年六月十九日的《中國時報》登載：「內政部主管官員十八日表示，在宗教法未立法之前，只要不違背國策及善良風俗，政府在政策上並不禁止其傳教活動。至於一貫道是否適用此一政策，仍需由中央有關單位繼續觀察一段時間後才能決定。有關官員表示，對於一貫道，政府有關單位已經觀察有一段時間，大致已相信其傳教活動，但過去一貫道有過不良記錄，早已明令禁止，目前其活動是否完全改善，政府乃有若干疑慮。此外，目前一貫道內部仍有許多派別，彼此間的關係以及統屬關係並不明確，是否具有代表性之領導人物，仍有疑問，因此仍有待進一步的觀察，才能有所決定。」

報紙會登這條消息，是因爲六月十八日，台灣省議員洪性榮在省議會向省主席邱創煥質詢，爲什麼不准一貫道合法登記？邱創煥的答覆是說，在宗教法沒有完成立法之前，對某一個宗教團體或教派，是否准予設立，權責屬於中央。因此，記者就向內政部民政司查詢，而有前一段的答覆。

洪議員也問警務處長，目前是否仍然取締一貫道的活動？警務處長林永鴻回答說：「目前已經很少取締了。」

這次申請立案的行動失敗，幾位領導前人再度找陳水逢商量，下一步該怎麼做？陳水逢答應在適當的時機，邀集各有關單位的主管一起商量。

民國七十五年十二月底中國國民黨第十二屆四中全會在陽明山中山樓開會。有一天中午，陳水逢就邀約吳伯雄、陳守山和許大路共同用餐。這時候陳水逢先把他對一貫道的認識說了一遍，又說社會工作會在去年已經又對一貫道做了一次詳細的調查，確實顯示最近一、二十年來一貫道沒有什麼不良的記錄，在這種情況下，是不是可以請警備總部放它一馬，讓一貫道公開的活動？

陳水逢再三強調：「任何一種宗教都難免會有一兩個殺人放火的敗類，佛教、道教、基督教難道就沒有這種害群之馬？一定有的嘛！可是我們不能單憑這一兩個害群之馬，就把整個教團否定。現在許大路先生花了兩個多月的時間來調查，確實沒有任何不良的記錄。顯然連這一層顧慮都不存在，爲什麼不讓人家公公開開的活動呢？」

陳守山總司令當時表示：「一貫道既然是傳播儒家思想的團體，我們就沒有理由再去禁止它，老案是有，不過已是幾十年前的事，只要沒有新案，就可以讓一貫道公開的活動，不受任何限制。」

既然警備總部已經鬆口，陳水逢建議許大路，由黨部出面來召開一個協調各有關部會的會報，在會報中把這件事定案下來。

同時陳水逢也授意他的學生立法委員蕭瑞徵及林鈺祥出面，聯合四十位立法委員，於民國七十六年一月九日在立法院的院會中向行政院提出緊急質詢，要求政府准一貫道立案，合法傳道。

《立法院公報》第七十六卷第三期全文刊載這次質詢的內容：

本院蕭瑞徵等四十人爲我國傳統宗教信仰「天道」，向以教忠教孝勸人爲善爲宗旨。故雖被誤解而屢遭取締，反而普爲民眾所信服接受，目前已擁有信徒百餘萬人，政府理應寄予重視，准其立案，合法傳布，以期公平，安定社會，並維護憲法明定之信仰自由，特鄭重向行政院提出緊急質詢：

一、目前在國內宗教上擁有百萬以上信徒之「天道」（俗稱「一貫道」），由於數十年來政府一再嚴厲取締，卻反而造成信徒迅速膨脹；近年來，雖然政府未明示取締，而該團體領導也一再向行政院內政部提出立案申請，屢獲不准。反而軒轅教、天帝教、天德教等卻能得政府青睞，輕易取得合法地位，似此歧視誤解，更徒然造成彼等對政府政策產生懷疑。

二、目前天道信徒已遍及國內外，所有宗教均爲進口的（如釋迦牟尼佛、穆罕默德、耶穌基督等均係外國人。），而天道卻大量外銷，光是日本就有四十多萬人，東南亞更多，現在連美國也已有數萬人，且在大量增加中。

三、國內方面，不但社會上有一百至一百五十萬信徒，政壇上、企業家、財經界亦大有人在。且多爲舉足輕重人士（在書面上未便一一列舉姓名），因此在國內有不少上億元以上造價之大廟、大財團法人，均是附屬天道。在此情況下，「天道」有可能禁止傳布或稱之爲不法而取締嗎？

四、天道是由中國大陸在臺灣光復後傳過來的，目前天道之「前人」二十多位之中，只有一兩位後繼者是本省人之外，其餘全是外省籍者，因此在「道場」上是所有社團中最無省籍之分的，當然臺獨份子不易與天道掛勾之道理即在於此；否則，三十年來所有「道親」心目中有受政府不公平待遇之感，若非領導人之「前人」有強烈之愛國心，早已發生偏差，怎能到今天還堅決支持政府及執政黨？

五、因社會上傳聞「求道」（在道場上，求道一如基督教之受洗）甚好，因此「道親」人數急遽增加，每年加入者以數十萬計，教育及行業水準不齊，百餘萬信徒之中，有不少群眾不常接觸前人（因天道未合法化，前人無法公開領導），因此，群眾中難免少許有自立門戶，其而走偏方向者；或有如過去之假借一貫道之名而爲非作歹者，凡此實與教義或前人完全無關，只是觀念上被連累了而已，前人們啞口無言，因無法公開出面辯解，或劃清界線。在此上下無法公開連繫情形之中，基層群眾易爲不逞之徒或偏激份子帶離本位，其後果自屬嚴重，一如「新約教會」之連累基督教，執政者豈可淡然置之？

六、「天道」如此盛行，廣泛爲大眾所接受，其原因不外下列：

1.不排斥其他任何宗教（主張儒釋道耶回……合一），一樣崇拜孔子、釋迦牟尼、觀世音、濟公活佛、耶穌等。

2.不勸人消極出世，反而要信徒努力堅守各行業崗位，力爭上游，效忠國家領袖，此點使有抱負之人士皆可認同。

3.在道場上專研倫理道德、四書五經，更重孝道，講求因果報應，勸人爲善。可說乃結合五千年中華道統文化及所有各教之教義結晶融爲一體，使所有士大夫、高級知識份子，以至善良虔誠拈香拜拜之匹夫匹婦，也都能夠完全接受。

4.在道場上重禮防閑，男女道親分坐分食不混雜，飯桌上用公筷母匙，儘量不殺生，吃素最好，因而更爲高素質之國民所接受。

5.在道場上仙佛經常降壇與信徒面對面說話（絕非作假），使信徒心服口服，相信眞有仙佛之存在，求道後不敢再作違背良心之事。

以上各項因素使信徒不但接受，而且與日俱僧，且教義資料，有關單位隨時可以調查，道場設立新求道班、碩士班、學士班、社會人士班等等，有關單位隨時可派員暗中參加監察（以前不少情治單位人員暗中參加求道班，結果事後大部分眞的求道了。），所以在此情況下，政府有仍須排斥天道，稱之爲非法，使百萬徒眾天天鬱悶嗎？此百餘萬信徒都可以成爲擁戴政府的資料，爲何不能疏導容納，使成爲忠貞堅強之社團？

綜上陳述，「天道」乃純正宗教信仰，際此高倡政治革新、解除解嚴，且容許「新黨」活動之時，殊無將天道仍排斥於憲法明定宗教信仰自由之外的道理，爲特聯名鄭重提出質詢，呼籲迅准「天道」之立案，合法傳佈，以符民望，實所至盼，敬祈　採納示復。

蕭瑞徵、邢淑孋、許紹勤、周書府、華愛、王金平、陳錫淇、林永瑞、謝美惠、蔡勝邦、周文勇、黃河清、廖福本、劉松藩、張燦堂、阿不都拉、陳蒼正、許勝發、段劍岷、楊大乾、溫錦蘭、冷彭、王長慧、沈世雄、張堅華、梁許春菊、朱如松、張廣仁、林鈺祥、伍根華、袁其炯、黃澤清、饒穎奇、莫萱元、李繼武、穆超、宮靜岩、吳勇雄、王學超、仝道雲。

這次質詢引起各方關注，各大新聞媒體大幅報導有關一貫道的消息，於是內政部長吳伯雄在七十六年一月十三日表示，爲了貫徹憲法保障宗教自由的精神，該部正積極協調各有關單位，並將於最短期間內，報請行政院解除對一貫道的禁令，以恢復一貫道的合法傳教活動。內政部表示，對於一貫道的禁令，是於民國三十九年時，當時的「台灣省保安司令部」查報一貫道的傳教活動，有涉及迷信及妨害地方治安的事證，經呈報行政院交內政部研議後，認爲有暫時停止一貫道傳教的必要，而於民國四十年指示台灣省政府應予查禁迄今。但事實上，近年來一貫道的宗教活動並無違法情事，在宗教自由的原則下，仍然照常進行，內政部除注意觀察外，亦從未加以干涉。對於一貫道內部派別統一的情形，有關官員表示，內政部的宗教政策是尊重各宗教的自由，因此，過去從不干涉，未來也不會干涉各宗教的派別問題。

七十六年二月十一日行政院正式同意解除對一貫道的禁令。至此，政府已經明白宣示要讓一貫道合法登記。三月八日在先天道院成立「中華民國一貫道總會籌備會」，會中推選七位籌備委員，張培成前人爲主任委員，討論章程及會員申請入會的一切準備工作。並在十三組十八支線中，選出三百十四位出任籌備會的會員。

可是，正式登記立案仍是困難重重。申請書遞出去後，有如石沉大海。癥結是在於內政部無心認眞辦理這一件事，因爲他們不想得罪佛教會和道教會，一旦批准一貫道自行成立總會，原先托庇在這兩會的一貫道佛堂勢必離開，多少都會影響到兩會的運作。於是民政司藉口一貫道是民間社團，就把公文推給社會司；而社會司又說一貫道爲宗教團體，應該由民政司主管，就這樣兩司之間互踢皮球，一晃半年就過去了，正式登記立案變得遙遙無期。這時候，又是陳水逢出來解決這個難題。他深知內政部的毛病在於不想得罪各方，就想到當年他擔任台北市黨部主任委員時的書記長之內政部政務次長馬鎭方，是一位長於協調，做事有魄力的人。於是陳水逢先跟部長吳伯雄打了招呼之後，就陪同張培成前人、祁玉鏞前人、林枝鄉點傳師三人一起到內政部去見馬鎭方次長。

見了馬次長，把來意說明之後，陳水逢就要求馬次長把民政司和社會司兩位司長找來，一起商量究竟該怎麼讓一貫道作爲合法的宗教，俾便公開活動。陳水逢就建議內政部是否可以仿照李玉階的天帝教的方式，予以「公開化」，因爲政府沒有任何法令依據能夠發佈一個命令，讓某個教團成立或是不成立。所謂「公開化」，就是一貫道所有的活動都讓政府各個單位知道，也讓情治單位放心。既然公開化，按照憲法上的規定，人民有信仰結社的權利，一貫道就可以正式成爲在內政部登記的一個新興教派。

馬鎭方完全支持陳水逢的看法，立刻把民政司長和社會司長找來，明白交代要趕快由民政司宗教科辦理。七十六年十二月八日，內政部正式發文給一貫道總會籌備會，正式核准「中華民國一貫道總會」爲社團法人。

事實上，政府對一貫道總會的成立還是不放心，在總會成立的前夕，又由中國國民黨中央社會工作會召集內政部民政司長許桂霖、社會司長蔡漢賢、警政署長羅張、國家安全局主管官員、台灣警備總部主管官員、法務部調查局主管官員、台灣省民政廳長陳正雄、台北市民政局長王月鏡、高雄市民政局長林金枝，以及台灣省黨部、台北市黨部、高雄市黨部等共同開會，同意讓一貫道總會成立。

民國七十七年三月五日，一貫道總會正式在台北縣新店市長春路大香山慈音巖成立。中國國民黨中央社工會主任委員趙守博在致辭時表示：「各位前人恭喜啊，你們四十年來的心血總算沒有白費，你們取得了跟國內十大宗教完全一樣的地位，這是千秋萬世的事。」事後當趙守博有一次碰到陳水逢時對他說：

「水公謝謝你替中央社工會及我國當前社會解決了這樁困擾多年的難題，倘無你堅定信念，鍥而不捨，勇往直前，不怕碰釘，更不怕遭忌，一貫道迄今相信尚不能公開化，倘一貫道要給你表彰立功德碑，應受之無愧。」云云。

回顧這段歷史，如果沒有陳水逢這位重量級人士的奔走大力相助，每次在緊要關頭出來化解瓶頸，克服困難，今天的一貫道可能還是處在妾身未明的尷尬境界。近年來年歲不大的陳水逢因心灰意冷雖已淡出政壇及社會活動，但《史記．遊俠列傳》所云：「（俠者）其言必信，其行必果，已諾必誠，不愛其軀，赴士之厄困，既已存亡生死矣，而不矜其能，羞伐其德，蓋並有足多者焉。」看陳水逢對一貫道所做的努力，這幾句話他是當之無愧。

第十九章
最近與大陸官方的互動

一、參訪東南亞四國

二〇〇九年三月二日至十三日，海峽兩岸關係協會副秘書長王小兵、中國國際友誼促進會副秘書長徐慶鋼、中國社會科學院世界宗教研究所副所長張新鷹等率團前往東南亞的泰國、馬來西亞、新加坡和菲律賓等國，參訪一貫道的現況。台灣的一貫道總會由理事長李玉柱率領三位副理事長王寶宗、張勝安、廖永康，秘書長蕭家振以及寶光崇正、寶光建德、發一崇德、安東、興毅等組線的領導點傳師、前立法委員沈智慧、以及筆者等人，全程陪同。

在十二天的訪問行程中，實際參觀了當地一貫道的組織、佛堂和活動，聽取所做的簡報，旁觀他們有關這次接待活動的安排，也跟當地一貫道負責人多所交談，參閱相關的資料以期能多方面的瞭解這個教派在這幾個國家的實際情形。

這份報告分「東南亞四國的一貫道」、「參訪所見」與「建議事項」三個部份。

（一）東南亞四國的一貫道

東南亞各國都有一貫道的佛堂。基本上，是從三條不同的路徑傳入的。

第一條路徑是一九四九年及往後幾年，從雲南，經過中緬邊境，到達緬甸。這些支派包括純一壇、闡德壇、道基壇等三大組，以及同德壇、華基壇、天渡壇、天一壇等小組。主要的分布地區是在緬甸，也傳到泰國、印尼、寮國等國。

第二條路徑是從香港。一九五〇年代一貫道的重心是在香港。因此，香港的幾位一貫道前輩曾經試著向新加坡、馬來西亞、泰國等地傳道，建立一、兩個佛堂，可是後來都沒有什麼發展。

第三條路徑是從台灣傳播過去的。目前台灣的一貫道大約有七十個大小組線。其中三十個以上的組線在東南亞各國都建立起他們的佛堂。夤緣際會，各有發展。以下就以這一次參訪的泰國、馬來西亞、新加坡和菲律賓四國，來作說明。

1.泰國

從一九七〇年起，台灣的一貫道方才開始向泰國傳布。目前在泰國，從台灣傳過去的組線計有乾一、興毅、發一崇德、文化、基礎忠恕、發一靈隱、發一天元、發一慈濟、寶光崇正、發一天恩、浩然浩德、天祥、寶光紹興、浩然育德、發一慈法、常州、基礎天基、發一天恩群英、發一同義、寶光建德、發一德化、發一奉天、正義輔導會等二十六個。共有一貫道的佛堂七千多間，半數以上是發一崇德組的佛堂。因此，這一次的接待工作主要就是由發一崇德負責。

一九八九年泰國社會福利救濟院的副院長頌蓬帖蘇　到台灣參訪發一道場。一九九〇年泰國政府提供北標一千一百多公頃的土地，做爲「光明天道學院」之用。一九九二年發一靈隱組在泰國南部的素叨府的孔廟落成時，大家長韓雨霖道長親往主持，與泰國僧王見面，接受泰國教育部所頒發的「現代孔聖」獎牌。一九九九年泰國政府兩度派官員到台灣參訪一貫道的道場。二〇〇〇年成立一貫道泰國總會。

泰國是一個佛教的國家，語言與中國的華語不同，華僑人數所占比例並不太高，卻在一貫道的海外傳道中，成爲最有成績的地方，泰國七十三府全部都有一貫道的發展，各地大廟、公共佛堂、佛堂不斷增加，現今已經每年大約有二十萬人求道。而且政府高層官員爲數不少。

2.馬來西亞

一九八〇年以後，一方面由於台灣經濟起飛，資金籌措容易，一方面是政府開放出國觀光，行動方便。再加上馬來西亞的華人社會凝聚力高，傳道的速度很快，於是台灣有三十多個組線都到馬來西亞傳道。比較重要的組線如下：

(1)寶光建德道場

一九六九年至一九七一年寶光建德的呂樹根因視察在印尼的道務，三次經過新加坡，夤緣設立佛堂，展開在新加坡和馬來西亞的傳道工作。一九七三年在柔佛州的峇株巴轄設立第一間佛堂「孝典堂」。三十五年來，已有一千多處佛堂。半數在靠近新加坡的柔佛州。又建立可供幾千人同時集會的大型公共佛堂，共有七間：柔佛州峇株巴轄的天關佛堂（一九八二）、吉隆坡的天上佛堂（一九八八）、芙蓉的天宮佛堂（一九九二，一九九七重建）、怡保的天賜佛堂（一九九二）、馬六甲的天理佛堂（一九九四）、麻坡的天宣佛堂（一九九五）、檳城的天威佛堂（一九九九）。

⑵發一崇德道場

發一崇德組進入馬來西亞是在一九七八年。是年有兩位馬國的僑生到台灣讀書，求道之後，回新加坡傳道。漸次發展到馬來西亞。目前分成三個中心。

1.吉隆坡道場，主管霹靂州及以南各州的道務。以崇德文教館（一九九三）為中心，下轄巴生、芙蓉、太平、沙巴、麻坡、關丹、文德甲、安順、馬六甲等區。有五十多所大型的公共佛堂，八百多所家庭佛堂。

2.阿羅士打道場，以亞羅士打崇德道院為中心（一九九三）分亞羅士打、雙溪大年、加央、檳城等區。

3.柔佛州道場，分新山、永居兩區。柔佛道場由於接近新加坡，由新加坡崇德道場管轄。

⑶興毅道場

興毅道場於一九七六年在吉隆坡成立「孔孟聖道院」，後來又相繼成立「孔孟天道院」、「孔孟大道院」、「孔孟中道院」、「道義聖堂」等，有一千多壇。

⑷基礎天基道場於一九七九年在吉隆坡設立達本堂。其後發展出四十多處佛堂。主要在吉隆坡、北海、巴生等地。

⑸常州道場於一九七九年在吉隆坡開始設立揚德堂，現在有五十多所佛堂，主要在吉隆坡、柔佛州、霹靂州、馬六甲等地。

⑹浩然浩德道場於一九八○年傳入。在吉隆坡設立慈惠堂。現在有十多處家庭佛堂，三處公共佛堂。

⑺發一靈隱道場於一九八一年傳入。在亞羅士打和怡保設立佛堂。目前有一千多處家庭佛堂。

⑻發一天元道場於一九八二年傳入怡保。在附近的愛大華成立愛華堂。分布馬國各州，現在也有上千間的家庭佛堂。

⑼發一天恩道場於一九八四年傳入。現在有二百多間家庭佛堂。主要是在霹靂州、其次是雪蘭莪州、吉隆坡、彭亨州、檳城、北海、新山等地。

⑽乾一道場於一九八四年傳入吉隆坡，現有兩間公共佛堂。數間家庭佛堂。

⑾天祥道場於一九八五年傳入，在吉隆坡、直涼、居鑾、吧羅等地發展。

⑿寶光紹興道場於一九八五年傳入吉隆坡。

⒀浩然育德道場於一九八七年傳入吉隆坡、雪蘭莪州的加影、馬六甲、檳城。有數十間家庭佛堂。

⒁寶光明本道場於一九八八年傳入，在吉隆坡、彭亨州加叻、柔佛州昔加挽等地有大型公共佛堂，有定庭佛堂五、六十間。

⒂發一德化道場於一九八九年傳入吉隆坡。

⒃發一天恩群英道場於一九八九年傳入。目前有35間公共佛堂，六十多間家庭佛堂，以康樂書院的規模最大。

⒄基礎忠恕道場於一九八九年傳入吉隆坡，後來漸次發展到巴生、檳城、北海等地。

⒅發一慧音道場於一九九〇年傳入檳城、馬六甲、北海等地。

⒆發一同義道場於一九九二年傳入吉隆坡。

⒇發一光耀道場於一九九二年傳入吉隆坡。

(21)文化組文化道院於一九九四年傳入新山。

(22)寶光崇正道場於一九九四年傳入，在吉隆坡成立明恩佛院，又在丁加努、檳城等地成立五十多所佛堂。

(23)寶光元德道場於一九九五年傳入吉隆坡。

(24)安東道場於一九九六年傳入怡保，後來擴及吉隆坡、打巴、檳城、亞羅士打等地。

在東馬的沙巴和沙勞越兩州，興毅道場最早進入，時間是在一九七〇年。接著是發一崇德於一九七四年傳入沙巴的根地咬，設立達光堂。以後又拓展到亞庇、丹南、斗湖、古晉等地。其他各組線隨後紛紛進入東馬傳道，一九八八年有發一德化道場、一九九〇年有發一靈隱道場、一九九一年有安東道場、一九九二年有寶光明本道場、一九九三年有寶光建德道場和發一天恩道場等。

總體來說，三十年前一貫道方才從台灣傳入馬來西亞。在這三十年間，傳遍馬來西亞十三州。馬國政府中的交通部部長翁詩傑，衛生部部長廖中萊等多人，都是一貫道道親，也極力護持一貫道在馬來西亞的各項活動。道親不限於華人，也有許多印度人。依馬國法律的規定，不得向馬來人傳教。因此，一貫道各組線都謹守這一條法律規定。不向馬來人傳道，但是歡迎慕道者前來聆聽講道。

馬來西亞由於當地學生和知識份子成爲道親者日益增加，所以辦道的方式就更趨於多元化，尤其近來台灣發一崇德在社會公益的大專志工活動，相當發達，有一百二十所以上的大學院校的學生成爲一貫道的道親。二〇〇七年，發一崇德把推動「社會公益活動的志工」的經驗與運作方式帶入馬來西亞，輔導當地各大學的學生推動社會公益志工，促成學生協助社會濟弱扶傾。當時來參加研習的志工，就有來自馬來西亞、新加坡等各地學生道親三百多位。近年來有關社會公益、捐血、讀經、敬老、志工社教等，已成爲在一貫道道場的經常性工作，也進入馬來西亞各社福機構，協助這些機構帶動各項公益活動，同時也輔助了一貫道道親的宏道活動。

3.新加坡

新加坡三百六十四萬人口中，有百分之七十五是華人。因此，一貫道很早就在此傳道。一九六一年呂文德就由馬來西亞到新加坡傳道，設立歸慈堂。一九六二年香港的徐治州也在後港設立明一堂。一九八三年設立芽籠東安堂。

一九七〇年以後，台灣各組線開始到新加坡傳道。最早從台灣去新加坡傳道的單位是寶光建德。一九六九年時呂樹根就開始在新加坡傳道。爲了傳道工作的需要，設立「天然化工私人有限公司」，提煉薄荷油。連續賠了十二年，於一九八二年時，國際薄荷價格飛漲，方才把賠掉的資本賺回來。從此有了雄厚的資本實力，道務發展就更加快速。在二〇〇〇年時，已有一千八百間家庭佛堂，另在後港有天國佛堂（一九七三，一九九二）和紅山的天慧佛堂（一九九四）。

在新加坡傳道的其他組線計有發一崇德、發一靈隱、浩然浩德、浩然育德、常州、發一天元、寶光紹興、發一天恩、發一廣濟、基礎忠恕、文化道院、發一天恩群英、正義、興毅等十四個組線。

整個新加坡大約有三千多間的佛堂，素食餐館分佈密度頗高。由於新加坡政府對於土地分區使用，有明確的規定。所以，各組線在發展的策略上，仍本著將分散式的大小場所，做統籌式的利用。

近二十年來，新加坡提倡西方英文教育的影響，對華文教育的推廣有著相當程度的衝擊。年輕一代的中文能力，大大降低。一貫道道場在新加坡三十年的耕耘，已在社會各層面及信眾年齡層的廣泛涵蓋，都有一定程度的優勢展現，能使接近一貫道道場的成員，深入接受中華文化，尤其在家庭方面的實踐，將老、中、青、少的族群，都能全部導入現代社會生活儒家化的認同。

4.菲律賓

一貫道傳入菲律賓是在一九七八年。目前有基礎忠恕、發一崇德、興毅、發一靈隱、德化仁和佛院、發一天恩、寶光建德、基礎天基等組線在菲律賓傳道。其中以基礎忠恕和發一崇德爲重要。

(1)基礎忠恕道場

一九七八年蔡新輝因罹患絕症，立下志願：把剩餘的生命全心奉獻，渡人救世。於是跟隨女兒、女婿來到馬尼拉，設立佛堂後，又隻身前往宿霧。在舉目無親的情形下，慢慢的勸化了四位菲國人，成爲道親，展開基礎忠恕在菲國的道務。而蔡新輝的絕症也不藥而癒。在台北基礎道場和菲國當地道親的合力下，在宿霧買下現址，興建「先天聖道院」。一九八八年完工啓用。後來又在三寶顏成立「先天道院」（一九九〇）、馬尼拉忠恕道院（一九九七）、三寶顏天寶堂（一九九七）、描戈律忠恕道院（一九九七）、伊里岸天南堂（一九九八）等。目前有佛堂二十多所。有一萬多名道親。前菲國副總統勞瑞爾、省長級官員曾在馬尼拉的先天道院求道。鑒於菲國醫療設備不夠，人民經濟情況不佳，因此各道場經常舉辦義診、以及其他慈善文教活動。

⑵興毅道場

一九七九年興毅組的南興、興一等13單位，同時到菲律賓傳道。一九八五年在奎松市（又作計順市）成立孔孟聖道院，作爲總堂。佛堂遍及馬尼拉、碧瑤、計順市、倍湖、丹鹿、描戈律、宿霧、三寶顏、納卯、伊勢別雷大、伊洛伊洛等地。有數萬道親。平時多作社會慈善事業，也開設素菜館。

⑶發一道場

一九七九年發一崇德在馬尼拉設立陳氏佛堂。迄今在馬尼拉已有十多間公共佛堂。一九九九年在美岸市成立慈德堂。主要都在馬尼拉。大約有一萬多名道親。

一九八三年發一靈隱開始在馬尼拉、三寶顏、宿霧等地傳道。迄今也有二十多間佛堂。

發一德化的仁和佛院於一九九三年在納卯設立圓明堂。以後逐漸發展，十五年間，有一萬多名道親，而且多富商。

發一天恩於一九九六年在馬尼拉成立廣善佛堂，後來又在宿霧成立廣恩佛堂、在老沃設立眞元堂、馬尼拉的廣益堂。有千名道親。

⑷寶光建德道場

一九九二年在丹娜省三多克拉斯多夫設立中育堂。一九九八年在威利亞別阿別多設立天悟公共佛堂。並附設幼稚園。迄今設立六間大型佛堂，並讓七所學校的師生前來求道。

⑸基礎天基道場

於一九九七年在馬尼拉設立天從佛堂。一九九八年設立幸運聖堂。

總體來說，一貫道在菲律賓的道務工作起步較晚，二十年來，各組線一共建立了兩百多間佛堂。大約有十萬人求道。

（二）參訪所見

這一次十二天的參訪活動，所見所聞，加上前述的背景資料，可以得到以下幾項心得：

⑴台灣的一貫道傳入東南亞各國的時間，大體上都在一九七〇年代以後，尤其是在一九八〇年代，呈現快速成長的現象。這個時候正是台灣經濟起飛，國民年收入大幅躍升的時候，加上開放國民出國觀光旅遊，出入國門方便，而台灣政府當局對一貫道的禁令又尚未解除。虔誠的一貫道道親們興起一股「向海外傳道」的風潮。競相前往華人聚居的東南亞各國尋求發展機會。這時候，東南亞各國的華人多多少少都碰上「文化認同」上的問題，如何藉團體活動來增強「我群」的認同力，並以此來保存華文和華語，就成了當務之急。一方面一貫道各組線想要在海外尋找希望，另一方面是東南亞的華人有文化認同上的需要，雙方一拍即合。一貫道成功的團結了東南亞各國的華人，滿足他們在文化上、心理上的需要。

⑵一貫道在東南亞各國不僅在華人社會傳道，更擴大傳播的對象，及於當地人士。於是在泰國，用泰文、泰語向泰國人傳道。在馬來西亞用淡米爾語向馬來西亞的印度族群傳道。在菲律賓，用菲律賓的Tagalo語向當地人傳道。打破了中國人的教派只能在華人社群中傳播的刻板印象。

⑶一貫道的道親中有馬來西亞有部長級的道親，在菲國也有副總統、省長、市長或其他官員來求道。顯示他們所舉辦的各種活動可以得到當地政府的認同和支持。也表示一貫道在這些國家有很好的社會、政治和經濟地位，可以直接影響到政府高層。

⑷這一次行程安排得井然有序。雖然訪問團臨時要求改變行程，都能在最短的時間內重新安排出一個新的行程，沒有困難抱怨。顯示這是一個非常有自信的團體，可以從容的應付各種變動的環境。也顯示他們可以成功傳道的基本特質——任勞任怨，不計代價、達成任務。

⑸行程安排大都是要上班的日子，爲了參與這一次的接待盛會，有不少道親是特別向公司、單位請假。或者下班後，趕來參加晚會活動。從他們表現出來的眞誠和熱情來看，都是出自內心的熱忱。不像是被動員而來，應付了事的樣子。

⑹在泰國和馬來西亞都有接待的晚會，所表演的節目相當有水準。尤其是在合唱方面，特別見出功力的高低。可見他們在文化薰陶方面也下了很大的功夫。可惜在新加坡只是匆匆過境。聽說，新加坡寶

光建德的天國佛堂的合唱團和交響樂團是非常有水準的。這表示他們不僅僅固守中華傳統文化，而且還能夠接納現代西方的文化。融合而形成新的道場文化。

（三）建議事項

綜合以上所列一貫道在東南亞四國的發展歷史背景資料，以及這一次參訪活動的所見、所聞，作成以下幾點建議：

(1)現代政府的施政都是以民意的好惡爲依歸。既然一貫道在東南亞這四個國家的表現是良好的，就應該給予肯定，鼓勵他們繼續爲國家、社會做出更大、更多的貢獻。

(2)讓有關宣傳的部門，像是人民日報、中央電視台或是各省的地方電視台、人民網、中評網等記者前往採訪，做成專題報導。

(3)舉行學術討論會，邀請學者專家就一貫道，或者廣義的宗教結社，對現代社會所能發揮的正面、積極的功能，做深入的討論。結論送請有關單位參考，作爲輔導這些民間宗教結社的依據。也送給一貫道和民間各種宗教結社的負責人參考。共同爲國家、社會作出偉大的貢獻。

(4)與大陸官方商量，如何用合適的方式在大陸某個定點地方，具體的從事相關的兒童讀經、人倫教化和社會福利等方面的服務。

(5)建議相關單位的官員在訪問台灣的時候，安排一次訪問一貫道道場的機會，以增進對一貫道的瞭解。

(6)目前去台灣旅遊逐漸熱門。建議如果安排了南部的行程，就去參觀高雄縣六龜鄉的天台山神威道場；在中部就安排去參觀寶光建德的天皇宮、崇德的光明仁愛之家、光慧文教館；在台北，就去參觀大香山慈音巖。讓民眾有機會瞭解一個以前認爲是有神秘色彩的宗教團體，以期能改變對民間教派的刻板印象。

(7)基於一貫道在菲律賓宿務地方有很好的醫療義診服務，頗受好評，因此建議是否可以考慮讓一貫道發揮同胞愛心，有機會組織醫療團隊到大陸上偏遠的缺衣少藥貧困地區從事醫療方面社會服務。

二、記「近現代中國民間結社學術論壇」盛事

近現代中國民間結社學術論壇於二〇〇九年八月二十三、二十四日在台灣高雄縣六龜鄉一貫道的神威天台山道場隆重舉行。計有來自台灣的學者八人、中

國大陸學者十七人〈含官方代表二人〉、馬來西亞學者一人、德國學者一人和法國學者一人，共計二十八人與會。一貫道各組線的領導點傳師們全程陪同。

主辦單位中華民國一貫道總會和中華華夏文化交流協會為了讓學者們對現代民間宗教結社的實際活動情形有所了解，也適逢八月八日台灣南部遭逢空前的大水災，在開會前一天八月二十一日，安排與會學者入住高雄神威天台山道場。天台山道場是一貫道在台灣最大的道場，佔地三百七十五公頃，耗資六十億新臺幣所興建的大道場，於二〇〇八年十二月二十七日落成。水災發生後，就成為賑災中心，一千六百名警察專科學校的救災學生入住，食宿都由天台山道場提供。也提供近千名受災戶臨時住所，甚至國軍救災人員也進駐。同時也讓受災的高雄縣縣立寶來國民中學全校師生免費食宿借用教室一年。等一年後校舍新成之後，再遷回去原址。

二十二日先到一貫道在屏東南州鄉的賑災中心，一貫道寶光崇正組的精明寶宮，實地了解一貫道在這一次水災中所提供的救災服務。一貫道從八月九日起，每天提供兩萬個素食便當給受災的人民和救災的軍民，也提供當地救災軍隊所需要的器具、糧食、飲水和必要的醫療服務。每天也動員兩千名道親志工到災區去協助清理災民的家園。這個工作目前依舊在持續進行之中。

在簡報中，把一貫道的理念和實際作為，做了一次總體扼要的陳述。特別是對「孝親」這個課題上，演出了一齣話劇，強調「孝親需及時，莫待父母不在而空留遺憾。」由於劇力萬鈞，讓所有到訪的學者都流下眞情的眼淚。這齣話劇每個月都要在道場中演出一次。

是日下午拜訪一貫道道親所經營的事業，燁隆鋼鐵集團所屬的義守大學。由集團董事長林義守親自接待。這個事業集團以鋼鐵、醫院、大學和旅館會議中心為四大核心事業。林義守是寶光建德組的道親。

是日晚上，參訪位於南橫公路起點的玉山寶光聖堂。這組的道親非常熱情，歡迎的隊伍沿路兩旁排成兩條長龍，從山下一直排到山上的聖堂，夾道歡迎貴賓的蒞臨。臉上露出笑容，用眞誠的心意齊聲高唱歡迎歌。寶光聖堂秘書長王寶宗安排了一場具有唐朝宮庭風格的晚宴，有六十人所組成的國樂團，演奏動人的國樂，以大陸的歌曲「我愛天安門」開始，終結於台灣歌曲「快樂的出航」。在兩個小時的演奏和演唱中，讓所有的到訪學者陶醉在中華文化的薰陶之中。大陸學者原本對一貫道多少懷有一些戒心，不知這個團體到底是什麼。在這種眞情的招待氣氛中，大家都開始放鬆原先緊綳的心情，主人以茶代酒，殷勤招待，大家享用一餐眞正的美食。

寶光玉山組是由台灣籍的王壽所領導。王壽今年高齡九十，是目前仍然健在的第一代領導前人。他曾經被警備總部以「聖堂建九龍壁，有稱王稱帝的意圖」的罪名，不經審判，逕自監禁三年十個月，也遭到刑求毒打，肋骨和腿骨都被打折了。王壽以宗教家的犧牲精神，不曾反抗，在三年多的歲月中，反而感化了整個軍法局看守所的工作人員和其他囚禁者。也因爲他心中無恨，對那一段囚禁生涯從無怨言，反而更加協助政府去化解那些不必要的誤會和仇恨，建立他心目中的彌勒家園於人世間。寶光聖堂就是他實現這個理想的第一步。是晚，他和夫人雖然年事已高，行動不便，依然盛情的親自出來向到訪的學者招呼致意。

二十三日上午參觀了林義守董事長胞妹所主持的佛山觀音巖。中午到興穀組的義和聖堂參訪，進行文化交流，享用精美的素食午餐。義和聖堂的主持人是周茂年前人，有兄弟五人，幾十年來，和睦共居，不曾分家，共同經營事業，也共同修道辦道，是有名的孝悌楷模。

由於有了這兩天的初步認識和體會，到了二十四日正式開會時，所有學者在發表論文或提問討論，乃至於會後的討論，都比較可以切中論旨，不再有空泛之言。

大會的主題演講是請前淡江大學戰略研究所的所長李子弋教授擔任，講題是「宗教、社會與人性的發揚」。李子弋教授也曾經擔任天帝教的第二任首席使者，長年關注兩岸的宗教發展與互動。李子弋教授從戰略的角度來談，二十一世紀世界文化的主流已經不再是物質科學，而是要在「心性」方面有所認識和實際的修持。這是中華傳統文化的看家本領。近現代民間宗教結社大都會涉及心性的修煉。一貫道和天帝教都同樣肩負這種時代的使命。要確實做到宋代理學家的理想「尊德性，道問學」，而後才能順應時代的需求，成爲二十一世紀新文化的中流砥柱。他同時用「是否可以成爲一個宗教」的八項標準來看一貫道，在結構上，已經符合成爲一個新興的宗教，不再是單純的「民間信仰」或是「宗教結社」所能涵括的。這八項標準是教主、教義、儀式、經典、教會組織、社會活動、修行方法、和向心力（宗教熱忱）。同時，他也指出，民間宗教結社要在華人社會求取發展的最大公約數就是「弘揚中華文化」。

與會的台灣學者長期以來都關注一貫道的發展、社會工作及其義理的整理。筆者試著用「值得交換」的價值觀作爲解釋一貫道得以快發展的理論基礎。輔仁大學的鄭志明教授寫了一篇長文來談一貫道在社會福利方面的工作成效。元智大學的鍾雲鶯教授談近代台灣一貫道對主流儒學之轉化與宣揚。佛光大學的林榮澤教授和中央大學的謝居憲博士都提及道場的飛鸞訓文，試圖建立自己的神學理論。南台科技大學的王見川教授和東華大學的李世偉教授都是從實務上來看一貫道所面臨的課題。

來自德國的柯若樸教授撰文談一貫道在加拿大多倫多的發展情形。馬來亞大學的蘇慶華教授探討一貫道發一崇德組線在新加坡、馬來西亞的發展情形，以及他們所碰到的社會、文化調適課題。

大陸來的學者中，北京大學社會系的盧雲峰教授以台灣的一貫道爲題，撰寫博士論文，獲得香港城市大學的博士學位，他的博士論文在二〇〇八年在美國出版。他對台灣的一貫道有很深入的看法。社會科學院世界宗教研究所的張新鷹教授談他在今年三月到東南亞四國考察一貫道社團的所見所聞。

山東大學的劉平教授談他於二〇〇六年在美國哈佛大學訪問時，曾經接觸過一貫道的經驗。北京師範大學的劉培峰教授從社會結社的角度來看一貫道的發展，認爲一貫道在台灣和東南亞的發展是一種蛻變，從原先家族式的組織結構轉向現代化的非營利組織的成功範例。

以研究民間宗教見長的馬西沙教授藉著他對劉門教的宗教與慈善活動的認識，來看一貫道的發展。韓秉芳教授則談「民間眾神共奏社會和諧樂章」，認爲這些民間宗教結社，是藉著神明的力量，讓信眾在人間建立樂土。

其他的學者跟一貫道不曾有過什麼接觸，因此，他們從民間結社、民間文化、比較宗教學的角度來論一貫道，或是捨棄原來的題目，就這兩天所見所聞，提出他個人的看法。由於學養豐厚，也就可以針對具體的課題，提出相當深入的看法。

經過實地的參訪與深入的對談，與會的大陸學者都認爲，世事都是會變化的，不能用幾十年、甚至兩三百年前的刻版印象來看現在的一貫道，乃至於所有的「民間宗教」或是「會道門」。必需要基於實際的考慮，就事論事。看這些結社組織現在的所做所爲是不是符合「正德利用厚生」，有益於社會人心、國家民族文化的永續發展。符合這種要求，就值得贊賞和鼓勵，甚至大力提倡。

從二十五日起，環島參訪各地主要的道場，也遊覽風景名勝。在宜蘭和花蓮，由「基礎忠恕」和「基礎天基」這兩組負責接待。上海寶光壇的陳文祥在一九四五年底於宜蘭縣礁溪鄉德陽村建立第一間一貫道佛堂。這一次到宜蘭參訪佛光大學的時路上，路過德陽村，德陽村是「全台灣第一間一貫道的佛堂」的所在地，也可說是一貫道在台灣的發源寶地。是晚參觀基礎忠恕的天庭道院，在山頂會館用餐，入宿礁溪溫泉旅館。

基礎忠恕組的主力是在北部。在一九五〇、一九六〇年代，一貫道全面遭到取締禁止時，基礎忠恕組的領導前人張培成以上海商人的作風，周旋於各地情治單位和懷有敵意的其他各宗教團體之間，保全各組線的道親，只要有警察局扣壓道親，張培成就會設法把他們保釋出來，平安回家。張培成今年高壽九十六歲，由於健康的關係，近兩年已少有活動。一貫道在他的保護之下，逐漸成長茁莊，才有今天的盛大局面。

二十六日在花蓮，大家遊覽了橫貫公路太魯閣段九曲洞和長春祠。對於當年榮民冒著生命危險開鑿公路的艱辛，致上崇高的敬意。也讚嘆榮民弟兄的鬼斧神工。中午到一貫道花蓮分會拜訪，由基礎天基組的道親熱情招待。晚上在基礎忠恕慈懿道場的歡迎會上，學者們第一次看到父母帶著幼稚園和小學一、二年級的孩子一起背誦唐詩。沒有半點人工的修飾，很自然的呈現一貫道在兒童讀經活動方面的具體作爲。

二十七日從花蓮回台北，途經金瓜石，參觀黃金園區。這是一個廢棄已久的礦區，近年來方才整修，成爲以「黃金礦脈」爲主要訴求的遊覽地區。下午去參觀有名的故宮博物院。

二十八日從台北去日月潭遊潭，其間也參觀日月行館，董事長湯金萬是發一崇德組的道親。也參觀了發一崇德所辦的光明仁愛之家（安養院）、天元佛院、光慧文教館。

二十九日在台中，參加兩萬多人出席的「讀經大會考」，地點是在台中公園。由寶光崇正組負責主辦。讓與會的學者眞正感受到一貫道在傳遞中華文化、發揚孝道所做的努力。由於是會考的形式，當主考官翻到某部經典的那一句時，參加會考的道親或大眾，無論是兒童或是家長，要能很快的接續背頌主考官所指明的經典。直到主考官喊停，方才可以過關。這是一場眞本事、有實力的考驗。

二十九日下午學者們造訪位在新竹青草湖畔的安東組宏宗聖堂道學院。這個道場規模不大，可是很有特色。非常簡單樸素，沒有宏偉的神位，也沒有巨大的祖師像，只用一個大圓來代表無極，也代表一貫道的主神明明上帝。大異於其他的道場。在簡報中，反覆重申他們遵循高金澄老前人的遺訓，要建立人間樂土，彌勒家園。他們在新竹市香山區購買了二十公頃土地，籌建老母殿、高老前人紀念館、老人安居中心、醫療中心、有機農田、教育大樓包括教室和體能活動場所。是一所綜合性的文化、安養中心。新竹市已有科學園區，成果斐然，舉世聞名。新竹市政府更企盼這二十公頃土地，可以發展成爲世界著名的「宗教文化中心」。安東宏宗道場所做的簡介，很清楚的把他們追求人間樂土的理想呈現出來，也一再強調這是繼承高老前人的遺志，不敢稍忘。這種表現非常符合儒家的理想「三年無改於父之志」，好幾位大陸學者私下表示，很敬佩安東組的作爲，更深受感動。

在安東組特別介紹他們有一位道親，二十年來一直掌管台灣經濟、金融、國家實力的事務。他就是中央銀行總裁彭淮南。前後三任總統，都依賴他來穩定台灣的經濟和貨幣，而且連續六年（二〇〇三～二〇〇九）都被國外相關機構評選爲全球最佳的央行總裁之一。

晚餐是在桃園龍潭的興毅總壇。與毅組一直以商人爲主力，這間總壇位於正豐塑膠公司的廠區正對面。正豐塑膠公司的董事長葉成章就是興毅的點傳師。他邀請前法務部長、中國國民黨社會工作會主任、立法委員蕭天讚，以及曾經擔任立法委員一職的國民黨行管會主委林永瑞，一起出席這一次的晚宴。在途中，大陸國家宗教局主管民間信仰業務的呂晉光司長就一直在問：「當年一貫道得到平反，可以公開活動、合法登記的轉化過程，究竟爲何？」在這晚的宴會上，蕭天讚、林永瑞和筆者三人暢談民國七十二年的立法委員選舉中，一貫道如何團結起來，共同支持國民黨的候選人，造成台北市提名七人全部當選的輝煌記錄。那年因一貫道的支持而當選立法委員者是林鈺祥、林永瑞、謝美惠、周書府、蕭天讚、廖福本等六人。筆者恭逢其盛，親自看到一貫道各組線前人如何團結合作，在興毅組薛福三前人的運作下，支持國民黨，而得到良好的成績。這場會談，讓呂研究員得到她所要的答案。同時，提供筆者所寫《陳水逢與一貫道的合法化過程》一書，以爲佐證。

三十日，上午參觀長榮海事博物館。原址是中國國民黨的中央黨部。因黨產問題而轉售給長榮海運公司做爲公益之用，目前是張榮發基金會會館，內設海事博物館。

下午在世貿國際會議廳由發一崇德組所策畫，一貫道總會所主辦的孝親感恩暨愛心賑災祈福大會，四千人參加，由於節目安排精彩，博得所有學者一致贊賞。也震撼了他們的心靈。節目的最後一幕是由三百五十名學童與家長們，穿一式的服裝，一起高聲頌唸〈百孝經〉，配合舞蹈和音樂。更邀請各組線的前人、領導點傳師一起上台，合唱〈禮運大同篇〉。把氣氛帶到最高點。會中中國國民黨吳伯雄主席更感性的致詞指出，一貫道是發揚中華文化最具代表性的宗教團體。今年七月十日至十三日在湖南長沙舉行的第五屆兩岸經貿文化論壇，論壇主題是中華文化的傳承與創新，因爲一貫道在台灣及世界各國傳道所做的，就是中華文化的傳承與創新的最佳實例，所以特別邀請一貫道總會李玉柱理事長出席第五屆兩岸經貿文化論壇。吳主席也提到，他的職務一直在變，唯一不變的就是他樂於擔任一貫道總會的顧問。吳主席的一席話博得與會大眾如雷掌聲。

這一次大會集結台灣、大陸和國際的學者，以一貫道做爲民間宗教結社的代表，從各個方面討論民間結社的相關問題。在中國大陸上，從一九五〇年代起，這些民間宗教結社都被禁止了，帶上「反動會道門」這頂帽子。在台灣，也是一直在取締民間宗教結社。一貫道在台灣歷經了三十多年遭到官府取締的生涯。後來由於這個教派在社會上有積極、正向的作爲，得到各方的肯定，方才在一九八七年得到解禁。主要的關鍵除了因應選舉文化之外，更因爲台灣所面對的外在國際大環境發生了改變。台灣因爲從事國際貿易，長年跟外國人接觸，需要向外國朋友介紹本國的文化，向國際人士說明和展現「我是誰」。在這種情況下，傳統的中華文化開始發揮作用。而承載中華傳統文化的主要力量就是「本土的民間宗教」或者說是「新興宗教」，也就是本次大會所討論的「民間結社」。

這次所有與會的學者、官方的代表和一貫道的領導點傳師，都認爲「一貫道，乃至於所有的民間宗教結社，能夠在中國大陸、台灣和海外各地得以發展的最大公約數，就是實踐和傳揚中華文化。」在這一方面，一貫道所採取的入門條件就是「孝道」。「孝道」在不同時代、不同的場合可以有不同的主題和展現。

二十一世紀的人應當有二十一世紀的想法。現代人注重實際的貢獻，不必再去理會歷史上的帝王思想，更不應該再陷入那些糾纏不清的歷史情節。過去的就讓它過去，那些扣在民間宗教身上的「反動會道門」帽子就此罷休。改用正面、積極的看法，正視這些民間宗教結社的社會、文化、心性、人的品質等方面所可能的貢獻，積極鼓勵，爲未來的中華文化添加新的活力。讓我們共同爲創造新的歷史文化高峰而努力。

北京大學的高丙中教授在三十日晚餐後的座談會上，分享他十一天來的心得。他說：「現在的北京和上海，以及沿海的各大城市，基本上只是盲目的在追求現代化，西洋人設計的建築林立，人們一心追求他們心目中的外國文化和生活方式，不再有中華文化的特色，說得嚴重些，就是他們已經不再是中國人了。這十一天來，看到一貫道在台灣六十年的蛻變，對社會所做的貢獻，到目前爲止，已經隱約的看到，一貫道正在引領台灣，乃至於海外華人世界的未來的文化發展。這種轉變是非常值得大陸方面借鏡和重視的。」

附錄一

高雄地方法院推事蘇鳴東的公開信

容我冒昧的自我介紹：

我叫蘇鳴東，台灣省台南市人，民國三十年四月十日生，住高雄市前金區光復三街四巷九號，民國五十二年六月畢業於國立台灣大學法律系。曾任台中、高雄地方法院檢察官、推事；現任高雄地方法院推事。

我是虔誠的一貫道信仰者，從小得道，長而研究，肯定其爲眞理，故於民國六十七年十月間，編著《天道概論》一書，介紹一貫道之種種。

台灣警備總司令部曾於民國五十一年間下令取締一貫道。其實，在此之前，治安機關即已不斷的在取締、禁止，迄今三十年。大眾傳播工具尤經常不厭其煩，詳加報導警方查獲一貫道之新聞，道聽塗說，惡意中傷。最近之一次，係台北縣警察局板橋分局於本年（六十九年）三月九日在板橋市中正路三二五巷十一號三樓，查獲正在辦道之信者四十三名（其中有大學生、工程師、商人、家庭主婦、女工）並將其中之陳雪華（商專銀行保險科畢業）、林瑛俐（大學畢業）、周慧貞、王坤源等四人裁決拘留三日。由於警方將資料提供給「聯合報」記者，該報終於於翌日將該新聞，以顯著之篇幅刊載於該報第六版；同月十二日，該報第三版「黑白集」專欄，復就此事，以「一貫道邪教」爲標題，誣指一貫道擾亂民心。餘波蕩漾，「中國時報」又於同月十九日侮辱一貫道師尊張天然因對日抗戰時勾結日寇，誘惑愚民爲亂，經政府捕獲下獄，於民國三十六年槍斃於成都。（查師尊張天然係三十六年八月十五日病逝於成都事實俱在。如有上開情事，請拿出證據來；也請政府速將資料公佈，昭示天下，開吾人眼界，不容任意造謠，含血噴人。）該報記者邱義盛意猶未盡，再於同月二十四日，在該報第六版，妄指一貫道係白蓮教之餘孽。此外，華視「心連心」節目，不甘寂寞，亦報導如何防止一貫道邪教散播。凡此種種，俱見政府有意無意間，意圖透過大衆傳播工具不斷之不實的報導，衆口鑠金將一貫道醜化成邪教之形象，使已信者信心動搖，未信者望而卻步，達到置一貫道於死地之目地。

在此國內外少數不明事理份子，捏造事實，肆意攻擊政府，國事多秋之際，我實在不應在此時刻提出一貫道問題，打擾　鈞座。但一貫道到今天，已成爲亟待解決的重大問題。因此，我不得不把它提出來，懇請　鈞座面對現實，就一貫道問題，在政策上，速作果斷而明智的決定。

關於一貫道的沿流、道義、禮儀、佛堂、教團、修行、神蹟、現況及展望，我在《天道概論》一書已有介紹，謹呈一冊，敬請參閱。其詳細內容，在此，不擬贅述。底下，我謹就政府在政策上應考慮准許一貫道合法化之理由，簡述於後，以供　鈞座參考。

一、一貫道宗旨正大

一貫道，又名天道、或道，係以道爲窮究及歸依之對象，故道是名稱，亦是內容，乃應當今午未交替，人心陷溺，道德衰微之運，由　上天垂降於東土。一貫道以道爲本體，因儒應運而爲用，明師奉命傳道，以直指人心，使衆生皆能頓悟本性之所在及靈明，居仁由義，率性實修，成就德業，超凡入聖，化娑婆成樂土爲宗旨。

是故，一貫道係以中華文化爲基礎而神道設教之大儒道，堂堂正正，無不良背景，無不法作用。

二、幾點誤會之澄清

茲綜合歷年來，政府與大衆傳播工具對一貫道之誤會，澄清如後：

1.一貫道係白蓮教之餘孽：查白蓮教爲反元復宋、反清復明之祕密結社，極富民族思想，　國父初創興中會時，首先便聯絡這些會黨，其中有不少黨人參加，對於革命建國貢獻極大，因此，　國父從未加以非議。如今，利用白蓮教革命成功，不感恩戴德，反一腳把它踢開，還視其爲企圖造反之洪水猛獸，極力排斥，於理可乎？以上，係就事論事，並非一貫道贊同白蓮教。事實上，一貫道根本與白蓮教無關，且因白蓮教係懷有政治目的之結社，本質上並非宗教，故一貫道視其爲邪教。在一貫道的當愿文裡即有：「如引入保入左道旁門，邪教白蓮，願受天譴雷誅。」之語，足爲一貫道與白蓮教毫無牽連之明證。

2.一貫道與共匪勾結：查一貫道係以中華文化爲本，故崇尚中華文化與倫理道德，竭誠擁護實行中華文化之中華民國政府。誓死反對違反人性及企圖毀滅中華文化、倫理道德之匪僞政權。我政府禁止、取締一貫道三十年，試問幾時查獲一貫道勾結共匪、爲匪利用、宣傳反戰、攻訐政府之眞憑實據？上聞說詞，無非別具用心者無中生有，含血噴人之詞。

3.縱容地痞流氓，藉邪教掩護，作奸犯科，把持選舉：一貫道以眞理化世，期人人發現天賦本性，力行道德，做忠臣孝子、仁人志士。豈有縱容地痞流氓作奸犯科之理？請問上述憑空捏造之詞，有何事實根據？

4.裸體崇拜，傷風敗俗：連撰寫《我怎樣脫離一貫道》一書，誹謗一貫道之作者施文塗都證明並無其事，詳見該書。足見所謂裸體崇拜，純屬謠言，不攻自破。

5.強調三期末劫，使人心惶恐：一貫道之三期末劫說與基督教之世界末日及佛教之成住壞空說無異。全世界預言第三次世界大戰將於不久爆發，人死如蟻者，更不計其數。何以一貫道就三期末劫便會造成人心惶惶？

6.飛鸞係騙局，不肖份子藉機斂財：一貫道之飛鸞確係仙佛向世人啓示眞理之方法，絕非騙局。又，任何宗教都有敗類，但不可藉此推論該教爲邪教。

7.發誓爲咒，恐制信徒：查一貫道求道時確有當愿之舉，該當愿內容係發願爲有爲有守之正人君子，此與各教或公務員就職時之宣誓同義。至於得道後，是進是退，端憑個人自由意志，不可能控制信徒。

8.本身無經典，剽竊他教教義爲教義：按一貫道係以道爲歸依之對象，故道就是一貫道之無字眞經。又，眞理亙古常存，各教教主奉　天命傳道，體悟眞理之一端而立說，亦從未自立派門，據爲己有。際此萬教歸一時刻，一貫道以五教經典印證眞道，絕非剽竊，詳見《天道概論》第四章第五節。

9.道統之說不可盡信：按一貫道之道統，係　上天藉飛鸞所啓示。吾人參以一貫道所傳之三寶（其義詳《天道概論》第六章第七節）與三教一脈相傳之心法相通，從而確認道統說可信。

10.傳道時，鼓勵信徒停工減產，儲備物資，並宣稱生靈塗炭，道統已墜，擾亂社會人心（六十九年三月十二日「聯合報」黑白集）：所謂傳道時，鼓動信徒停工減產，儲備物資。不知有何事實根據？我敢斷言絕無此事。又查道因劫降，一貫道旨在拯救全人類，試看今日共產暴政肆虐，遍地烽火，人民流離失所，非生靈塗炭而何？又道統已墜一節，係指儒家孔孟心法失傳而言，所謂擾亂社會人心云云，不知從何說起。

11.關起門來拜拜，行動詭祕：這完全是倒因爲果的說法。就是因爲警察要取締，所以一貫道的道親才儘可能躲避警察耳目，免遭取締。倘政府准許一貫道公開傳道與信仰，人人都會打開大門，歡迎參觀。

此外，如什麼沉迷一貫道造成精神錯亂；傳道者利用報章發表之新聞附會教義；母親以死脅迫子女求道。縱有其事，也都是人爲的錯，絕非一貫道本身之過，豈可因人廢道！

另外，有一點必須指出者：一貫道既是神道設教，所以，它是哲學，也是宗教。因此，其道義是否可信，除應站在理智的角度考察外，尚須站在宗教的立場評斷，因宗教之本質本是神祕的。如同世界各大宗教之教義，均有其神祕部份，亦唯有從宗教學之觀點視之，始能獲得正確之結論。

三、法律之觀點

一貫道有博大精深之道義、有正大之宗旨、有威嚴之禮儀、莊嚴之道場，具備宗教之要件，其爲正道，無庸置疑。

而最重要的是：一貫道確能激勵千千萬萬信仰它的人實踐五倫八德，立志爲國家、民族與全人類之福祉犧牲奉獻，做仁人君子，且事實上，已有許許多多的信奉者腳踏實地的在身體力行。像這樣的宗教如何能說它是邪教？

中華民國憲法第十三條規定：人民有信仰宗教之自由。一貫道既爲正教，人民便有信仰之自由。此項自由受憲法之保障，神聖不可侵犯，任何人均不得干涉或剝奪。台灣警備司令部於民國五十一年間，命令取締一貫道，而治安機關亦奉命執行取締，干涉信仰自由，三十年於茲。

查憲法第一百七十二條規定：命令與憲法或法律抵觸者無效。是知，台灣警備總司令部之上開命令，根本與憲法：人民有信仰宗教之自由之規定抵觸，其爲無效，至爲顯然。因此，治安機關不論根據上開命令或違警罰法禁止、取締人民信仰一貫道，便都是非法的。執行人員之行爲是否已構成刑法之妨害自由罪，大有研究之餘地。

今日，由於教育普及，民智大開，一般國民多瞭解民主法治之眞諦，因此，要求政府切實實行民主法治之呼聲也日益高漲，蓋民主法治乃全民精誠團結之基礎，故政府取締一貫道，在法律上是否站得住腳，允宜詳加研究。

四、一貫道之現況

1.國內情形：一貫道經政府三十年來不遺餘力的禁止、取締；大眾傳播工具又經常繪影繪聲，惡意中傷。以我民性之凡事畏縮，一貫道早該被徹底消滅，銷聲匿跡了，然而，一貫道卻能忍辱負重，堅忍不拔，信奉者有增無減，方興未艾，如今，國內信者已多達數十萬人，其中不乏智識份子，遍佈全省各地，足為一貫道確實是道眞、理眞、天命眞的明證。

2.國外情形：國外的一貫道，有由香港傳去，亦有由台灣傳去者，如今，在日本、美國、巴西、新加坡、香港等國家與地區，均有一貫道之傳佈與信奉者。日本的一貫道（稱為天道）係經日本政府核准登記之合法宗教，總壇設於神戶市生田區山東通四丁目九十七番地。經過短短二十年之推展，信奉者已超過七十萬人，北至北海道，南至四國、九州，均有一貫道之蹤跡（有名冊可稽），大受日本人之歡迎，前途未可限量。茲檢送日文宣道書籍二冊，請參考（僅送國民黨中央黨部）。又，巴西之一貫道（亦稱天道）亦經巴西政府核准登記在案，單單聖保羅市，便有十幾個佛堂在推展道務，茲檢送以葡萄牙文寫成之宣道書籍二冊，請參考。（僅送國民黨中央黨部），至於東南亞地區，由於華僑最多，信奉者尤為普遍，當地政府均允自由傳道。

上述成千上萬的外國人，他們著中國的禮服，行中國的禮儀，拜中國的神祇（其實神是全人類的神，此處係從民族本位說），服膺中華文化，尊崇中國的倫理道德，豈不令人感動？豈非為我炎黃裔胄的光榮？蓋自古以來，只有中國人信奉外國傳入的宗教，如佛教、基督教、回教，未聞外國人信奉中國的宗教（道）。

我所述各節，政府不妨派員或透過我政府駐在當地之機關詳細調查，以明實際。

總之，一貫道自師尊張天然、師母孫慧明從民國十八年起開始傳道，迄今不過短短五十年間，在重重之阻礙下，猶能傳遍大江南北、台灣以及世界各國，信奉者不計其數，事實上，一貫道已成為一個世界性宗教的雛型，徵諸世界各大宗教發展之史實，實少有像一貫道能在極短之時間，發展成如此規模者。苟非道眞、理眞、天命眞，何克臻此？上開事實，值得重視。

五、一貫道之時代意義

1.有助於導人心向善，提高道德水準：部份國人被功利、物質、享樂主義所蠱惑，以致是非混淆，善惡不分，未能建立正確的價值理念，導致犯罪案件與誨淫誨盜之邪風敗行，日趨嚴重。一貫道之眞理與飛鸞等神蹟，將使人確信　上帝存在等宗教哲理爲無可置疑之眞理，不爲上述異端邪說所惑，從而建立正確的人生觀，居仁宅，由義路，走向光明的人生大道。國民的道德水準提高，政治與社會風氣自然改善。

2.有助於團結人心，擁護政府：一貫道以中華文化爲本，當然擁護實行中華文化之中華民國政府，故一貫道只會理性的、善意的向政府建言，絕不可能勾結共匪、爲匪利用、或胡搞「台獨」，攻訐及顚覆政府。一貫道有團結人心之功效，無庸置疑。

3.有助於安定人心，堅定必勝信念：一貫道固亦認爲敵我實力之消長、民心之向背、與國際情勢之演變等主客觀因素，爲取決勝負之關鍵；但更相信自助天助，人類之歷史，冥冥中實掌握住　上帝手裡。不乏史實可稽。一貫道既由　上天垂降於中國，目前，台灣是傳佈　上帝眞道之唯一乾淨土，故　上帝絕不允反人性、反倫理之──魔鬼──共匪──染指台灣。而且，上帝既站在正義之我方，只要大家莊敬自強，厚植國力，遵守道德，符合天心，我必能叨　天之助，光復神州。一貫道有安定人心之作用甚明。

4.有助於堅定國人之反共意志：一貫道崇尚人倫道德，基本上就是反共的。它堅決反對蔑視人性、倫理之共產主義。所以，一貫道是從思想上打擊共匪最有效之武器。一旦普傳，必有助於堅定國人之反共意志。

5.有助於提高民族自尊心與愛國意識：一貫道深切體認中華文化之偉大與寶貴，並深信它必將照耀全人類，爲舉世所接受。因此，一貫道對自己文化與國家之前途充滿信心，具有強烈之民族自尊心與愛國意識。故，絕不崇洋媚外、告洋狀、搞「台獨」，做國家民族的罪人。

六、歷史之殷鑒

翻開世界上各大宗教，如基督教、回教、佛教等之發展史，我們不難發現在傳教初期，幾無不被當政者視爲邪教，嚴加禁止。嗣後，當政者發覺其教務之宏展，無可遏止，始承認其爲正教，給予合法之地位，允其公開傳教。史跡斑斑，不待贅述。可見昨非今是，徒留後人永遠的唏噓長嘆！

而最耐人尋味者，凡是天啓的、具有天命的宗教，開始時雖慘遭壓制，但最後卻都能獲得無數人的信仰，垂諸久遠。反之，一些人爲自創的宗教，一開始都十分順利，毫無波折，但最後都消逝得無影無蹤，了無痕跡。足徵在天啓的宗教中，上天爲成就一個修道者，似非勞其筋骨，餓其體膚，給予種種之磨鍊不可，蓋不如此，不能顯出其眞精神。正如同　上天要造就一個名垂千古的忠臣烈士，也非忍痛讓他一死不可一樣。

一貫道固認爲政府之禁止、取締，是　上天有意藉以試鍊修道者之智慧與勇氣而預作之安排，且爲公開普傳前必經之過程，毫不在意。然而，歷史乃人類之前車之鑒，故殷望政府於處理一貫道問題時，也能從歷史汲取智慧，免留後人：「後之視今，猶今之視昔」之無窮感慨。

我提出上述看法，並無任何含沙射影之意，尚請鑒諒。

七、現實之考量

如上所述，一貫道之信奉者，包括海內海外，已達百萬人以上。經過政府三十餘年來不斷的取締、調查，事實已很明顯的證明一貫道並無任何不良背景與政治野心，更無輿論憑空捏造所謠傳之種種不法情事，絕非邪教。否則，憑政府治安機關組織之嚴密、人員訓練之有素及力量之強大，一貫道早已被徹底撲滅，不復存在，豈能容忍其存在至今，道務日宏，信者日眾之理？

一貫道對國家、社會有利無害，昭彰明甚，而信者眾多；社會上瞭解一貫道人士不在少數，多對信奉一貫道者採取同情之態度。如今，政府毫不放鬆，繼續取締如故，是否考慮到如此作法已傷害到成千上萬信奉一貫道之善良百姓的心？是否考慮到那些同情一貫道者可能對政府產生何種心理反應？

抑有進者，發源於我國之一貫道，傳至外國後，均被當地政府認定爲正教，給予合法之地位，並大受異邦人士歡迎，已有如前述。然而，它在發源地的我國，居然被視爲邪教，慘遭排斥，豈不值得檢討？我政府固然賢明，但彼邦政府也絕不低能，一貫道倘爲邪教，斷不可能在彼邦取得合法之地位；成千上萬的外國人也絕不可能笨到被我們騙來信「邪教」！何況從國家、民族的立場而言，一貫道畢竟是中國的東西，要叫外國人來信仰，絕不是一件簡單的事，事理至明。故我政府對一貫道之態度，如不速謀改弦易轍，而乃繼續禁止、取締，是否將使信仰一貫道，又堅決支持中華民國之海外華僑與異國友人，對政府感到失望？值得重視。

此外，如上所述，根源於中華文化而生之一貫道，事實上，已成爲世界性宗教之雛型，如允其自由傳道，吸收人才，必能加速其成爲世界性宗教之腳步，我中華文化因而弘揚於世，豈非我全體中國人之光？二十一世紀爲中國人之世紀之來臨，或繫於一貫道之風行世界，亦未可知。

總之，在此政府從事反共復國大業之關鍵時刻，團結海內外人心與爭取國際友人，至爲重要。所有信奉一貫道之道親，一致願披肝瀝膽，竭智盡忠，擁護政府，完成中興復國之使命。

八、結論

綜上所述，現在是政府拿出誠意與決心解決一貫道問題的時候了。政府不妨先派人深入調查國內外一貫道之情形，倘調查結果，一如我以上所述，則懇請政府儘速輔導其成立宗教財團法人，給予合法之地位，使其教團制度化、財務公開化、功能教育化、服務社會化、教理學術化，允准自由傳道，政府也便於從旁監督，相信如此作法有利而無一害，絕不會產生任何不良之副作用。

我因較瞭解一貫道，基於愛國與救世之熱忱，用敢略陳所見，以供　鈞座卓裁。

專此　即祝

公綏

附錄二

國大代表王蘭女士給各有關單位的調查報告

調查報告

一、前言

數年前，本人在一偶然機會中，遇到一位捨藥治病之趙老先生。青衣布鞋、生活儉樸，好客而平易近人。經朋友介紹與其交往，見其往來人數眾多，狀甚親善，守禮安分。既見眾人聚會時所行禮儀，頗似佛教，卻又兼具儒教色彩，但別具一格。莊敬肅穆，虔誠之心溢於言表。與其中人交往愈多，愈覺得其人數眾多，力量浩大，士農工商無所不包，無所不有。

本人係國民大會代表，佛教會理事。兩年前，曾與警備總部汪總司令，談及一貫道問題，經汪總司令鼓勵本人，對此問題之實在情形應深入瞭解，經年餘深入調查，所得資料甚豐，今特將調查結果呈報於后：

二、調查所得

1. 此股聲勢浩大力量乃社會中所傳流之「一貫道」

一貫道雖經警政當局一再取締，但經歷卅多年、並未絕跡，尚有日趨壯大之勢。足見其深受民間喜愛程度，非是外界所誤傳之醜態。而信徒之中不乏國內外博士、教授、各級民意代表、企業領袖、社會名流。若一貫道爲一妖言煽眾之邪教，則如何能使這些身受高等教育，社會經驗豐富之士，虔誠信服，歷久而彌堅？

2. 一貫道教義乃以宏揚中華固有文化為宗旨

觀一貫道所發行之諸多書籍，及聽取傳道內容，無非皆在揭櫫中華固有文化之三綱五常，五倫八德爲宗旨，而以教忠教孝爲其依歸。故其往來者皆數行禮如儀，謙謙爾雅。言談之中，皆以脩養身性爲主。無人論及政治情事，其無半點政治野心與興趣足見一斑。信者之中純潔善良，奉公守法之人，雖比比皆是，即使原本忤逆不孝，兄弟鬩牆，妯娌不睦、婆媳不悞、家庭不和者，信其道後洗心革面、改惡向善、重新作人，鄰里稱譽者，亦大有人在。這並非空穴來風，而是有眞人眞事可以查證。本此教義，所有信徒均能謹守在家盡孝，在國盡忠之道，不待贅言。

3.一貫道聚會行禮乃本我國古禮行之

據觀察所知，一貫道聚會行禮時，各個衣冠楚然，身襲禮服，穿戴整齊。男女必須分班，老幼皆依秩序。一本中國古禮行儀，絕無違背國法、人情、常倫之事。至於外傳脫衣行禮拜佛之事，亦皆假藉其號，有所訛傳。而此訛傳附會之說，多出於其他教派人士密告所言。其極力醜化一貫道，實因其信徒日少，而一貫道信徒日眾之嫉妒心理而起。

4.一貫道乃是正道之一

總覽世界各大宗教，其所以能流傳廣佈，雖原因眾多。然其教義宗旨能正而不邪乃是主因。今日一貫道非但在台省流行廣佈，信徒約百萬人之眾。尚能在海外各國，如日本約七十萬人、韓國、香港、菲律賓、印尼、星加坡、美、加等國信徒，有數萬至數十萬人不等。其能引起海內外民眾共鳴而虔誠信奉，不能不謂其道宗旨之正大恢宏。此無他，實乃其道以宏揚中華固有文化爲教義宗旨之故。一貫道信徒能以固有中華文化爲宗旨之教義，贏取了海內外各階層人士之信奉，誠非一堅強有力之正道之明證，能謂其「不正」乎？

三、結論

綜觀一貫道之教義，道中人之作爲、信徒之言行、其爲一正正當當之宗教，而絕非邪說不法之團體，不言自明。

今值政府號召團結自強，在國內、在海外諸多工作正待政府和民眾團結在一起，努力克服一切困難來安定社會，強大國家之際。據本人從中商談所得，其教中人士爲響應政府號召，團結自強，並更進一步表明其絕非邪教起見，多願接受政府輔導，納入政府保障之中，使得光明正大，信其所信。不蒙不白之冤，不受宵小之辱。所謂治民如治水者，皆要善以誘導，使之納入正途，必能發揮其功能。由此可想而知，若政府能使一貫道正式公開登記，使成爲一合法之宗教學術研究團體。一方面固能吸收此一民間團體、接受政府領導，服從政令，作爲安定社會之一股力量，另一方面亦可以正本清源，劃分良莠。使眞正宗教得受政府輔導保障，而邪教敗類經此一正式登記區劃，必不敢接受政府督導而不攻自破。所謂化暗爲明，使政府一目瞭然而便於督導。既能貫徹政府宗教自由之政策，又能防範宵小敗類從中圖利，個人爲非作歹，擾亂社會治安，豈不兩全其美。

綜覽上述，本人思量再三，感睹在此時，正是團結此一股力量爲國家盡忠效力，安定社會、加強國民外交之最好時機。故本人基於國家利益之前提，膽敢甘冒天下之大不韙，坦實直陳於　鈞長尊前。懇望鈞長能賜予恩准立案登記，則幸甚！

據實報告人　王　蘭

附錄三 民國四十八年一貫道申請立案的申請書

申請書

中華民國四十八年六月廿九日

事由：謹將一貫天道實況詳陳懇援信教自由憲章准各地道堂宣講道義以便自由信奉除由各地道堂就近向該管治安單位連絡外請轉飭隨時派員加強考察以杜冒混而慰民望由。

受文者：

一、竊查一貫天道，乃集儒、釋、道三教之大成，教人以寡慾修身，明心見性，遵倫理，守綱常，生則入世而爲完人，死則出世而成仙佛，消夙孽而脫苦海，登彼岸以超輪迴，實爲一最進步的宗教，邦卿信奉有年，修持虔謹，亦深信如能人人信仰，個個奉行，對於社會風氣之改良，與乎秩序之安寧，實有莫大之裨益與影響。政府爲化行俗美計，對此純粹的宗教，允宜力予贊助，而未可作任何程度之摧殘。近據報載政府明令，誤認天道爲非法組織，嚴予取締云云，又據報載法籍神父房如晦控訴共匪迫害宗教，謂『道教中的一貫道，受迫害最巨大，一百二十二人在一天內被逮捕』，（錄自本年六月廿三日中央日報第二版）天道同人，不勝惶惑，以爲天道之不見容於大陸竹幕之內，猶可說也；其所以難容於開明民主之自由中國，迨由於政府對天道內容，未盡明瞭，而異教者忌之，或因而誣謗中傷，有以致之耳，僉以邦卿曾任公職多年，忠貞誠實，宜爲　政府所信任，囑爲代表，將天道實情，向　當局坦率詳陳，以釋誤會。邦卿義不容辭，謹不揣譾陋，將一貫天道過去，及現在概況，述爲實錄如附件，恭請

鑒察，請援信教自由之憲章，視一貫天道爲宗教，准各地道堂宣講道義，以便自由信奉。除請由各地道堂主持人就近逕向該管治安機構連絡，俾免誤爲非法集會外，擬請轉飭各該有關機構，隨時派員加強考核，以杜匪徒冒名混充；或有奸宄混跡，藉名招搖，亦請查明，嚴懲盲從，庶免玉石俱焚，而安靖社會秩序，

以慰民望，不勝馨香頌禱之至。

二、再者，天道宗旨，在於借假修眞，主張虛靈寂靜，不欲張揚，尤戒炫售，所有本案及附件，暨處理經過，務懇作爲機密文件處理，並切囑承辦人員，勿交由各報社記者，公諸報端，不勝企禱，合併陳明，伏祈

垂察

三、本件正本分呈中國國民黨中央黨部，及國家安全委員會（核示）副本分呈內政部，國防部總政治部，安全局，情報局、調查局、台灣省警備總司令部、憲兵司令部、台灣省政府民政廳、警務處、刑警大隊、各縣市警察局（察照）暨各縣市警察分局（派出所）陽明山警察所（察照，並由各地道堂專呈及洽辦）及分送天道各地道堂（查照）（均連附件：計台灣省一貫天道實錄一份）

一貫天道信徒臨時代表人鄭邦卿　謹呈

住址：台北市中山北路一段九六巷十三號

附錄四

台灣省一貫天道實錄

一、一貫天道之真義

查我國暢行之儒釋道三教，原爲一理所生，雖門分戶別，言論各有不同，然而究其實際，無非因時而設，應運而興，代天宣化，挽救人心，化惡爲善，誘莠爲良而已。又道家以虛無爲本，注重保養虛靈，返回無極。釋家以寂靜爲本，注重反觀靜寂，滅除雜念。儒家之明明德，則注重私慾淨盡，天理純全。天理就是至善，亦即是靜寂，靜寂便是無極，無極即是眞理，三教宗派，皆由無極一理而生。佛講萬法歸一，明心見性；道講抱元守一，修心煉性；儒講執中貫一，存心養性；要皆以一理爲本源，以心性爲入手，自是由一理而化爲三教；一貫天道則以三教合一，採其精英，棄其糟粕，使之返本還原，行儒門之禮義，用道教之功夫，守佛家之規戒，以期超生了死，超脫輪迴，以證功果。採孔子「吾道一以貫之」之義，命名曰「一貫天道」。

二、一貫天道之道統與沿革

一貫天道，集儒、釋、道三教之大成，故其道統，亦上承三教而一脈相傳，道經曰「大道無形，生育大地」。故天地之大，源出於道，未有天地，先有此道。伏羲首出，仰觀俯察，以先天八卦，顯天地之蘊奧，是爲聖道降世之始。神農、軒轅、堯、舜、禹、湯、文、武、周公，接衍道統，爲道之整，厥後分而爲三教，老子降世，發揚道宗，東渡孔子，西化胡王，開道教之嫡脈，孔子設教杏壇，刪詩定禮，教化萬代，開儒教之嫡脈，釋迦牟尼開佛教之嫡脈。旋由張師尊繼三教之眞理，傳此一貫之天道，以普渡眾生，是爲一貫天道之始，繼往開來，點開迷矇，醒悟本來，啓發人類固有之理智，灌輸以道德精神，肇開世界永久和平之基礎，其在斯乎，其在斯乎！

三、一貫天道之宗旨

天道之宗旨，在於敬天地，禮神明，愛國忠事，敦厚崇禮，孝父母，重師尊，信朋友，睦鄉鄰，改惡向善，冀世界爲大同，是爲天道之宗旨。

天道絕無政治背景，或政治企圖，不危害國家，不觸犯法律，以平民爲教化對象，信仰自由，奉行自由，生活自由，絕無絲毫勉強。

四、一貫天道之戒律

1.戒殺：殺爲不仁，戒殺則培仁，止於仁，則必戒殺。但此乃對不食眾生肉而言，至於爲國殺敵，爲民除害，則天道亦所主張，蓋以即屬古聖辟以止辟，刑期無刑之用心，斯乃至仁之行爲，不可以不辯。

2.戒盜：盜爲不義，戒盜則適義，止於義，則必戒盜。

3.戒淫：淫爲非禮，戒淫則中禮，止於禮，則必戒淫。

4.戒妄：妄爲無信，戒妄則守信，止於信，則必戒妄。

5.戒酒：酒亂損智，戒酒則獲智，止於智，則必戒酒。

五、一貫天道崇拜之仙佛

天道信奉諸仙佛，臚列如次：

明明上帝　諸天神聖　彌勒祖師　南海古佛　活佛師尊　月慧菩薩

師　尊　師　母　自己祖先

六、一貫天道過去之概況

自師尊傳道以來，不數年間，即普傳於山東，華北、東北、華南、江南，遍及東南亞。日寇投降後奉准設立中華慈善道德會於上海，先後於上海、北平、天津、武進、等地，各設忠恕義務小學，並施診，施藥、施衣、施棺、施粥、施米等慈善事業，成績斐然，乃各地人士皆知之事實也。

七、一貫天道在台佈道概況

本省光復之初，同人由大陸來（歸）台，開荒渡眾者，先後達數十人，以禮拜懺悔，肅穆雍容，規矩謹嚴，不宜多所張揚，故僅在不違背政府法令之下，個別宣導在家修持，並無公開活動，然自佈道以來，樂聞大道而來皈依者，日繁有徒，於各城市鄉鎮，設置道堂以供同人禮拜懺悔之處者，亦所在多有。異教者忌之，或謗爲企圖恢復帝制，或誣爲左傾政治集團，致當局一再誤會，尤以民國四十四年間，受匪諜滲透猖獗之情形所影響，且誤以爲天道乃匪共外圍組織，或屬其運用耳目，幾蒙莫須有之冤，不獨監視偵防，十餘年來未嘗疏懈，甚且拘禁審訊，更以刑求，然終以磊落光明，胸懷坦蕩，無愧於心，得蒙查明，實在無他，而均承恩釋，《左傳》所謂：「險阻艱難，備嘗之矣」，在台道眾，庶幾有焉。

同人等明心見性，知命樂天，理得心安，渾忘物我，信念益堅，道心益淬，故樂聞大道而來皈依者益眾，道堂之設置，遂遍及於各城市鄉鎮，精神共寄，彼岸同登。

八、一貫天道行道實況

天道本有教無類，善與人同之旨，對請求入道之人，不分男、女、老幼、貧富、種族、凡屬信仰眞理，慕道虔修者，均所歡迎，然化善不化惡，渡貧不渡賤，如屬忤逆，叛國，違犯法紀，危害國體，或操下流賤業，或有不良嗜好，及一切不正當份子，均在禁渡之列並嚴防不良份子藉道名義，招搖騙財，或別立其他組織，作特殊企圖，致危害天道。是以天道同人，均屬社會上善良殷實人士，絕非作奸犯科行爲，觀於本省自光復迄今十餘載，曾無一道眾犯罪科刑者，可爲明證。

入道時，必須有引保各一人保證其不是不良份子，或旁門左道，然後將其姓名，塡列奏表，啓稟師尊，舉行隆重莊嚴的入道儀式，隨將上項奏表焚化，上報天堂，（奏表每次一份焚化後，即無存查，或登錄，故目前全省道眾，無從統計。）隨由資深同仁，傳授心法，完成入道手續。

天道絕不接受道外人士分文之捐助，故同仁入道時，須視其本身財力捐獻油香供果費用數元至數十元不等，由道堂撥充經費，嗣後即不必再行捐獻，至於道堂之經費有不敷時，則賴較富有之同仁，自動隨意樂捐，以資挹注。

天道對形式與精神並重，入道後，在形式上，係每日餐前，在仙佛前跪拜叩首（無道堂時可免）農曆每月初一、十五兩日須以至誠到道堂懺悔立願，不作有違戒律之行爲，又每年舉行大祭典四次（三、六、九、十一月之十五日）在仙佛前，虔誠祈禱。

在精神方面，除刊印有關經典分發研讀外，由資深同人隨時在道堂講解道義，明道以後，隨其自願持齋茹素，及戒除煙酒賭博等嗜好，但不願持齋而放生補過，能替六畜消冤，亦無不可，蓋以修道之人，總要以慈悲爲本故也。

天道乃屬在家修持，主敬存誠，以克己復禮爲工夫，時刻警惕，以不妨礙本身事業爲原則，而一切行動，莫不出諸自然，絕無絲毫勉強，或悖理乖情之處也。

九、一貫天道今後佈道及為社會服務計畫

1.成全舊道友，歡迎新道友，以達普渡眾生之目的。

2.將各地已設之道堂，改爲道德講演堂，經常講解三教遺訓。

3.發行呈經　政府審查之有關道德教育圖書。

4.量力舉辦臨時災害之賑濟，及其他有關公益慈善等事業。

總之，一貫天道，純爲一懔於「世衰道微，邪說暴行又作」，浩劫將臨，本悲天憫人之心，宣揚五倫、八德，綱常倫理，以達虛無靜寂，超脫輪迴之一純粹的宗教。既不募化以牟利，尤不以炫售以爭名，更非政治組織，亦無政治主張。凡屬天道信徒，均心地善良，安分守己，恪遵　政府法令，對於國民應盡之義務，非但率先提倡，且均熱烈奉行。其平居：律己則虔心懺拜，並戒除煙酒賭博等不良嗜好，見性明心，純全天理；處世，則遵倫理，守綱常，睦鄰里，愛國家，進而普渡眾生，同登彼岸。果能人人信仰，個個奉行對於社會風氣之改良，與乎秩序之安寧，實有莫大之裨益與影響者也。

敬啓者：近日報章報導，對於一貫道，頗有曲解、誤會，甚至有主觀的跡近攻訐之詞句，更有穿鑿附會，謂一貫道又名白蓮教，危言聳聽，不一而足。憶去（四十八）年六月廿三日「中央日報」第二版登載法籍神父房如晦控訴共匪迫害宗教，有一段謂：「道教中的一貫道受迫害最巨大，一百二十二人在一天內被逮捕」云云。竊以爲我一貫道，乃集儒、

釋、道三教之大成，教人以寡慾修身，明心見性，遵倫理，守綱常，消夙孽而脫苦海，登彼岸以超輪迴，實爲最進步的宗教。如能人人信仰，個個奉行，對於社會風氣之改良，與秩序之安寧，應有莫大之影響，與裨益，乃唯其如此，所以乃不見容於大陸竹幕之內；然亦唯其如此，所以本省自光復後，始行佈道，十餘年來，皈依徒眾，已遍及各城市鄉鎮；然亦唯其如此，遂爲異教所忌，或謗爲企圖恢復帝制，或詆爲左傾政治集團，或誣爲匪共運用耳目，今又錫以白蓮餘孽尊號，致當局一再取締，監視偵防，十餘年來未嘗稍懈。去年本道同仁，囑邦卿爲代表，將一貫天道之過去及現在概況，述爲「台灣省一貫天道實錄」及「台灣省一貫天道特質表解」各一種，先後分呈中央當局，以釋明眞相，請援信教自由憲章，准各地道堂，宣講道義，以便自由信奉，並隨時派員加強考察，以杜冒混，而慰民望，刻正由內政部會同有關單位研擬核辦中，素仰

貴報社持論公平，特檢奉去年申請副本暨「實錄」「表解」各一份，敬祈垂察，並請於報導有關一貫道之消息時，採取客觀的論調，不勝企禱。

再者，本道向戒張揚，尤戒炫耀，所有本件及附件等，敬懇萬勿公諸報端是禱。　敬上

聯合報發行人

王先生惕吾

附送本道（48）6 29及（48）7 24兩申請書副本暨附件「實錄」「表解」各一份

一貫天道臨時代表人　鄭　邦　卿　敬上

地址：台北市中山北路一段九六巷十三號

台灣省一貫天道表解

中華民國四十八年歲次已亥六月初稿

- 一、信奉多神
  - 適合國人習慣
- 二、叩拜祖先
  - 保持家族傳統—適合我國國情
- 三、出世的修持
  - 用道教的工夫
    - 清靜無爲—但不煉汞畫符
  - 守佛教的規戒
    - 持齋守戒—但不削髮誦經
  - 死後成仙佛
    - 適合戰時群眾心理
  - 超脫輪迴
- 四、入世的生活
  - 行儒教的綱常倫理
    - 對於禮義廉恥孝弟忠信尤所注重
      - 生前作完人
      - 希賢希聖
  - 士農工商各界在家修行
    - 對國民應盡之義務絕不諉避
      - 爲國盡忠
    - 對其原來職業毫不妨礙
      - 自食其力
- 五、不向外募化
  - 不藉「神」「佛」之名四出募化
  - 亦不接受外間任何樂捐
- 六、不配給物資
  - 不以物資誘人入轂
- （五、六）
  - 篤信因果報應眞諦
  - 樂天知命順受其正
    - 不牟利
    - 不爭名
- 七、勵行節約
  - 不舉行大拜拜
    - 可以轉移社會風氣
      - 不浪費
  - 平日粗衣糲食
    - （素食）自奉菲薄
      - 崇尚儉樸
- 尤適合當前地方情形

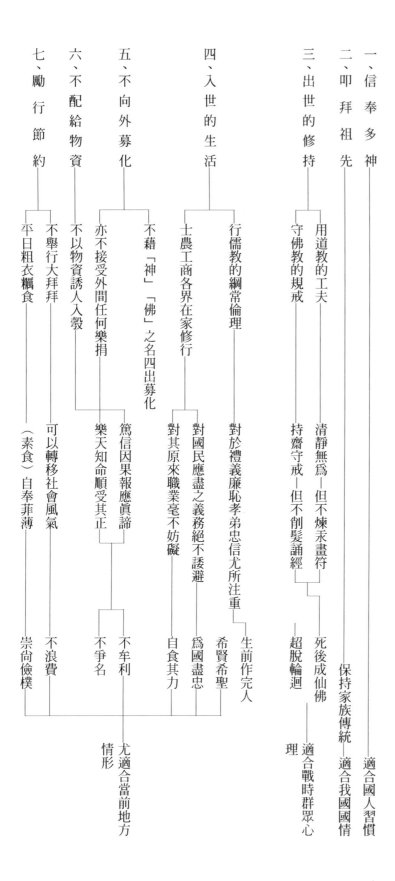

- 八、懺拜儀式莊嚴肅穆——使精神上常有警惕
- 九、戒除煙酒賭博——使生活自然規律化
  - 主敬存誠
  - 正心修身
    - 精神慰藉
    - 身心陶冶
      - 不作傷天害理違法亂紀之事
- 十、宗旨純正
  - 並無政治背景更非政治組織
  - 並無政治主張更無政治企圖
    - 洗心滌慮
    - 借假修眞
      - 明哲保身
- 十一、普渡眾生
  - 己立立人己達達人
  - 自由信仰自由奉行
    - 同登彼岸同歸善道
    - 絕無絲毫勉強
      - 移風易俗
- 十二、信徒均屬安分善良人士
  - 對象——一般平民（尤以平民爲主）
    - 化善不化惡
    - 渡貧不渡賤
      - 所有忤逆叛國下流犯法及惡劣嗜好等不正當份子均在禁渡之列然放下屠刀立地成佛故亦不究既往凡有悔悟向善之心仍爲渡化
  - 保證——入道時須有保引各一人——保證其非屬不良份子
  - 嚴防
    - 藉道名義招搖騙財——亦不沽名釣譽
    - 別立組織作特殊企圖——本身亦並無組織
      - 十餘年來無一犯罪者

- 貧苦大眾信奉天道對社會之安定更具功效

人人奉行

天下太平

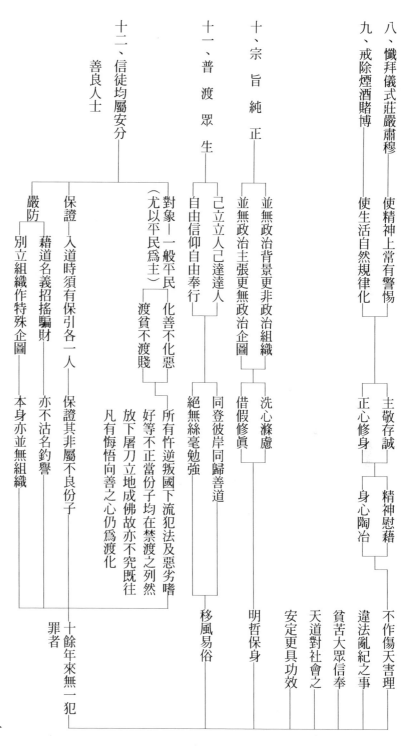

附錄五

民國六十年警備總部查禁一貫道的0815號文件

為什麼要查禁一貫道

一、引言

本省一貫道邪教活動，政府曾三令五申嚴予查禁，前於五十二年六月，經本部約談邪教各地負責人，斥令具結宣佈解散其組織及傳教活動在案，惟迄今有年，日久頑生，各地邪教餘孽，又死灰復燃其勢甚熾。茲為使我負責治安同仁對一貫道邪教有所認識，以利取締，查禁起見，特將有關資料綜合整理，提供參考。

二、是白蓮教的流毒遺傳

據有關資料記載，一貫道邪教即是白蓮教的流毒遺傳，從前在大陸上的紅蓮教、青蓮教、日蓮教、蓮池教、白陽教、紅陽教、青陽教、八卦教、眞理教、大同教、大道教、天理教、天道教、天德聖教、清門教、佛門教、聖理教、如意教、孔孟大道、同善社、道德學社、以至義和團、大刀會、小刀會、紅燈照、紅槍會等等統屬之，在本省發現一貫道使用過的名稱則有天道教、白陽教、鴨蛋教、老母娘教等，最常見的鴨蛋教。為什麼叫鴨蛋教呢？因為他們倡吃鴨蛋，說是：

「混沌未判一口包，無皮無毛亦無血，老僧帶到西方去，免受人間宰一刀。」

不論他們使用什麼名稱，他們所使用的所謂聖書，都通用「屮」這個字，這個字即是老母娘的母字橫立，他們的聖訓中諸仙佛都聲稱是奉「屮」命……可以概見老母娘的權威了。

三、是罪惡及禍亂的淵藪

元朝末年，漢人爲反元復漢，利用祕密教門達成了驅逐韃靼的目的，朱元璋即是白蓮教的教徒，據說他建立的明朝「明」字即是取自當時祕密教門「一心保大明」的密語口訣。明太祖當權後雖嚴令查禁白蓮教，但至明末，該教猖獗，削弱了國勢，使滿人乘虛入關，統治了華夏二百餘年，鄭成功創天地會，開拓台灣，樹立反清復明的大纛，洪秀全以天帝教創太平天國， 國父推翻滿清建立民國，都曾運用過祕密教門會黨是勿容諱言的，但綜觀元末以來的歷代禍亂之源，都是奸宄份子利用祕密教門從事結夥，輕者作奸犯科、傷風敗俗；重者聚眾倡亂，盜寇劫掠，是以當政者無不視之爲罪惡禍亂的淵藪，而予以嚴禁。

四、一貫道邪教傳入本省經過

本省受鄭成功天地會的影響，祕密會社本有活動，二次大戰期中曾往大陸之部份日人及省籍同胞，受大陸各地一貫道之感染，大戰結束後返籍，發展教務，日漸積極，復以戰後日本之日蓮教形成合法宗教活動，教徒日眾，亦間接助長了本省的一貫道發展，大陸陷匪後忠貞難胞隨政府來台，其中亦不乏一貫道教徒，彼此結合，其勢益張，據五十二年春調查可知者全省有其教徒約五萬餘人，當時的組織發展情形略知：

- 一貫道
  老母娘教
  - 師母派
    - 寶光堂
    - 法一堂
    - 基礎堂
    - 文化堂

    其中又分爲孫師母派、劉師母派。
  - 師兄派

各派又分爲北、中、南、東四個地區，下轄各地分堂壇，其後雖經明令查禁宣佈解散，但實際上仍多繼續活動；不過更趨詭密不易被發現而已，又現各地發現有素食餐館，以：「守道德，恢復本來面目，消孽障，斷因果，絕輪迴，保健康，血清、病少、修眞。」爲目的，其本質就是邪教的餘緒。

五、「堂皇」的「一貫道理」

本來我中華文化的特性是吸收外來文化而廣被其文化，外國的任何宗教都是唯一眞神論，是具有先天排他性的。我國的宗教則是兼容並蓄的。國人承繼了傳統的儒學思想，但又與其信道或信佛能並行不悖，有的一家之中，你信你的佛，我信我的道，也能互不相擾各信其信。更有甚者，有的一座廟宇之內，儒、釋、道眾神羅列，這種現象現在本省尤其多見，一貫道把握了這個特點，乃標榜：

佛教：明心見性萬法歸一
道教：修心煉性抱元守一
儒教：存心養性執中貫一
耶教：洗心移性默禱親一
回教：堅心定性清眞理一

吾道一以貫之

一者包羅萬象
貫者貫通三千
道者道生天地
理者萬類之源

一般無知的善良群眾，對某些宗教的教義不易理解，難以接受，而對一貫道諸教同源的說法，則信爲眞理，故易爲所誘所惑了。

六、「暗傳眞道」的妖邪作法

一貫道所說不論何時、何地、何人皆可傳道的「明施教化」，並無不妥之處，但他們所謂非時不傳，非人不傳的「暗傳眞理」，就構成了邪惡的本源了，他們「暗傳眞理」的妖邪作法是，假托鸞壇，眾仙佛奉，中命下凡臨壇，以聖訓及降筆傳道，其聖訓及降筆採俚俗歌詞使信徒易懂易記，而其內容多屬危言聳聽，又利用發誓賭咒以控制愚民，如其信徒入教，必須由道親二人引使，於神前焚燒生辰八字，發誓不得洩漏天機，違者要受五雷誅滅，萬世不得超升等語，而後點傳師爲之傳授三寶：「點玄關、傳口訣、合仝印」，所謂「點玄關」是點兩眼中間的人字竅，點傳師的妖言是：「讀破千經萬典，不及名師一點」。這一點可以使你地獄除名，天堂掛號」，「玄關竅，蓬萊島，點開就是寶」，「傳口訣」是五字眞言，其作用爲將來有大事的密語，不得傳與父母妻子。「合仝印」是領老母娘的古合仝，能脫九九八十一劫。他們更妖言三期末劫，惟信者得救，他們的所謂三期是：

第一期是青陽時代，道在君王，時在東周以前的一五〇〇年間。

第二期是紅陽時代，道在師儒，時自東周至清末三〇〇〇年間。

第三期是白陽時代，道在庶民，時在民國以後一〇八〇〇年間。

他們自許要承擔「萬八百年天命，普渡三曹，繼續辦理末後一著收圓大事」，要處處設壇，使信者得道，其秘密傳道組織的概況是：

老前人

一支派的總首領有敕封道親升級之權

前人（經理）

是一個聚會堂壇的首領或寺院的主持

點傳師（姑）（女士）

引保師

加入懺悔班者均有資格

道親（信徒）

由二人之引保受點傳師之點道。

七、一貫道邪教對社會之危害

憲法賦予人民有宗教信仰的自由，有集會結社的鼾……但必須在法律的許可範圍之內爲之。一貫道邪教何以不敢以眞面目示人，不敢以公開方式傳教，不外是該邪教心存暗鬼。他們表面上以警世勵俗勸善爲其名，而利用迷信邪說進行不法活動是實，根據以往查禁該邪教的有關事實，其對社會之危害諸如下端：

一、妖言惑眾，腐蝕群眾心理，強調三期末劫，世界末日將臨，天降大難，信道得救，蠱惑人民停工減產，要儲備物資應變，使人心惶惶，沮喪頹廢。

二、作奸犯科，從事不法行爲：一些無業遊民，地痞流氓，鼠竊狗偷之輩，寄生其間，藉邪教掩護，利用迷信心理，而行其恐嚇、欺詐、歛財、姦淫等不法事實。

三、操縱教徒，干擾地方選舉：每逢地方公職人員及民意代表選舉時，野心份子每利用邪教組織，操縱選民，掌握選票，把持競選活動。

四、邪行詭異，敗壞善良風俗：該教於夜暗中祕密集會，有男女雜處者，有裸體膜拜者，有以法術治病者，更有神棍以神道感人，而行侮辱姦淫婦女之行爲者，敗壞風俗莫此爲甚。

五、爲匪利用，掩護統戰活動：匪僞陰謀份子藉邪教爲掩護，祕密進行散佈謠言，蒐集情報及一切反政府的陰謀活動。近嘉南地區邪教傳佈「台中聚水湖，嘉義建帝都」的妖言，又某仙家暗示：李姓青年現在大某地，將來即中國的眞主人，能統一中國，其爲匪僞統戰利用，謀反倡亂，至爲明顯。

八、查禁邪教的法令根據

一貫道邪教份子其具有犯法事實者，除依法處理外，對其一般性傳教活動之查處，政府有關指示，應依據違警罰法及查禁民間不良習俗辦法辦理，按違警罰法第六十六條，規定其處分爲三日以下拘留或二十圓罰鍰或罰役，由於處分過輕，致懲戒作用不大，另查禁民間不良習俗辦法第九條規定其處分爲解散或沒收，移送法院審理，法院以此項辦法僅係行政命令，多予以不起訴處分，綜上所述，是故以往對一貫道邪教查禁成效有欠理想。今後欲期確收查禁邪教實效，似可依刑法第一百五十三條「以文字圖畫演說或他法，公然煽惑他人違背法令或抗拒命令統處二年以下有期徒刑、拘役或一千元以下罰金」，移送法辦。惟使用本條之前提要件，必須取得其罪證，我治安同仁特須注意及之。

九、結語

我們爲什麼稱一貫道是邪教？就因爲他們如同是糖衣毒藥，他們以警世勸善萬教歸一的堂皇道理「明施教化」爲外衣，而行邪法妖術，蠱惑迷信煽動禍亂的「暗傳眞道」爲內實，其影響所及，擾亂社會治安，危害國家安全，莫此爲甚，所以政府要三令五申的查禁它，這有賴於我治安單位能做好，發伏去全力執行了。

附錄六
佛教對寧之的批註

一貫道是真的被誤會了！

毛澤東曾說：「謊話說一百遍，就會變成真話」。

時報雜誌 97期

社會

既非淫穢也沒褻瀆

主攻擊力來自佛教

的社會改革運動

附錄七 中國佛教會要求查禁寧文之公函

中國佛教會　函

受文者：內政部、中央社工會

副本抄送：國家安全局、法務部、中央研究院、警民政局、警務署、廣定法師（無附件）。

主旨：時報雜誌第九十七期（70.10.11.發行）「社會」欄刊載寧維翰作「一貫道是眞的被誤會了」一文（以下簡稱「寧文」），內容諸多歪曲，顚倒黑白，淆亂聽聞，嚴重破壞中華文化道統，並損害國法尊嚴，函請及時徹底取締，予以有效戢止。

說明：

1.寧文開頭（26.頁上）援引情治單位高級首長對記者談話，謂：「一貫道絕無裸體禮拜的事……政府基於人民有宗教信仰自由的憲法所賦予的權利，對於各種宗教都給予相當的尊重。現在政府有關單位已瞭解一貫道並非像外界傳言那樣淫穢放蕩，祇要一貫道的領導人正式向政府登記立案，就可以成爲受到法律保障的宗教團體」。繼於「正邪決定於信徒多寡」段（26.頁中）稱：「正邪的分野並不太明確，誰的信徒多，勢力大，誰就是正道」。又於「濃厚的社會改革運動」段（27.頁下）稱，據中研院調查人員表示：「一貫道是明末新興以『無生老母』的信仰爲主，社會改革性濃厚的宗教中，最後興起的一個宗教……這類宗教沒有完整嚴密的理論基礎，一直在社會的中下層流布，一般知識分子常不屑一顧」云云。

據一貫道信徒蘇鳴東著《天道概論》所陳述道統西轉東移之說，及其歷代祖師傳承統系，徵諸史實，一貫道確爲白蓮餘孽，其淆亂中華文化道統，意圖篡竊攘奪之行徑迄未改變（參閱鄭燦將軍著《中國邪教禍源考》），寧容以信徒多，勢力大，即可視爲「濃厚的主使者改革運動」而聽任其繼續發展？又安得只憑不裸體禮拜，不淫穢放蕩，即可登記立案而成爲「受到法律保障的宗教團體」？其尤要者，假宗教之名，而行淆亂、篡竊道統之實，豈亦憲法所賦予之信仰自由?止此一端，縱令爲已登記立案之宗教團體，亦應勒令解散!

佛教素不排斥其他宗教，但爲維護我中華文化道統計，認爲一貫道應以取消「道統西轉東移」之說並修正其祖師傳承統系，爲其申請登記之先決條件。

2.本會會員三慧學舍住持釋廣定，持戒嚴謹，夙爲衆所周知。舍中男衆、女衆皆不止一人，男女異室，亦爲往來借宿諸善信所共見。廣定本人身兼數職，一向不在該舍休宿。今寧文「主攻擊力求自佛教」段（27.頁中）無端造謠誣蔑，肆行人身攻擊，蓄意誹謗，公然侮辱，而出言惡毒已甚，謂「男女同居一室，在搞什麼鬼」，實已觸犯刑章（刑法第三〇九及三一〇條）。似此不僅嚴重侵犯廣定個人及三慧學舍法益，抑且嚴重破壞佛教名譽。雖曰佛門弟子不輕與人計較，但就國民一份子立場言之，豈容坐視國法尊嚴受損至於斯極。爲此，除保留告訴權外，函請及時有效戢止俾免滋生事端。

理事長：

附件一——時報雜誌第九十七期26. 27.頁影本。

二——《天道概論》第四章第二、三節影本。

三——《中國邪教禍源考》。

附錄八
佛教會與道教會聯合密告

中國佛教會

中華民國道教會　函

附件：如文

中華民國七十一年十一月九日

（71）佛道聯字第一一〇九號

受文者：

主旨：據聞有國大代表裴鳴宇老先生領銜申請以一貫道徒爲基礎，籌組所謂中華聖教會等情，謹代表台灣地區正信佛道教徒眾具申意見如說明。祈　鑒核。

說明：（一）內政部曾於民國五十二年明令查禁一貫道活動在案。目前仍在查禁中，在政府尚未明令公告解禁以前，透過少數一貫道徒子弟以所謂學者專家身份公然檢討政府查禁政策以及極少數中央領導幹部，極少數政府官員運用「聯合月刊」第十五期公然對查禁一貫道事認錯。再運用九十二歲高齡之中央民意代表裴鳴宇老先生領銜發起籌組人民團體，無異向我國法統宣戰。我政府轉進來台後，卅餘年來響應政府號召來歸之反共義士，曾經接受各界給予英雄式之歡迎，其中大部份已經宣誓效忠政府，尚未成立特定之人民團體。而被政府明令查禁活動之一貫道徒，目前並不受各界歡迎，仍在查禁期間，對社會並無具體公益慈善事蹟表現，僅自稱徒眾擁有選票，有能力介入選舉，以誘惑有心參與政治活動者而獲得護航，且竟在查禁中申請籌組人民團體，若經由承辦官員核予同意因而獲准，無異政府自毀威信，此期間有無賄賂情事，敬懇考慮查究，以釋群疑。

（二）政府明令查禁一貫道活動，凡經考管有案之一貫道領人士均限制出境，近年來開放觀光護照，一貫道領導人士每年數度出國開荒（發展組織），或赴日韓聯繫，或在美國菲國各地開堂，或在中南美洲投資爭取居留許可，美國洛杉磯台獨份子聚居地已有一貫道堂活動，菲律賓宿務市內定光寶殿已成爲一貫道徒東南亞地區集會場所，中華民國道教會曾接獲菲僑道教團體負責人報告，略以菲國各地一貫道堂頗受匪僞駐菲大使館重視。日本天道總壇係台南縣新營市一貫道徒周肇昌所創設，已有廿年歷史，信徒中有部份日本人，十年前回傳台灣並在台中市創設三佛院，且已完成合法登記，以掩護中部地區一貫道活動。上述海外一貫道活動，我政府派往海外及僑社工作人員理應蒐集資料，研判其動態趨勢，防範其惡化。綜合卅年來台灣地區一貫道活動，原號稱十八枝金線各自開荒，由於相互侵占兼併，僅有基礎組、寶光組、法一組及另一師兄派經常活動，各自獨立，王不見王，且互相攻擊，嗣後有馬永常自稱白陽三祖，各組各派一致否認。其本身能否團體自強？能否推出具有代表性之領導人？殊成問題，即使政府准予組成人民團體，祇便於海外一貫道徒對台灣地區一貫道徒之領導運用，其本身不可能領導海外一貫道活動。正給予匪僞對台工作之便利。

（三）一貫道本質上係幫會組織，不具備宗教條件，在現代社會中，爲各自謀生而參加集體工作之陌生人獲得相識及互助，頗具績效，爲資方防止勞方申請福祉措施興起工潮，進而托鬼神搾取勞方正常工作時間以外之勞務貢獻，亦有績效，年來各出口加工區一貫道活動猖獗，實反映經濟不景氣象。並不代表其組織堅強，信者眾多。核其所謂代表一貫道信仰之「天道道統源流簡明表」上所述：認定「七佛治世，三佛收圓」，奉伏羲氏爲天道降世開山始祖並稱之爲「繼天佛」，斷言「孔孟以後儒道中絕」，「道統西移歷廿八代後東轉復返中國」，實爲蓄意破壞中華道統之邪說，其崇奉菩提達摩與青幫所崇奉情形相同，其點傳師於宣道時規定每次禮拜應對前人叩首，對祖師三叩首，同時宣告：「釋迦退位，彌勒佛接掌天盤，十八代祖師張天然係濟公活佛化身，自民國十九年起奉天承運司掌道盤」等語，實乃散佈變天思想，指天盤易掌，道盤改司，暗示人間另有新領袖應運出現。我佛道教正信徒眾，有決心維護中華道統，擁護蔣總統以三民主義統一中國，共同反對一貫道徒破壞中華道統之各項陰謀措施。

（四）一貫道領導人張天然於民國十九年自我宣告奉天命司掌道盤後，京滬杭一帶一貫道堂，徒眾日漸增加。民國廿五年，張天然南巡，抵南京後，因其時正值訓政時期，曾被中央黨部拘禁百日，嗣後一貫道轉進台灣開荒，對每一求道者均提示「祖師百日災難」，暗示待機報仇，我佛道教會自成立以來，對政令之推行與貫徹，並不後人，因而對黨政領導上可能之隱憂，未敢緘默，伏維　垂鑒。

（五）本函分呈內政部社會司，內政部警政署，國家安全局，台灣警備總部，法務部調查局。中華文化復興委員會

中國佛教會理事長　白　聖出國

常務理事　淨　心代行

中華民國道教會常務理事代理理事長　徐　榮

附錄九
佛光週刊謹向蔣總統經國先生敬獻微言

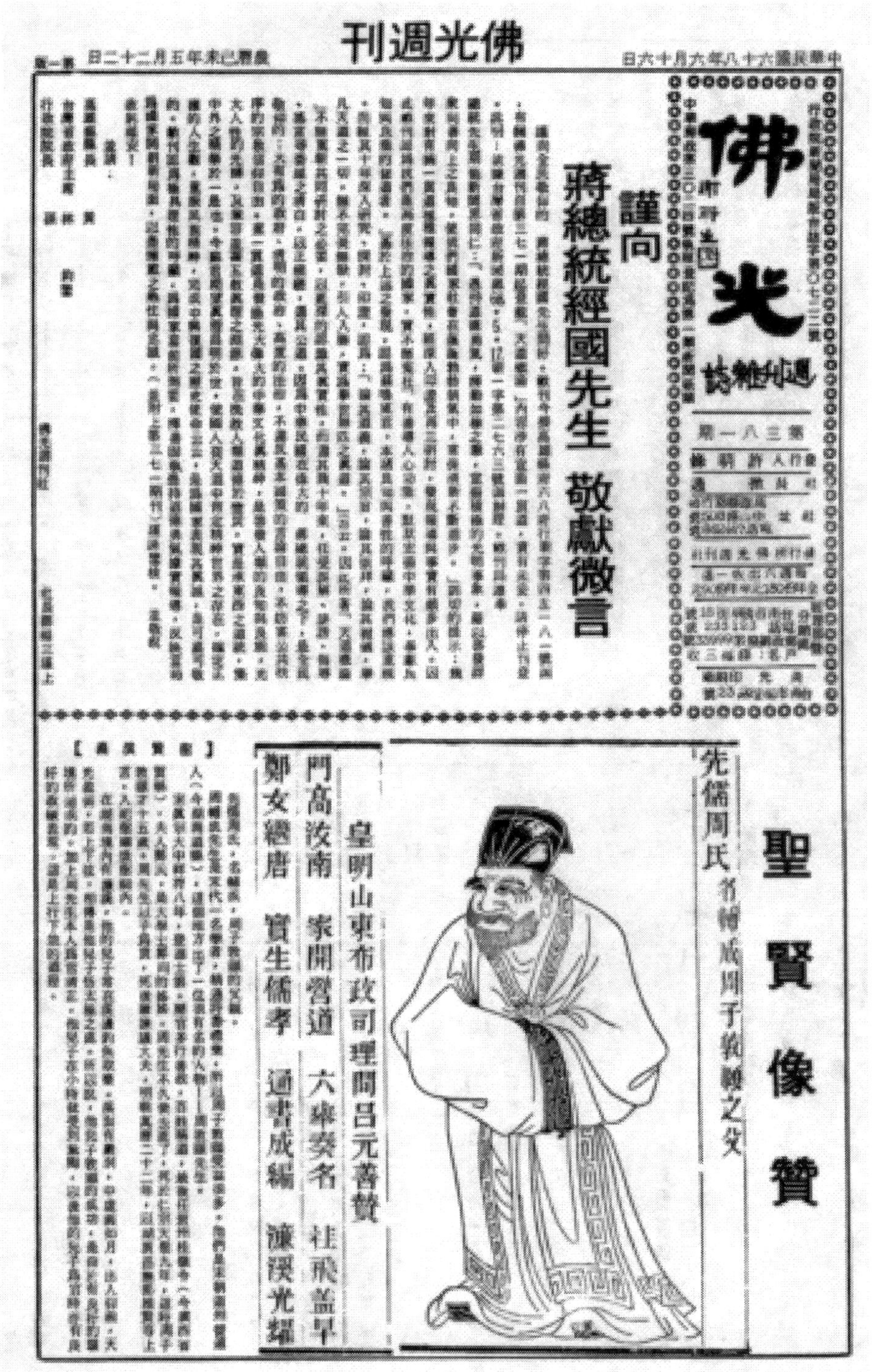

佛光週刊

中華民國六十八年六月十六日　農曆己未年五月二十二日　第一版

佛光

第三八一期

謹向
蔣總統經國先生　敬獻微言

聖賢像贊

先儒周氏　名輔成周子敦頤之父

皇明山東布政司理問呂元善贊

門高汝南　家開啓道　六轡奏名　社飛蓋早
鄭女總唐　實生儒孝　通書成編　濂溪光耀

附錄十 一貫道發展系統表

濟南

1.城中佛堂：十九年成立，原稱忠恕堂，後改爲崇華堂，張祖自轄。

2.東壇（敦仁壇）：十九年成立，在寬厚所街，粟振魯主持。

3.西壇（金剛壇）：十九年成立，在永慶街鹽務局內，李鴻臣主持。

4.南壇（禮化壇）：二十一年成立，在經五路偉一路的福增里，徐衡甫主持。

5.北壇（天一壇）：二十二年成立，在西梓麵街，齊銘周主持。

6.明德壇：二十三年成立，在芙蓉街，宿子臻主持。

上海

1.基礎壇：二十八年成立，在呂宋路，由天津道德壇的張葆經、馮悅謙、張士逢、山東的張寰影、胡壽安所設。

2.和光壇：二十八年成立，由濟南明德壇胡壽安所設。

3.金立壇：二十九年成立，天津道德壇吳信學、基礎徐書印所設。

4.寶光壇：三十年成立，在山西路、天津浩然一壇先後派邢傑三、潘華齡主持，數年間，道務傳至十餘省。

5.浦光壇：三十年成立，趙椿林、汪友德設立。

6.紫光壇：龐守誠設立。

7.瑞光壇：徐瑞華設立。

青島

1.總佛堂：二十四年成立，在無棣路二十三號。

2.董氏佛堂：二十五年成立，在膠州路八十二號樓上，董玉泉主持。

3.高氏佛堂：二十五年成立，在嘉祥路觀海樓上，高學禮主持。

4.東鎮公共佛堂：二十七年成立。

5.李氏佛堂：二十七年成立。

6.許氏佛堂：二十七年成立。

7.滄口佛堂：二十八年成立。

北平

1.信一壇：二十七年成立。

2.純一壇：二十七年成立。

3.善一壇：二十七年成立。

4.守一壇：二十七年成立。

5.德一壇：二十七年成立。

6.華一壇：三十年成立。

7.興一壇：三十年成立。

8.化一壇：三十年成立。

以上三十四年重新分成孝善、悌善、忠善、信善、廉善、恥善等八個分壇。

三十五年再度改組。城內以中山公園爲界，分成內東、內西兩組，城外以前門大街爲界，分成外東、外西兩組。

三十八年時有十八萬名親道。

天津（天真總壇下轄三百多壇）

1.道德壇：二十四年成立，在金鐘橋畔，孫錫堃、楊灌楚等人主持。

2.浩然壇：二十五年成立，在東門里，劉夢榮、邢傑三、潘華齡、陳耀菊、牛從德、谷椿年等人主持。

3.興毅壇：二十五年成立，在河北大街，張武城、邱鴻儒等人主持。

4.普化壇：二十六年成立，在長春道，薛洪、崔占斌等主持。

5.天祥壇：二十四年成立，在天祥市場三樓，郭海潤、張王福等主持。

6.慈航壇：二十六年成立，在長春道。

7.文化壇：二十六年成立，在鴻濟里，王義、田茂洋等人主持。

8.禮化壇：二十六年成立，在南門外大舞台西，孫克忱、霍永馨等人主持。

9.天一壇：二十八年成立，在中原客棧，李允中、張天洞等人主持。

10.天德壇：二十七年成立，在河北新開路，梁耀先、王定銀等人主持。

11.敦厚壇：二十七年成立，在河東水梯子三義當胡同，王林玉等人主持。

12.震善壇：二十九年成立，在河東中心公所對過胡同內。

13.仁善壇：二十七年成立，在河東娘娘廟旁。

14.慈善壇：二十八年成立。

15.惠化壇：二十九年成立。

16.增德壇：二十八年成立。

17.乾元壇：二十七年成立。

18.乾天壇：二十六年成立。

19.乾善壇：二十八年成立。

20.同興壇：二十八年成立，在北門西羅家橫胡同內，韓雨霖、潘金聲主持。

21.乾一壇：三十年成立。

22.明德壇：二十六年成立。

23.天慈壇：二十八年成立。

24.三義壇：（無資料）

三十七年分成「正大光明」四大組：大陸易幟後，再調整，以張鍾鶴、劉炳賢爲輔辦，下分張濬、徐鳳桐、邵百祿、張玉清四支，不久全部被迫停止運作。

台灣

一、基礎組

源自上海基礎壇，三十五年五月傳入。

1.忠恕道場：張培成、顧祥麟、袁翥鶚——十二單位、四千多堂、海外分布二十多國。

2.天基道場：黃自然、黃妹國——海內外四百多堂。

3.天賜道場：蔡進木主持，四百多堂，海外四國。

二、文化組

三十五年傳入台中市潮州街。

1.李文錦——台北。

2.王樹金——台中。

3.孫路一——嘉義。

4.周益深、張進財——台北三重。

5.鄭錫復——桃園大溪。

6.鄭連旺——桃園市。

7.林鎮山——桃園、汐止。
8.劉石送、劉招容——竹東。
9.張烈——台中卓蘭。
10.錢同居——高雄鳳山。

三、法聖組

三十七年傳入台北市西寧南路。
孫德椿——賈天雨、李冀山——袁如珍。

四、乾一組

三十六年自天津乾一壇傳入。
聞道弘——趙煜崑

五、天祥組

三十七年由天津天祥壇李星王、劉懋忠傳入。
劉懋忠——吳水鍊——王富貴、林繁福、蔡桔來、許春香。

六、金光組

三十七年傳入。
莊祥欽、李孚生——屠國光。

七、天眞組

三十七年天津天眞總壇張文運來台。
張文運——劉漢卿。

八、慧光組

三十六年由安徽六合傳入。
張繼勤——周輔臣、商朝楨。

九、浩然組

三十七年傳入，天津浩然壇派金寶璋、牛從德、陳耀菊、梁華春等人來台。

1.浩德道場：
金寶璋、牛從德——徐炎堃。

2.育德道場：
陳輝菊——梁華春。

十、中庸組

1.劉應才：三十八年由四川傳入，莫瓊台以洛杉磯爲中心。
2.甄中和：三十九年經香港來台，現由邱清焱掌理。
3.周紹賢、李慧君：在美國發展。

十一、安東組

源自安東敦厚壇，三十八年來台，新竹宏宏聖道院爲中心。

十二、寶光組

高金澄——謝德祥。
1.崇正道場：最早在台灣成立的道場。
三十四年十二月陳文祥自寧波來，在宜蘭礁溪建設第一座一貫道佛堂，現以台中太平崇正寶宮爲道務中心，海內外二千多堂，一〇七位點傳師。

陳文祥——陳三龍、黃世妍。

2.元德道場：民國八十五年自崇正道場分出。由王美玉、唐和男領導，以桃園龜山元德寶宮爲道務中心，海內外千餘堂，四十多位點傳師。

3.建德道場：三十五年楊永江來台傳道。

楊永江——呂樹根——邱耀德——施慶星——林再錦。

現分十五單位，一百七十多位點傳師，海內外七千多堂。

4.紹興道場：三十五年林夢麒、周素玲夫婦傳入。

林夢麒——周素玲——柯焜玉。

四十多位點傳師，海內外四百多堂。

5.嘉義道場——三十五年蘇秀蘭傳入。

蘇秀蘭——侯伯箎。

點傳師數十位，海內外數百堂。

6.玉山道場：三十五年蘇秀蘭傳入。

蘇秀蘭——王壽。

二百五十位點傳師，海內外一千多堂。

7.親德道場：三十七年谷椿年傳入。

谷椿年——陳連
- 湯秀卿
- 林清吉
- 林寶蓮
- 莊靜晏

大多數併入其他道場只剩幾位點傳師，佛堂十餘所。

8.台中道場：三十五年劉長瑞傳入，台中大里市有點傳師二十多位，佛堂百餘堂。

9.明本道場：

王名貴於四十六年開創，以南投名間明本宮爲中心，有點傳師十六位，海內外三百餘堂。

十三、明光組

三十五年浙江寧波明光壇派人傳入。

宗瑤、俞境長——鄭善林——沈綺雲、柯連枝。

點傳師十二位，八所佛堂。

十四、浦光組

七十二年自寶光玉山分出，以嘉義爲主。

蕭江水——林振隆。

二十多位點傳師，七十餘堂。

十五、常州組

源自江蘇常州（武進）博德壇。

匡佩華、徐昌大、顧愛珩、姚挺華，點傳師百餘位，海內外千餘堂。

十六、發一組

三十六年起分幾批人馬來台傳道。

1.天恩道場：祁玉鏞——張傳良。

八十多位點傳師，海內外七百餘堂。

2.天恩群英道場：七十六年成立，十八位點傳師，海內外四百餘堂。

3.崇德道場：陳鴻珍所建，以台中草屯光慧佛院爲中心，點傳師六百多位，海內外佛堂一萬六千堂。

4.靈隱道場：李鈺銘所建。

李鈺銘——陳金蓮——劉炎——李惜琴。

以三峽靈隱寺爲中心，一百八十多位點傳師，海內外四千多堂。

5.屏山天元道場：張玉台所建。

以三芝屏山天元宮爲道場中心，現有點傳師二百八十一位，海內外五千多堂。

6.光耀道場：王連玉所建。

王連玉——賈魁珠

點傳師十多位。

7.奉天道場：

韓雨霖——徐燕妹。

九位點傳師，二百多所佛堂。

8.德化道場：林挺材所建。

林挺材——翁水生。

9.同義道場：劉全祥所建。

點傳師四十多位，海內外五百餘堂。

10.慈濟道場：張勤、劉學錕母子所建，海內外數十堂。

11.慧晉道場：劉明德所建。

劉明德——馮玉香。

12.慈法道場：張瑞青所建。

張瑞青——陳海亭、萬梅華，海內外三千餘堂，八十位點傳師。

十七、興毅組

源自天津興毅壇，何宗好所建。

原有三十一單位，何宗好歸空後，分爲：

1.忠信道場——下轄十一單位。

2.孫順治——下轄本單位。

3.南興道場——薛福三——楊佛兒——王昆德——李玉柱。

4.義和道場。

5.羅調水：轄十多單位。

海內外有二萬多堂，點傳師百餘位。

十八、闡德組

在雲南發展，由緬甸歸僑楊世昌傳入台灣。

十九、正義輔導會

1.張德福。
2.謝含隱。
3.林玉蘭。
4.鄧明坤——周詩華。
5.陳自強。
6.文以質。

附錄十一 相片集

2009年8月21日接機，等學者來到後的大合影

8月22日寶光崇正精明寶宮以國樂團等待嘉賓的到來

黃世妍前人親自迎賓

孝道的演出賺盡來賓的眼淚

8月22日下午來到玉山寶光聖堂，執行長王寶宗迎接嘉賓，右一，中國社會科學院世界宗教研究所金澤所長，右二，馬來亞大學中文系蘇慶華教授，中間王寶宗執行長，中後總會李玉柱理事長

8月22日下午參訪寶光玉山聖堂全體合影

王執行長的勸酒

玉山寶光聖堂的迎賓節目

大陸學者盧雲峰代表大家在熱烈氣氛中的致謝

王壽老前人接受金澤所長的贈禮

23日上午參訪佛光觀音巖

23日中午參訪義和聖堂

林再錦前人的導覽

林再錦前人致詞

大會開幕式

大陸學者與崇正服務團隊合影

會後的餐會

佛光大學的秀麗景色

24日到宜蘭市的天庭道院（基礎忠恕）崇正團隊向大陸宗教局呂司長請益

26日崇正團隊在太魯閣國家公園管理處前與柯若樸、畢由塞兩位教授合影

遊太魯閣

花蓮道親的親子背誦經典活動

入場時的歡迎場面

翁嵩慶領導點傳師致辭

貴賓席

背誦經文比賽

請德國柯若樸教授頒獎

請法國畢由塞教授頒獎

請馬來西亞蘇慶華教授頒獎

在興毅總壇合影

一貫道解禁時的中國國民黨中央社會工作會主任蕭天讚先生（中）

前立委沈智慧、大陸宗教局呂司長、蕭天讚先生、作者等在詳談有關一貫道解禁過程後，一起合影。

中國國民黨主席吳伯雄先生講他在內政部長任內如何辦理有關一貫道的解禁事宜

玉山寶光聖堂的國樂演奏與演唱

背誦百孝經的表演

31日送行　王寶宗與馬西沙教授伉儷合影

王寶宗與韓秉芳教授合影

送機後，全體工作夥伴合影

哲學研究叢書．宗教研究叢刊 0702010

天道鈎沉

作　者　宋光宇

發 行 人　林慶彰
總 經 理　梁錦興
總 編 輯　張晏瑞
編 輯 所　萬卷樓圖書股份有限公司
地址　臺北市羅斯福路二段 41 號 6 樓之 3
電話　(02)23216565
傳真　(02)23218698

發　行　萬卷樓圖書股份有限公司
地址　臺北市羅斯福路二段 41 號 6 樓之 3
電話　(02)23216565
傳真　(02)23218698
電郵　SERVICE@WANJUAN.COM.TW
香港經銷　香港聯合書刊物流有限公司
電話　(852)21502100
傳真　(852)23560735

ISBN 978-986-478-382-3
2021 年 12 月再版二刷
2020 年 9 月再版一刷
定價：新臺幣 500 元

國家圖書館出版品預行編目資料

天道鈎沉 / 宋光宇著. -- 再版. -- 臺北市：萬卷樓, 2020.09
面；　公分. -- (哲學研究叢書. 宗教研究叢刊；702010)
ISBN 978-986-478-382-3(平裝)

1.一貫道 2.歷史

271.609　　109014758